edition suhrkamp

Redaktion: Günther Busch

Rainer Döbert, geboren am 10. 6. 1941, studierte Philosophie und Soziologie in Marburg und Frankfurt am Main. Er war von 1968 bis 1971 wissenschaftlicher Assistent bei Jürgen Habermas an der Universität Frankfurt und ist seit 1971 Mitarbeiter am Max-Planck-Institut zur Erforschung der Lebensbedingungen der wissenschaftlich-technischen Welt, Starnberg. Veröffentlichungen: *Systemtheorie und die Entwicklung religiöser Deutungssysteme*, Frankfurt/M. 1973; mehrere Aufsätze. Gertrud Nunner-Winkler, geboren am 24. 3. 1941, studierte Soziologie in München, Berlin und Chicago. Sie war von 1967 bis 1971 wissenschaftliche Assistentin bei Renate Mayntz an der FU Berlin und ist seit 1971 Mitarbeiterin am Max-Planck-Institut zur Erforschung der Lebensbedingungen der wissenschaftlich-technischen Welt in Starnberg. Veröffentlichungen: *Chancengleichheit und individuelle Förderung*, Stuttgart 1971; mehrere Aufsätze.

Erscheinungen wie die Protesthaltung und die Apathieneigung bei Schülern, Studenten und Lehrlingen, die Verbreitung von Drogen, die Entstehung von Subkulturen, neue Probierformen des Zusammenlebens und der Kindererziehung, pseudoreligiöse Bewegungen usw. sind Symptome für veränderte Motivationen. Sie legen die Frage nahe, ob sich in den modernen Gesellschaften die Legitimations- und Motivationsprobleme verschärfen werden. Soziokulturelle Krisenerscheinungen der genannten Art können hypothetisch auf Lösungsformen der in der Entwicklung des Jugendlichen regelmäßig auftretenden Adoleszenzprobleme zurückgeführt werden. Mithin ist es für die Analyse derartiger möglicher Konfliktzonen erforderlich, die Sozialisationstheorie, die sich bislang hauptsächlich auf die Erklärung der Kindheitsentwicklung beschränkt hat, auf die Adoleszenzphase auszudehnen. Dabei werden Ansätze der psychoanalytischen und der kognitivistischen Entwicklungspsychologie im Rahmen des Interaktionismus miteinander verknüpft. In diesem Rahmen steht hier eine empirische Voruntersuchung, die am Beispiel von freiwilligen Offiziersanwärtern und Kriegsdienstverweigerern zeigt, daß die Verlaufsform der Adoleszenzkrise die Struktur des moralischen Bewußtseins mitbestimmt und die Wahrnehmung von kulturellen Werten anleitet.

Rainer Döbert
Gertrud Nunner-Winkler
Adoleszenzkrise und Identitätsbildung

Psychische und soziale Aspekte des Jugendalters
in modernen Gesellschaften

Suhrkamp Verlag

edition suhrkamp 794
Erste Auflage 1975
© Suhrkamp Verlag, Frankfurt am Main 1975. Erstausgabe. Printed in Germany.
Alle Rechte vorbehalten, insbesondere das der Übersetzung, des öffentlichen Vor-
trags und der Übertragung durch Rundfunk und Fernsehen, auch einzelner Teile.
Satz, in Linotype Garamond, Druck und Bindung bei Georg Wagner, Nördlingen.
Gesamtausstattung Willy Fleckhaus.

Inhalt

chung am Beispiel von Wehrdienstverweigerern und freiwilligen Offiziersanwärtern

Vorbemerkung

Der vorliegende Band enthält zwei Teile: im ersten wird ein sozialpsychologischer Bezugsrahmen entwickelt, der Ansätze aus der psychoanalytischen und der interaktionistischen Tradition mit der kognitivistischen Entwicklungspsychologie zu verknüpfen sucht. Dieser Teil ist weitgehend identisch mit dem im Oktober 1973 in der *Zeitschrift für Soziologie* erschienenen Aufsatz *Konflikt- und Rückzugspotentiale in spätkapitalistischen Gesellschaften.* Ergänzungen wurden an zwei Punkten eingeführt: einleitend wird der hier vertretene, eher persönlichkeitstheoretisch orientierte Ansatz mit den bekannten konkurrierenden ›Theorien mittlerer Reichweite‹ der Jugendsoziologie (Subkulturtheorien, sozialstrukturelle und historische Ansätze) konfrontiert, um den spezifischen Erklärungswert dieses Ansatzes herauszuarbeiten. Des weiteren wurde das zugrunde liegende psychologische Modell genauer beschrieben – speziell die Abschnitte über generalisierte Ich-Ressourcen und Abwehrmechanismen wurden erweitert.

Der zweite Teil berichtet die Ergebnisse einer qualitativen Voruntersuchung, die den unterstellten Zusammenhang von unterschiedlichen Adoleszenzkrisenverläufen, Stufen der Entwicklung des moralischen Bewußtseins und gesellschaftlichen Wertorientierungen überprüfte, um die Tragfähigkeit des hier vertretenen Konzepts einem ersten Test zu unterziehen.

In dieser Voruntersuchung wurden freiwillige Offiziersanwärter, Wehrdienstverweigerer und Drogenabhängige untersucht. Im folgenden werden allerdings nur die Ergebnisse der Befragung der Offiziersanwärter und Verweigerer berichtet; die detaillierte Untersuchung der Biographien von Drogenabhängigen wurde von Herrn Dipl. Soz. Michael Siegert durchgeführt. Dieses komplexe Material wird derzeit noch von ihm analysiert und ausgewertet.

Die beiden Teile sind unabhängig voneinander entstanden, so daß sich Überschneidungen ergeben haben. Wir hoffen, daß dieser Mangel dadurch ein wenig kompensiert wird, daß beide Teile aufgrund dieser Tatsache in sich geschlossen sind und unabhängig voneinander gelesen werden können.

Für anregende Diskussionen bei der Entwicklung des theoretischen Bezugsrahmens sind wir den Mitarbeitern des Max-Planck-Instituts zur Erforschung der Lebensbedingungen der wissenschaftlich-technischen Welt in Starnberg, besonders Jürgen Habermas, zu Dank verpflichtet. Für ihre Unterstützung bei der Auswertung der Interviews danken wir besonders Philip Sonntag, Rolf Meyerson und Ilse Tarabichi.

Erster Teil

Konflikt- und Rückzugspotentiale in spätkapitalistischen Gesellschaften

Einleitung

Die im folgenden dargelegten theoretischen Vorüberlegungen zu einer empirischen Untersuchung unterschiedlicher Verläufe und Ausgänge der Adoleszenzkrise sind durch das Interesse bestimmt zu klären, ob sich in unserer Gesellschaft politisch bedeutsame Verhaltenspotentiale identifizieren lassen, die primär im Rahmen sozialisationstheoretischer Hypothesensysteme ableitbar sind. Phänomene wie jugendliches Protestverhalten, Wehrdienstverweigerung, Subkulturbildung unterschiedlicher Art (Drogen, Jesus-People, Hippiekommunen etc.), Jugendkriminalität, wilde Streiks sind bislang kaum adäquat theoretisch analysiert, noch als mögliche Symptome einer Krise des Gesellschaftssystems begriffen worden. Die Behauptung, daß diese Phänomene sozialisationstheoretisch erklärbar seien und als Indikatoren einer tiefgreifenden gesellschaftlichen Krise gewertet werden dürften, umschließt zweierlei:

a) Den Nachweis ihrer politischen Bedeutung, der zwei Momente enthalten muß: nämlich die Identifizierung von systemgefährdenden Orientierungs- und Verhaltensmustern und die Ausarbeitung von Hypothesen über Faktoren, die für ein langfristiges quantitatives Wachstum derartiger Phänomene verantwortlich sein könnten. Systemdysfunktional können diese Gruppen werden, weil sie die prekäre Balance von Input und Output spätkapitalistischer Gesellschaften durch Überforderungen und Verweigerungen gefährden. Entweder sie akzeptieren die Outputs des Systems nicht als Entschädigungen (Geld, Status, wie z. B. Hippiekommunen), oder sie fordern ein Übermaß an systemkonformen Entschädigungen vom ökonomischen System (Lohnstreiks) oder an infrastrukturellen Leistungen vom politischen System (Bürgerinitiativen); oder sie stellen Forderungen, die die institutionalisierten formalen Bürgerrechte überziehen (materielle Gleichheit) bzw. deren Erfüllung im Rahmen einer individualistischen Leistungsgesellschaft überhaupt nicht vorgesehen ist (solidarische und ästhetische Lebensformen). Alle diese Forderungen überlasten das System sozusagen an der Output-Grenze.

Von der Input-Grenze her kann das System durch Inputverweigerung paralysiert werden (Absentismus und mangelnde Leistungsmotivation im ökonomischen Sektor, fehlender »generalized support« für den politischen Sektor[1]).

Sofern derartige Verhaltenspotentiale aufgrund der Veränderungen der Sozialstruktur und des kulturellen Systems sich ausdehnen, wird das gesellschaftliche System auf sie reagieren und damit ihre politische Bedeutung manifest machen müssen. Die Vermutung, daß dieser Fall eintreten wird, stützt sich auf Überlegungen, die eine *Verschärfung der Adoleszenzkrise* prognostizieren (vgl. dazu unten Abschnitt II, 3a).

b) Den Nachweis der Möglichkeit einer sozialisationstheoretischen Erklärung. In diesem Zusammenhang sind konkurrierende Ansätze mit ihren relativen Stärken und Schwächen zu erörtern, um den spezifischen Erklärungswert der hier eingeschlagenen Strategie zu bestimmen. Bei den theoretischen Alternativen handelt es sich im wesentlichen um ökonomische und politische Krisentheorie, sozialstrukturelle und subkulturelle Ansätze.

Die *ökonomischen Krisentheorien* sind ersichtlich bisher keineswegs in der Lage gewesen, die Lethargie der von ihnen als »historisches Subjekt« angesetzten Gruppen (Arbeiterklassen) zureichend zu erklären. Die oben genannten abweichenden Verhaltenspotentiale kommen in der Regel erst gar nicht ins Blickfeld. Denn das ökonomische Krisenmodell stützt sich, wo es von der *ökonomischen Strukturanalyse* auf die *Handlungsebene* von Konfliktverhalten übergeht, auf die im Modell des strategischen Handelns unterstellten trivialpsychologischen Annahmen (Gratifikationsmaximierung, d. i. mehr Lohn; Frustration, d. i. Arbeitslosigkeit und Krise →Aggression, d. i. Klassenkampf), die offensichtlich die Motive zumindest eines Teils der genannten Verhaltenspotentiale (Hippiekommunen, religiöse Sekten) absolut verfehlen. Hinzu kommt, daß die Theorie so angelegt ist, daß sie eigentlich nur in Extremsituationen prognostischen Wert haben kann. Sie geht nämlich von der Analyse einer gesamtgesellschaftlichen Situation (Krise) aus, um die Gruppe zu identifizieren, die von den negativen Auswirkungen dieser Situation am stärksten betroffen ist. Diese Gruppe soll als Ganzes ein Konfliktpotential darstellen. Das wird sich jedoch nur dann als realistische Einschätzung erweisen, wenn die situationale Veränderung derart weitgehend ist, daß persönlichkeitsspezifische Unterschiede nivelliert werden. Historisch ist der Fall jedoch wahrscheinlicher, daß immer nur Teile – und häufig nur sehr kleine Gruppen – sich tatsächlich so verhalten, wie die Theorie unterstellt. Diese aktiven Gruppen können ohne zusätzliche differenzierende Annahmen nicht identifiziert werden. Anders formuliert: situationale Variablen setzen sich als allein determinierende Faktoren nur dann durch, wenn sie Extremwerte annehmen – daher die Hartnäckigkeit, mit der gegen alle Evidenzen an Varianten der Verelendungstheorie festgehalten wurde. Die gegenwärtige gesamtgesellschaftliche Situation nach diesem Modell analysieren zu wollen, dürfte einigermaßen realitätsblind sein.

Ähnliche Einwände lassen sich auch gegen am *politischen System ansetzende Krisentheorien* vorbringen. In der Offeschen Version[2] beispielsweise, die auf ein »systematisches Dilemma« der Staatstätigkeit (wachsender Legitimationsbedarf bei sich ausdehnenden Interventionsbereichen des Staates; Zerstörung von Massenloyalität durch eben die Interventionstätigkeit des Staatsapparates) ausgeht, *ist zunächst schon* unklar, inwiefern überhaupt »relevante« Gruppen von dieser »Legitimationsschere« betroffen sein können: der Staat versorgt die Gruppen am besten, die die stärksten Pressionen ausüben können, so daß Unzufriedenheit sich eigentlich nur in sozialen Randgruppen, auf die das System immer hat verzichten können, einstellen wird. Vor allem aber ist offensichtlich, daß die von der Theorie als Krisenpotentiale spezifizierten Gruppen, nämlich Schüler und Studenten, Arbeitslose, Rentner und Sozialhilfe-Empfänger, die nicht berufstätigen Hausfrauen, Kranke und Kriminelle hinsichtlich ihrer Motivationslage so heterogen zusammengesetzt sind, daß man das in diesen Gruppen möglicherweise vorfindliche »Unbehagen« nicht auf den einen Faktor »Struktur der Staatstätigkeit« zurückführen kann.

Die im folgenden kurz zu skizzierende *sozialstrukturelle* tionstätigkeit des Staatsapparates) ausgeht, ist zunächst schon *ze* sind zwar nicht im Zusammenhang krisentheoretischer Überlegungen entstanden. Sie haben jedoch ein historisch neues Phänomen identifiziert, das in modernen Gesellschaften eine Problemzone darstellt: die Jugendphase als das biographische Stadium, in dem die personale Identität unter prekären sozialstrukturellen Randbedingungen konstituiert werden muß. Der Jugendliche muß sich nämlich laut Eisenstadt in dieser Phase mit den diskrepanten Orientierungsmustern des familialen und des gesamtgesellschaftlichen Systems auseinandersetzen. Die Familie fußt auf *zugeschriebenen, partikularistischen, diffus-affektiv und kollektiv-solidarisch strukturierten* Beziehungen, während in den politischen und ökonomischen Subsystemen *universalistische, spezifische, affektiv-neutrale und individualistische* Orientierung vorherrschen und der Status durch »Leistungen« *erworben* werden muß.[3] Die aufgrund dieser »pattern«-Diskrepanz in dieser Altersphase erforderlich werdende tiefgreifende Reorganisation des Persönlichkeitssystems des Heranwachsenden ist mit »stress« verbunden. Eisenstadt weist somit die Adoleszenzphase als eine »kritische« Lebensphase moderner Gesellschaften aus. Er geht jedoch davon aus, daß damit keine unlösbaren oder für das gleichgewichtige Funktionieren des Gesamtsystems bedrohlichen Folgeprobleme gesetzt sind. Diese Unterstellung hängt damit zusammen, daß Eisenstadt den gesamten Prozeß des Übergangs in die Erwachsenenwelt letztlich als »kollektiv organisierte Statuspassage« begreift: die Jugendlichen bilden nämlich in der Übergangzeit Gruppen von Gleichaltrigen, die emotionale Unterstützung garantieren und deren Wertsystem Züge sowohl der familialen wie der gesamtgesellschaftlichen Orientierungsmuster tragen. Beispielsweise mischen sich im Status des Angehörigen einer »peer group« Momente von Statuszuschreibung und -erwerb: nur aufgrund des zugeschriebenen Altersstatus hat man überhaupt Zugangsrechte, die jedoch individuell durch »Qualifikationsnachweis« erst verwirklicht werden müssen: nicht jeder wird in eine vorhandene Gruppe von Gleichaltrigen aufgenommen werden.

Genau dieses Moment des kollektiven Verarbeitens der strukturell vorgegebenen Diskontinuität verbindet Eisenstadts Ansatz mit den subkulturellen Theorien in der Jugendsoziologie. Hinsichtlich des Gehalts und der Funktionen solcher Jugendgruppen gibt es jedoch zwischen dem funktionalistischen Ansatz Eisenstadts und Vertretern der subkulturellen Theorie zum Teil erhebliche Differenzen. Sieht Eisenstadt in den altershomogenen Gruppen nur den systemfunktionalen Aspekt der Vermittlung zwischen den beiden diskrepanten Lebensbereichen Familie/Gesellschaft, so steht hinter den Subkulturansätzen von Anfang an die Befürchtung, daß »Jugend« eine echte Teilkultur darstellt, deren Verhältnis zur Gesamtkultur zumindest prekär ist.[4] Tenbruck gibt für den Begriff Teilkultur folgende Definition: »Wenn sich innerhalb einer Gesellschaft eine Gruppe hinlänglich und bewußt von anderen unterscheidet, kann die Soziologie von einer Teilkultur sprechen. Dazu ist eine Selbständigkeit erforderlich, die wirtschaftlich, religiös, politisch oder sonstwie fundamentiert und entweder aktiv als Auszeichnung erstrebt oder passiv als erzwungene Absonderung hingenommen werden kann. Eine solche Gruppe ist von der Gesamtgesellschaft nicht zu trennen, bewahrt ihr gegenüber aber ein hohes Maß von Eigenständigkeit und Selbstkontrolle. Man identifiziert sich mit der Gesamtgesellschaft nur indirekt und bedingt, nämlich über die eigene Gruppe, der man primär verpflichtet bleibt. Man fühlt sich deshalb auch dort unter sich, wo die soziale Organisation den Austausch mit der restlichen Gesellschaft vorschreibt. – In diesem Sinne besitzt die moderne Jugend *eine eigene Teilkultur.*«[5] Als Charakteristika der jugendlichen Teilkultur nennt Tenbruck u. a. Unstetigkeit, Impulsivität, Labilität und Gestaltlosigkeit, Erlebnisorientierung und erhöhte Vitalitätsbedürfnisse. Es hat lange Kontroversen darüber gegeben, ob und wieweit die Wertmuster der Jugendlichen tatsächlich vom gesamtgesellschaftlichen Hintergrund abweichen; wieweit und in welchen Situationen sie verhaltensmotivierend sind; wieweit das, was als Jugend-Subkultur ausgegeben wurde, nach sozialstrukturellen Merkmalen differenziert werden muß und ob die Übereinstimmung zwischen Eltern und Kindern jeweils innerhalb der Schichten nicht stärker ist, als die der Jugendlichen untereinander usw.[6] Wie immer es sich damit verhalten mag – unbestritten blieb in diesem Forschungsbereich, »daß die jugendliche Subkultur einer Entwicklungsphase entspricht, durch die der Jugendliche hindurchgeht und der er wieder entwächst«[7] – eine Tatsache, die sich in Untersuchungen immer wieder darin niedergeschlagen hat, daß selbst in solchen Fällen, in denen die Orientierung an den »peer«-Normen am stärksten ausgeprägt sein müßte, die Geltung der

dominanten Normen immer noch nachweisbar war.[8] Selbst
straffällige Jugendliche beispielsweise, die aus »zentrifugalen«
Familien (Stierlin) kommen, d. h. solchen, die den Jugendlichen so früh wie möglich aus dem Familienverband entlassen
und deren Kinder daher am stärksten auf die Unterstützung
durch »peers« verwiesen sind, anerkennen, wenngleich situa-
tionsabhängig, noch die dominanten Normen (»norms of the
street« vs. »norms of the home«). Das läßt sich so lesen, daß
die Jugendlichen im *Bewußtsein der Vorläufigkeit ihrer gegenwärtigen Lebensform* die Bindung an die subkulturellen
Normen von vornherein begrenzen. Anders wäre auch nicht
zu erklären, warum etwa die Kriminalitätsraten von Jugendlichen ungefähr ab dem 25. Lebensjahr abrupt zurückgehen.

Wenn diese Überlegungen richtig sind, konvergieren Subkul-
tur-Theorien und Eisenstadts Ansatz trotz der scheinbaren
Kontroverse über Funktionalität vs. Dysfunktionalität der
Jugendsubkultur in einem entscheidenden Punkt: in beiden
Fällen gilt das Ziel der Entwicklung in der Adoleszenzphase,
nämlich die Lebensform des Erwachsenen, als unproblematisch; nur die Brisanz des »Übergangsritus« wird unterschiedlich eingeschätzt. Insofern liegt beiden Ansätzen noch die Idee
einer klar definierten *Statuspassage* zugrunde.

Diese Interpretation läßt sich zumindest für die neueren
gegenkulturellen Bewegungen[9] nicht durchhalten. Von diesen
werden gegen den herrschenden konkurrenzorientierten Be-
sitzindividualismus expressive, antiautoritäre, egalitäre, anti-
dogmatische, moralistische und solidarische Prinzipien der
Lebensführung propagiert[10], und zwar ausdrücklich als nicht
nur für die Übergangsphase der Adoleszenzperiode gültig,
sondern als Leitlinien einer übergreifenden eigenständigen
Lebensform. Obwohl solche gegenkulturellen Orientierungen
bislang nur kleine Gruppen von Jugendlichen erfaßt haben,
signalisieren sie u. U. doch einschneidende Veränderungen
des Verlaufs und der Verarbeitung der Adoleszenzkrise: in
dem Maße, in dem sich *alternative* Lebensformen bieten,
verliert die Adoleszenzphase den Charakter einer wohldefi-
nierten Statuspassage.

Das Auftauchen dieser gegenkulturellen Bewegungen wirft
zwei Fragen auf:

1. Warum verliert das institutionalisierte Wertsystem der

bürgerlichen Gesellschaft an Verbindlichkeit, und warum werden genau die oben erwähnten alternativen Orientierungen propagiert?

2. Warum treten als Träger dieser gegenkulturellen Bewegungen gerade Gruppen von Jugendlichen auf, und welche biographischen Antezedenzien bestimmen jeweils die Zugehörigkeit zu den unterschiedlichen Verhaltenspotentialen (von Jugendkriminalität bis »neues religiöses Bewußtsein«)?

Zur Beantwortung dieser beiden Fragenkomplexe werden wir wie folgt vorgehen: in einem ersten, eher sozialisationstheoretischen Teil werden wir versuchen, einen theoretisch fundierten Begriff von Adoleszenzkrise und von Ich-Identität abzuleiten, um zu zeigen, daß gerade Jugendliche bei der Lösung des phasenspezifischen Entwicklungsproblems der Identitätsbildung die Gehalte des kulturellen Systems intensiv prüfen und so für alternative Identitätsangebote besonders sensibilisiert sind. Dabei ist klar, daß die Verlaufsform der Adoleszenzkrise und ihr Resultat, nämlich eine spezifische Identitätsformation, auch von frühkindlichen Sozialisationserfahrungen abhängen. Es dürfte jedoch ebenso klar sein, daß die traditionelle, unter dem Eindruck von Freud auf die frühkindliche Phase beschränkte Sozialisationsforschung für die Rekonstruktion eines so breiten Spektrums konkreter Verhaltensweisen nicht ausreichen kann. In der frühen Kindheit werden nur sehr formale kognitive und emotionale Grundqualifikationen erworben. Der Sprung von diesen formalen Grundqualifikationen zu späterem faktischen Verhalten ist allenfalls für klinische Extremgruppen wie Psychotiker, Psychopathen etc. überbrückbar, da deren Verhalten situationsunspezifisch durch starke Persönlichkeitsdeformationen bestimmt ist. Um Verhaltensdifferenzen im Normalbereich prognostizieren zu können, muß man – wenn es schon unmöglich ist, die volle Varianz situational bestimmten Verhaltens zu erfassen – zumindest die generalisierten Deutungsmuster von Situationen konzeptuell einbeziehen. Im folgenden wird gezeigt werden, daß die für dieses Problem bedeutsamen Deutungsmuster sich überhaupt erst in der Adoleszenzphase verfestigen. Unsere Aufgabe besteht also darin, eine systematische Konzeption dieser Reifungsphase zu entwickeln, die es erlaubt, die differentielle persönlichkeitsstrukturelle Verankerung von situationsnahen Einstellungen zu analysieren.

Von einem solchen persönlichkeitstheoretisch orientierten Ansatz her erweisen sich sozio-ökonomische und subkulturelle Faktoren als Randbedingungen, unter denen sich die konstruktive Tätigkeit des seine Identität festlegenden Individuums entfaltet.[11] Vom Prozeß der Identitätsbildung her muß dann die Wahl jeweils spezifischer subkultureller Bezugsgruppen plausibel gemacht werden können. Die oben diskutierten sozio-ökonomischen und subkulturellen Ansätze spezifizieren also Situationen und Identitätsangebote, die vom Individuum, je nach biographischer Erfahrung, verschieden interpretiert bzw. akzeptiert oder verworfen werden können.

In einem zweiten Teil werden wir versuchen, die Strukturen des bürgerlichen Legitimationssystems[12] zu skizzieren, und zwar so, daß deutlich wird, welche Defizite sie unter dem Gesichtspunkt ihrer Tauglichkeit zur Lösung von Identitätsproblemen aufweisen. Die Überlegungen beider Teile werden schließlich in der These zusammengefaßt, daß aufgrund spezifischer Leerstellen und Defizite innerhalb des bürgerlichen Legitimationssystems die Adoleszenzkrise – unter bestimmten ökonomischen und sozialstrukturellen Randbedingungen (komplexe Rollenstruktur und wirtschaftlicher Wohlstand) – sich verschärft und systemgefährdende Identitätsformationen wahrscheinlicher werden.

I. Einführung eines psychologischen Interpretationsmodells

Will man das Problem der Konstruktion einer »verhaltensnäheren« Persönlichkeitstheorie lösen, scheint es angesichts des chaotischen Nebeneinander von einzelnen, z. T. aus inkompatiblen Theorietraditionen stammenden Theoriestücken wenig aussichtsreich, überhaupt den Versuch zu unternehmen, eine umfassende Persönlichkeitstheorie additiv aus dem ganzen Bündel von elementaristischen Theoriefragmenten und isolierten Korrelationen aufzubauen. Aus den im folgenden aufgeführten Gründen halten wir es für eher erfolgversprechend, uns auf die vorhandenen entwicklungstheoretisch orientierten Ansätze (Kognitivismus und Psychoanalyse) zu konzentrieren, und zu versuchen, sie in einem interaktionistischen Rahmen zu integrieren.

1. Struktur und Vorzüge psychologischer Entwicklungstheorien

a) Die Struktur psychologischer Entwicklungstheorien

Im Zentrum einer jeden psychologischen Entwicklungstheorie steht der Begriff des *Entwicklungsstadiums*. Dieser ist in seiner stärksten und am weitesten präzisierten Form innerhalb der kognitivistischen Tradition erarbeitet worden. Von Stadien der kognitiven Entwicklung sprechen diese Autoren nur unter folgenden Bedingungen[13]:
- Die kognitiven Schemata der einzelnen Phasen unterscheiden sich *qualitativ* voneinander und die einzelnen Elemente eines phasenspezifischen Denkstils sind so aufeinander bezogen, daß sie ein *strukturiertes Ganzes* bilden. Spezifische Verhaltensweisen sind nicht einfach objektspezifische, extern stimulierte Responses, sondern interpretierbar als Derivate einer bestimmten Form der Strukturierung der Umwelt.

- Die phasenspezifischen Schemata sind in einer *invarianten* und zugleich *hierarchisch strukturierten Sequenz* angeordnet. Das bedeutet, daß keine spätere Phase erreicht werden kann, ohne daß alle vorangehenden durchlaufen sind. Insofern stellen Entwicklungslogiken also nicht einfach statische Beschreibungssysteme dar, sondern sie enthalten dynamische Annahmen. Sie unterstellen differentielle Übergangswahrscheinlichkeiten zwischen den Entwicklungsniveaus: der Übergang zum nächsthöheren Stadium ist eher wahrscheinlich, der Rückfall auf eine frühere Stufe sehr unwahrscheinlich. Übergänge von Stufe n zu Stufe n + 2 sollten nicht vorkommen (kein Phasenüberspringen). Weiterhin sind in späteren Entwicklungsstufen die Elemente früherer Phasen aufgehoben und auf erhöhtem Niveau neu integriert.
- In der Gesamtsequenz setzen sich *Entwicklungstrends* durch, nämlich: zunehmende Stimulusunabhängigkeit, erhöhtes Abstraktionsniveau, zunehmende Differenzierung, insgesamt also größere Objektivität der Realitätsperzeption.
- *Psychologisch interessant* sind diese Entwicklungsstadien vor allem deshalb, weil aus der Tatsache, daß Individuen stets Problemlösungen vorziehen, die dem höchsten ihnen erreichbaren Niveau entsprechen, und daß Schemata, die einer überholten Stufe entstammen, im allgemeinen gemieden werden, gefolgert werden kann, daß die Entwicklungslogik kein bloß äußerlich konstruiertes und imputiertes Ordnungsschema darstellt, sondern einer psychologischen, auch *motivational bedeutsamen, Realität* entspricht.[14]

b) Die Vorzüge derartiger Theorien

Entwicklungslogisch orientierte Persönlichkeitstheorien weisen alle Vorzüge systematischer Typologien auf: sie definieren, wenn wichtige Dimensionen erfaßt sind, für ein gegebenes Forschungsfeld den Bereich der möglichen Gegenstände. Entwicklungslogiken leisten gegenüber rein formalen Typologien insofern jedoch mehr, als sie, weil die Ausprägungen der einzelnen Dimensionen sich zu strukturierten Gesamtheiten zusammenschließen, durch Berücksichtigung zusätzlicher Dimensionen nicht so affiziert werden, daß völlig neue Typen hinzutreten – lediglich die Beschreibung eines Stadiums wird reicher. Das bedeutet, daß Sicherheit über die Zahl der überhaupt möglichen Typen eher gewonnen werden kann. Hinzu kommt, daß sie über eine Reihe forschungsstrategisch wichtiger Vorzüge verfügen:

- Nur diese Theorien legen es nahe, altersabhängige, qualitative Differenzen in Denk- und Reaktionsweisen zu untersuchen und entsprechende Forschungsinstrumente zu entwikkeln: die Anwendung gängiger IQ-Skalen z. B. unterstellt implizit, daß Kinder Erwachsene ›in Kleinformat‹ sind.
- Nur aufgrund der Kenntnis des ganzen Entwicklungsverlaufs läßt sich für gegebene Einstellungen und Denkstrukturen entscheiden, ob es sich um stabile Persönlichkeitsmerkmale oder phasenspezifische, vorübergehende Ausprägungen handelt. Die ganze Trait-Forschung krankt an der Unfähigkeit, diesen Unterschied angemessen zu berücksichtigen.
- Nur innerhalb von Entwicklungstheorien läßt sich systematisch unterscheiden zwischen der autonomen Entwicklung von Argumentationsstrukturen und der bloßen Übernahme kultureller Muster. Der Liberalisierungsschub amerikanischer College-Studenten – vielfach an Veränderungen auf der Autoritarismus-Skala nachgewiesen[15] – ist teilweise entwicklungsbedingt, teilweise spiegelt sich in ihm lediglich eine konformistische Übernahme der Normen der College-Subkultur. Nur der entwicklungsbedingte Teil dieser Veränderung ist resistent gegenüber veränderten Umwelteinflüssen (im Beruf etwa).
- Eine Entwicklungslogik erlaubt es, das Konzept einer gelungen Sozialisation, das jede Sozialisationstheorie schon allein deshalb benötigt, weil sie die gesellschaftlich vorgegebene Definition von gelungenen Sozialisationsprozessen nicht schlichtweg ignorieren kann, zu präzisieren. Das ist zumindest dann wichtig, wenn sich Sozialisationstheorie nicht darauf beschränken will, die Genese eines typischen Sozialcharakters nachzukonstruieren, sondern darüber hinaus einen Bewertungsmaßstab für den Vergleich von Sozialcharakteren anzielt, um so gegebene Persönlichkeitsstrukturen am Potential menschlicher Entwicklung messen zu können.

2. Der interaktionistische Ansatz

a) Vorbemerkung

Üblicherweise werden in psychologischen Untersuchungen die wichtigen Variablen unter dem Gesichtspunkt der Maximierung der Gratifikationsbalance eines isolierten Individuums selegiert und organisiert. Dieser Vorgehensweise liegt das Modell eines unabhängig vom sozialen System konstituierten Individuums zugrunde, das in einer gegebenen Situation (die eine soziale sein kann) monologisch Probleme löst, wobei unterschlagen wird, daß die Struktur der Persönlichkeit und des Problemlösungsverhaltens selbst als ein Aspekt des Interaktionszusammenhangs begriffen werden kann. Werden nun im nachhinein Korrelationen zwischen Persönlichkeitsstrukturen und Merkmalen sozialer Systeme gefunden, so sind diese zwar ex post im Rahmen einer neuen Theoriesprache, innerhalb deren psychologische und soziologische Hypothesen integriert werden, interpretationsfähig. Diese Strategie ist jedoch insofern empiristisch, als der aufgefundene Zusammenhang erst reaktiv zur Hypothesenkonstruktion verwendet wird, anstatt daß versucht wird, ein Interpretationsmodell zu finden, in dem psychologische und soziologische Strukturen als zwei Aspekte eines identischen Phänomens begriffen werden können.[16] Die Theorie der kommunikativen Kompetenz, wie sie im folgenden skizziert werden soll, könnte genau die gesuchte Verknüpfung von psychologischen und soziologisch-interaktionistischen Interpretationen darstellen. Da sich in den letzten Jahren die Evidenzen dafür mehren, daß interaktive Strukturen (Rollenübernahme, moralisches Bewußtsein[17]) sich entwicklungslogisch entfalten, wird die Theorie der kommunikativen Kompetenz auch die oben genannten theoriestrategischen Vorzüge von entwicklungslogischen Ansätzen aufweisen. Da zudem ein Kernstück dieser Theorie, nämlich die Theorie des moralischen Bewußtseins, psychisch gut verankerte Strukturen rekonstruiert, die Affinitäten aufweisen zu den im kulturellen System institutionalisierten konkreteren Deutungsmustern, scheint sie auch das zentrale Problem des Zusammenhangs zwischen Persönlichkeitsstruktur und Verhalten einer Lösung näher bringen zu können.

Die Fähigkeit der Theorie der kommunikativen Kompetenz, zwischen sozialem und psychologischem System zu vermitteln, ist vielleicht nicht unmittelbar ersichtlich, da der Kompetenzbegriff zunächst einmal als ein psychologisches Konstrukt aufgefaßt werden muß. Darüber hinaus scheint auch seine analytische Unabhängigkeit von kognitiven und emotionalen Variablen nicht hinlänglich gesichert zu sein, wenn er primär unter dem Gesichtspunkt von Konsistenzforderungen[18] (nämlich der Forderung nach Konsistenz der sozialen Identität, d. i. der gleichzeitig von einem Individuum gehaltenen Positionen untereinander und der Forderung nach Konsistenz der personalen Identität, d. i. der im biographischen Ablauf nacheinander gespielten Rollen, sowie der beiden Identitäten untereinander) eingeführt wird. Denn Konsistenzprobleme sind kognitive Probleme, zu deren Bewältigung kognitive und, gegebenenfalls, emotionale Ressourcen (Frustrationstoleranz) ausreichen sollten. In diesem Fall wäre der Begriff der kommunikativen Kompetenz letztlich redundant.

Wir hoffen jedoch, zeigen zu können, daß das Konsistenzpostulat nicht, wie die psychologischen Dissonanztheorien unterstellen, seine Basis in einem individuellen Bedürfnis hat, sondern von vornherein auf die Konstitution von Intersubjektivität bezogen ist. Deshalb müßte es möglich sein, darzustellen, daß rein soziologische Theorien – also beispielsweise die traditionelle Rollentheorie – systematisch Leerstellen enthalten, die genau auf das Konstrukt der kommunikativen Kompetenz verweisen. Anders ausgedrückt: das Konzept der kommunikativen Kompetenz muß in gleicher Weise vom Standpunkt des sozialen Systems wie vom Standpunkt des einzelnen Aktors her einführbar sein. Das soll über den Umweg einer kurzen Analyse eines Teilproblems innerhalb der traditionellen Rollentheorie versucht werden.

b) Ableitung des Konzepts der kommunikativen Kompetenz

Die traditionelle Rollentheorie sucht die Stabilität von Interaktionssequenzen zu erklären. Sie weist nach, daß eine notwendige Voraussetzung für eine solche Stabilisierung darin besteht, daß sich ein System reziproker Verhaltenserwartungen etabliert. In einem solchen System kann ego alters Intentionen antizipieren und seine eigenen Handlungen daran orientieren (und vice versa). Probleme ergeben sich in dem Moment, in dem einer der beiden Interaktionspartner (oder beide) in Rollenkonflikte verwickelt werden, so daß alter nie wissen kann, welche der konfligierenden Orientierungen für ego handlungsbestimmend wird oder, im ungünstigsten Falle, nicht einmal bemerkt, daß alter sich einander widersprechenden Erwartungen ausgesetzt sieht. Die Rollentheorie nennt eine Reihe struktureller Mechanismen, die die Wahrscheinlichkeit des Auftretens derartiger Situationen minimieren oder sie sanktionsfrei lösbar machen[19]:

1. für Intrarollenkonflikte
   a) unterschiedliches »role-involvement« verschiedener Positionsträger,
   b) differentielle Macht der inkonsistente Forderungen stellenden Positionsträger,
   c) differentielle Sichtbarkeit von einzelnen konformen bzw. devianten Handlungsmöglichkeiten,
   d) Unterstützung durch Inhaber gleicher Position.
2. für Interrollenkonflikte
   a) Segmentierung,
   b) Sequentialisierung,
   c) Wissen von der Vielzahl von Rollen.

Die Rollentheorie behandelt diese Mechanismen als prinzipiell gleichrangig. Das sind sie auch, wenn man den Standpunkt eines isolierten Subjektes einnimmt oder nur kurzfristiges Konfliktmanagement ins Auge faßt. Unter dem für die Rollentheorie eigentlich zentralen Gesichtspunkt der Konstitution und Aufrechterhaltung von Intersubjektivität jedoch können diese Mechanismen nicht als gleichrangig gelten. Die unter dem Titel »Intrarollenkonflikte« aufgeführten Mechanismen implizieren, daß Verhaltenserwartungen verletzt werden, Sanktionen jedoch unwahrscheinlich oder nicht gravierend sind. Ein zumindest kurzfristiger Bruch von Intersubjektivität wird somit bewußt in Kauf genommen. Soweit das gilt, müssen diese Mechanismen, wie funktional sie auch immer für den einzelnen Handelnden sein mögen, als für das soziale System dysfunktional gelten. Ihre Dysfunktionalität für das soziale System variiert offensichtlich: unterschiedliches »role-involvement« (Mechanismus 1) impliziert die geringste Gefährdung der Beziehung, da der Konflikt offenliegt und einer der Interaktionspartner freiwillig auf seine Ansprüche verzichtet. Die Dysfunktionalität der anderen Mechanismen läßt sich nicht generell einstufen, sondern muß unter Rekurs auf die je wechselnden konkreten Situationen entschieden werden.

Ähnlich liegen die Dinge bei dem *zweiten set* von strukturellen Konfliktvermeidungsstrategien. Obwohl durch Segmentierung und Sequentialisierung eine unmittelbare Verletzung von Verhaltenserwartungen vermieden werden kann, da die inkonsistenten Erwartungen in räumlicher und zeitlicher Trennung koexistieren, enthalten sie doch ein beträchtliches disruptives Potential. Bricht nämlich die Segmentalisierung zusammen – und wie außerordentlich schwierig und aufwendig es ist, das auf Dauer zu verhindern, wird von Goffman in seinen Untersuchungen über Stigma-Management (Goffman 1963) zur Genüge illustriert –, so wird die Beziehung mit inkonsistenten Verhaltensaspekten überschwemmt. Diese sind um so gefährlicher, je erfolgreicher sie bislang abgeschirmt werden konnten. Ego muß nämlich in jeder Situation unterstellen können, daß alter ein ›verläßlicher‹ Interaktionspartner ist, wobei diese Verläßlichkeit mit allzu großer Inkonsistenz innerhalb des Rollenrepertoires inkompatibel ist. Wenn unvorbereitet und unexpliziert konträre Normen in eine Situation einbrechen, erscheint alter als nur bedingt verläßlich. Wie kann derselbe Handelnde x und non-x vertreten? Muß ego nicht annehmen, daß alter die im gegebenen Kontext geltenden Normen überhaupt nicht richtig verstanden hat? Muß er nicht annehmen, daß der Schein von Intersubjektivität lediglich auf Mißverständnissen beruhte? Dieses Mißtrauen setzt einen circulus vitiosus in Gang, der dann die Möglichkeit der Herstellung von reziproken Erwartungen endgültig zerstören muß. D. h. aber, daß unabhängig vom Problem des Persönlichkeitssystems, sich selbst in heterogenen Situationen als identisch durchhalten zu können, die Konsistenzforderung als notwendige Bedingung der Aufrechterhaltung von Intersubjektivität aufgefaßt werden muß. Unter diesem Gesichtspunkt erweist sich der Mechanismus, der oben als »Wissen von der Vielzahl von Rollen« angeführt wurde, als vor den anderen ausgezeichnet. Denn dieser Mechanismus schließt eine unvorbereitete Disqualifizierung des Handelnden in der gegebenen Situation aus. Und ebenso wie unterschiedliches »role-involvement« unterläuft er nicht die Möglichkeit einer Konsensusbildung, sondern führt zu einer erneuten Equilibrierung des Systems unter komplexeren Bedingungen. Wenn man seine Funktionsweise genauer analysiert, dann zeigt sich, daß er auf einer Reihe von Unterstellungen beruht.[20]

Wir müssen zunächst noch einmal festhalten, daß es sich um einen *strukturellen* Mechanismus handelt, der ego und alter von Ich-Leistungen entlastet, und zwar genau dadurch, daß er unterstellt, daß beide Interaktionspartner über kommunikative Kompetenz verfügen. Wie wird dieser Entlastungseffekt produziert? Ego weiß, daß alter mehrere Positionen innehat, und ist daher bereit, gewisse Inkonsistenzen im Verhalten von alter zu tolerieren. Das kann er aber nur, weil und insoweit er unterstellt, daß alter versuchen wird, obwohl er gezwungen ist, die Verhaltenserwartungen der vorliegenden Rollenbeziehung auf dem Hintergrund seiner anderen Verpflichtungen zu relativieren, die legitimen Erwartungen von ego soweit wie möglich zu berücksichtigen. Das bedeutet aber, daß ego alter unterstellt, eine angemessene Balance zwischen Konformität und Distanzierung herstellen zu können und zu wollen, sich also »kompetent« zu verhalten und die Intersubjektivität der Erwartungen nicht leichtfertig aufs Spiel zu setzen.

Der Begriff einer angemessenen Balance bedarf der Präzisierung. Ego unterstellt alter eine gewisse Flexibilität des Verhaltens. Diese darf jedoch nicht in einen absoluten situationalen Opportunismus umschlagen, da alter sich sonst für ego hinsichtlich seiner *Verläßlichkeit* als Interaktionspartner disqualifiziert. Denn ego weiß, daß im Falle opportunistischer Flexibilität seine Bedürfnisse nur kontingent, d. h. abhängig von der relativen Stärke seines Sanktionspotentials im Verhältnis zu möglichen anderen Sanktionierungsinstanzen, gewährleistet sind. Als verläßlich kann ein kompromißfähiger Interaktionspartner nur dann gelten, wenn seine Flexibilität sich als *prinzipiengeleitet* erweist und man jederzeit sicher sein kann, daß der andere in seinen wechselnden Synthesen sich selbst als Identischer durchhält. Eben diese Fähigkeit, sich situationsadäquat und dennoch prinzipiengeleitet flexibel verhalten zu können, nennen wir *kommunikative Kompetenz*.

Wenn sich derart die kommunikative Kompetenz, ein eher psychologisches Konstrukt, als Bestandteil der Mechanismen herausstellt, die innerhalb der Rollentheorie unter dem Gesichtspunkt der Konstitution von Intersubjektivität eine ausgezeichnete Position einnehmen, dann dürfen wir vielleicht zu Recht schließen, daß das Konzept der kommunikativen Kompetenz einer Sprache angehört, die geeignet ist, die oben geforderte Integration zu leisten.

Es versteht sich, daß die oben beschriebenen wechselseitigen Unterstellungen, die für die Funktionsfähigkeit des strukturellen Mechanismus »Wissen von der Vielzahl von Rollen« konstitutiv sind, nur dann über längere Zeiträume aufrechterhalten werden, wenn sie ein fundamentum in re haben, d. h. wenn Individuen wenigstens graduell über die unterstellte Kompetenz auch tatsächlich verfügen. Diese Kompetenz befähigt das Individuum jederzeit, die unlösbar miteinander verschränkten Probleme der Aufrechterhaltung von Intersubjektivität und des Durchhaltens eines identischen Selbst trotz der Rollenvielfalt und der biographischen Veränderungen gleichzeitig zu lösen. Es handelt sich um *eine* Kompetenz, die wir *kommunikative Kompetenz* nennen, sofern eher Probleme des sozialen Systems, und *Ich-Identität,* sofern eher Probleme des Persönlichkeitssystems thematisiert werden.

Es dürfte einleuchten, daß nicht beliebige Prinzipien in gleicher Weise die Funktion der Steuerung wechselnder Synthesen von Rollenerwartungen übernehmen können. Partikularistische Normen sind – da sie per definitionem an *eine* Rolle gebunden sind[11] – wenig geeignet, eine verallgemeinerte Basis von Intersubjektivität herzustellen. Es wäre zwar denkbar, daß vom Standpunkt einer partikularistischen Beziehung das ganze Rollengefüge hierarchisiert würde: diese Lösung bedeutet jedoch immer eine Einschränkung der Reziprozität von Bedürfnisbefriedigung anderer Rollenpartner.

Diese Auszeichnung universalistischer Prinzipien läßt sich noch weiter präzisieren: Situationen, in denen Ausgangspunkte möglicher Mißverständnisse nicht nur konkrete konfligierende Rollenerwartungen sind, sondern in denen, sozusagen auf der nächsten Steuerungsebene, ein Prinzipiendissens der Interaktionspartner die jeweils gewählte Form der Synthese uneinsichtig werden läßt, müssen noch auflösbar sein. Das kann nur dadurch geschehen, daß die Kontroverse als solche thematisiert wird. Diese Situation unterscheidet sich nicht prinzipiell von den Situationen, in denen, bedingt durch Rollenkonflikte, Verhaltensnormen relativiert werden: in beiden Fällen müssen Diskurssituationen geschaffen werden, die die ungebrochene Verhaltenskontrolle von Normen sistieren, also zumindest tendenziell herrschaftsfreie Kommunikation ermöglichen. Es wäre paradox, wenn in einer Diskussion über Prinzipien genau solche Prinzipien verteidigt würden, die den für den Diskurs konstitutiven Fundamentalnormen widersprächen. Denn diese Fundamentalnormen formulieren das Prinzip der Intersubjektivität auf allgemeiner Ebene. Normendiskussionen können sich natürlich auf allen Abstraktionsebenen und an den heterogensten Issues entzünden. Sofern sie nicht schon auf der ihnen unmittelbar zuzuordnenden Metaebene gelöst werden können und die Argumentation sich sukzessive durch verschiedene logische Ebenen bewegt, muß – soll ein unendlicher Regreß ausgeschlossen sein – auf konsistente Prinzipien rekurriert werden können. Diese können eigentlich keine anderen sein als die, welche die Bedingungen der Möglichkeit von Intersubjektivität selbst formulieren. Sie kommen am prägnantesten in den Endstufen der Entwicklung des moralischen Urteils zum Ausdruck, da moralische Prinzipien auf eine *konsensuelle* Regelung von Handlungskonflikten bezogen sind. Kohlberg faßt den Sachverhalt knapp zusammen: »The direction of social or ego development is also toward an equilibrium or *reciprocity* between the self's action and those of others toward the self. In its generalized form this equilibrium is the endpoint or definer of morality, conceived as principles of justice, i. e. of reciprocity or equality.«[22] D. h. *es besteht ein systematisches Präjudiz gegen solche universalistischen Prinzipien, die asymmetrische Sozialbeziehungen fordern.*

3. Persönlichkeitsstrukturelle Implikationen

Unter einem persönlichkeitsstrukturellen Gesichtspunkt ergeben sich aus den obigen Ausführungen folgende Konsequenzen: Ich und Über-Ich – um es in der Sprache der psychoanalytischen Theorie zu formulieren – müssen sich ausdifferenziert haben. Denn nur durch Rekurs auf im Über-Ich lokalisierte rollenunspezifische Prinzipien kann das Individuum vermeiden, daß es in der Vielzahl von Rollen und wechselnden Situationsdefinitionen völlig diffundiert (kurzfristiges Situationsmanagement). Darüber hinaus müssen diese Prinzipien jederzeit selbstreflexiv verfügbar sein: das Über-Ich darf also nicht rigide terroristisch, sondern muß ego-synton und flexibel sein.[23] Das wiederum setzt Ich-Stärke und Integration der Es-Impulse voraus, da das Verläßlichkeitspostulat fordert, daß der Handelnde mit seinen internen Impulsen und mit externen Anforderungen rational umgehen kann. Denn Probleme ergeben sich eigentlich immer nur dann, wenn Konflikte zwischen internen Impulsen und internalisierten Standards, Impulsen und objektiver Realität oder zwischen konkurrierenden externen Anforderungen entstehen. Um diese lösen zu können, muß ein kommunikativ kompetenter Akteur über bestimmte Strategien des Umgangs mit Impulsen, Standards und externen Zwängen verfügen. Zu diesen Strategien gehören die kognitiven Schemata, die Abwehrmechanismen und die generalisierten Ich-Ressourcen wie Frustrationstoleranz, Ambivalenztoleranz, »Locus of Control«, Extensität des Zeithorizonts.[24]

Exkurs: Abwehrmechanismen

Die Abwehrmechanismen sind deshalb von zentraler Bedeutung für Theorien, die Handlungsprognosen anstreben, weil sie (nach innen) die Perzeption der verschiedenen Bedürfnisdispositionen (Es-Impulse, Über-Ich-Strebungen, Ich-Ziele) und (nach außen) die Perzeption der externen Realität steuern, also über Bewußtseinsfähigkeit von Bedürfnissen und ihre Umsetzung in Handlungen (Kontrolle über Motilität) entscheiden. Leider sind die Ansätze in diesem Forschungsfeld so heterogen und defizient, daß eine Umsetzung in systematische Hypothesensysteme, die die empirische Forschung anleiten könnten, schwerfällt. Selbst wenn man sich auf die psychoanalytisch orientierte Literatur beschränkt, ergeben sich Schwierigkeiten genug. Auf abstrakt-theoretischer Ebene besteht zwar weitgehend Einmütigkeit bei der Formulierung und

Definition des Konzepts der Abwehrmechanismen. Ausgehend von der Funktion des Ich, zwischen Es, Über-Ich und externer Realität derart zu vermitteln, daß Triebansprüche unter Berücksichtigung der im Über-Ich sedimentierten sozialen Werte und Normen ihr Ziel in der Realität erreichen, d. h. befriedigt werden können, wird unterstellt, daß das Ich seine Vermittlerrolle erfolgreich nur dann spielen kann, wenn es sowohl über *Strategien* des Umgangs mit den Affekten und Triebrepräsentanzen wie auch über solche der Kontrolle und Manipulation der externen Realität verfügt. Die nach *innen* gerichteten Strategien werden – soweit sie *unbewußt* eingesetzt werden – *Abwehrmechanismen*, die nach außen auf die Realität zielenden *Bewältigungsstrategien* genannt.[25] Abgewehrt wird nur, wenn eine Bedürfnisdisposition mit der Realität oder dem Über-Ich *konfligiert* und eine rationale Lösung der Konfliktsituation nicht möglich ist: »When a man cannot face a conflict or is too overwhelmed by anxiety to resolve it by rational means, he must resort to other methods. Then the defense mechanisms come into play. By using a particular mechanism he blinds himself to the nature of his real wishes, usually by substituting more permissible versions. Defenses operate as automatically as breathing. They are applied without awareness that a choice is being made, or even that conflict exists.«[26]

Anna Freud nennt zehn solcher Abwehrmechanismen: Verdrängung, Regression, Reaktionsbildung, Isolierung, Ungeschehenmachen, Projektion, Introjektion, Wendung gegen die eigene Person, Verkehrung ins Gegenteil und Sublimierung.[27] Dieser Katalog müßte im ersten Schritt der theoretischen Arbeit zunächst einmal in eine systematische Klassifikation überführt werden. Ein Gesichtspunkt einer solchen Klassifikation könnte sich durch eine Zuordnung zu den in der psychoanalytischen Theorie beschriebenen Stadien der psychosexuellen Entwicklung ergeben. Das ist jedoch bislang nicht versucht worden: Anna Freud spricht in diesem Zusammenhang von der Chronologie als einem der »ungeklärtesten Gebiete innerhalb der analytischen Theorie«[28]. Das äußert sich z. B. darin, daß in der Theorie von Miller/Swanson[29] der Mechanismus »Wendung gegen die eigene Person« zu den voraussetzungsreichsten, genetisch also späteren Abwehrmechanismen gerechnet wird, während Anna Freud ihn für einen sehr primitiven, genetisch frühen hält. Die Schwierigkeiten einer genetischen Klassifikation beruhen sicherlich nicht zuletzt darauf, daß schon die Definitionen der einzelnen Abwehrmechanismen nicht präzise sind und sich daher von Autor zu Autor verschieben.

Neuere Ansätze von Kroeber[30], Haan et al.[31] scheinen insofern weiter zu führen, als sie von *übergreifenden Ich-Funktionen* ausgehen, die sich nach der rationalen Seite als Coping-Strategien, nach der Seite der unbewußten, also weniger rationalen Konfliktabwehr als klassische Abwehrmechanismen manifestieren. Folgende Eigenschaften von Abwehrmechanismen bzw. Coping-Strategien nennt Haan[32]:

I. *Abwehrmechanismen*

1) Das Verhalten ist rigide, automatisiert und stimulusgebunden.
2) Das Verhalten wird von vergangenen Erlebnissen determiniert, und diese präformieren gegenwärtige Bedürfnisse.
3) Im Verhalten wird die gegenwärtige Situation verzerrt.
4) Das Verhalten ist stärker durch primärprozeßhaftes Denken und unbewußte Momente bestimmt und daher undifferenziert.
5) Das Verhalten fußt auf der Annahme, unangenehme Ereignisse und Affekte ließen sich magisch überwinden.
6) Die Bedürfnisse werden verdeckt befriedigt.

II. *Coping-Strategien*

1) Verhalten impliziert bewußte Entscheidung und ist daher flexibel und zielgerichtet.
2) Das Verhalten richtet sich auf die Zukunft und berücksichtigt die Bedürfnisse der Gegenwart.
3) Das Verhalten ist realitätsgerecht.
4) Das Verhalten beruht auf sekundärprozeßhaftem Denken und ist hochdifferenziert.
5) Das Verhalten trägt der Notwendigkeit, unangenehme Affekte auszuhalten, Rechnung.
6) Bedürfnisbefriedigung erfolgt offen und kontrolliert.[33]

Die Autorin nennt dann zehn Ich-Funktionen (kognitive Unterscheidungsfähigkeit, kognitive Distanz, Mittel-Zweck-Schematisierung, Reaktionsverzögerung, selektive Perzeption,

Sensitivität, Objektverschiebung, Zeitumkehr, Impulstransformation, Impulskontrolle), die sich jeweils in einer rationalen und irrationalen Variante manifestieren. Beispielsweise äußert sich »Reaktionsverzögerung« in der »positiven« Variante als Ambivalenztoleranz, d. h. der Fähigkeit, widersprüchliche oder undefinierte Elemente von Situationen bewußt zu ertragen; in der »negativen« Variante als Zweifel und Unentschlossenheit, d. h. in der Unfähigkeit, Ambivalenzen aufzulösen, so daß die Handlungsfähigkeit total verlorengeht. Das Modell enthält allerdings noch einige ungeklärte theoretische Fragen:

– Es scheint zweifelhaft, ob es wirklich sinnvoll ist, die klassischen Abwehrmechanismen mit Konstrukten wie Ambivalenztoleranz auf der gleichen analytischen Ebene anzusiedeln, da Ambivalenztoleranz für jegliches rationale Konfliktlösungsverhalten, z. B. auch für Zweck-Mittel-Schematisierung oder andere Coping-Strategien, nötig zu sein scheint. Daher scheint es angemessener, »generalisierte Ich-Ressourcen« wie Frustrationstoleranz, »mastery« usw. analytisch getrennt zu halten: sie begründen Problemlösungsverhalten überhaupt, ohne die *Struktur* des Handelns im einzelnen festzulegen. So wie das generalisierte Tauschmedium »Geld« qualifiziert ist, die Versorgung mit Gütern überhaupt sicherzustellen, so fundiert Frustrationstoleranz zielorientiertes Verhalten überhaupt, während ein Mechanismus wie Verschiebung z. B. dafür sorgt, daß eine bestimmte Wahl zwischen konkurrierenden Objekten getroffen wird, d. h. er erklärt – um im Vergleich zu bleiben – warum eine bestimmte Ware gekauft wird, nicht wie Waren überhaupt gekauft werden.

– Weiterhin hat man auch hier den Eindruck, daß die Definitionen die einzelnen Mechanismen nicht klar gegeneinander abgrenzen: Rationalisierung z. B. kann durchaus den Zweck des Verleugnens von Aspekten der Realität (die defensive Variante von »selektiver Perzeption«) haben. So liegt die Vermutung nahe, daß einfache und komplexe Mechanismen unterschieden werden sollten – vielleicht ließe sich so auch die genetische Problematik leichter fassen.

Trotz der Vorläufigkeit des Kroeber-Haanschen Modells scheint es sich um einen Neubeginn auf diesem Arbeitsgebiet zu handeln. Erste empirische Befunde ergeben theoretisch plausible Zusammenhänge mit anderen Variablenbereichen (Konstrukt-Validität) wie Berufserfolg, intrafamiliales Milieu, Adoleszenzkrisenverläufe, Persönlichkeitscharakteristika wie Ängstlichkeit, Aggressivität, negatives Selbstbild. Wenn es gelänge, dieses Modell so weit zu präzisieren, daß es von der hermeneutischen Fähigkeit klinisch erfahrener Psychologen unabhängig würde[34], dann könnte es die Vermittlung zwischen der Einstellungs- und Handlungsebene leisten.

Die genannten Variablen »Ich-Ressourcen« und »Abwehrmechanismen« müßten so weit in das Konzept der kommunikativen Kompetenz integriert werden, daß sich unterschiedlichen Kompetenzniveaus je verschiedene Ausprägungen dieser Dimensionen zuordnen lassen und letztere so unterschiedliche *Identitätsformationen* mitdefinieren. Dabei soll »Identitätsformation« ein hypothetisches Konstrukt bezeichnen, mit dessen Hilfe es möglich wird, die Vielzahl der psychologischen Variablen zu Clustern zusammenzufassen und mit Bezug auf das Rollenset und das institutionalisierte Wertsystem zu organisieren. Da es bei dem gegenwärtigen Forschungsstand noch nicht möglich ist, generalisierte Ich-Ressourcen und Abwehrmechanismen rein deduktiv Persönlichkeitsstrukturen im Normalbereich zuzuordnen, wird man hier also induktiv vorgehen müssen. Die Variable »moralisches Bewußtsein« hingegen ermöglicht einen stärker theoretisch orientierten Zugang zu dem Konstrukt der Identitätsformation. Sie hat – wie sich eigentlich schon bei der Einführung des Begriffs der kommunikativen Kompetenz gezeigt hat – für dieses Forschungsprojekt aus folgenden Gründen einen strategischen Stellenwert:

– Die kognitiven und emotionalen Ressourcen lassen sich ohne Schwierigkeiten auch im Rahmen eines eher monologischen Ansatzes – d. h. des Modells des isolierten, seine Gratifikationsbalance optimierenden Subjektes – entfalten, da sie per se gegenüber möglichen Anwendungsformen neutral sind und jederzeit rein strategisch-opportunistisch ausgebeutet werden können. Anders beim Über-Ich: dieses Konzept muß innerhalb einer Theorie, die psychologische und soziologische Begriffsbildung zu integrieren sucht, einen zentralen Platz haben, weil die höchste Stufe der Entwicklung des moralischen Bewußtseins als universalistisch-kommunikative Ethik *gleichzeitig die Identität des Individuums und die Konstitution von Intersubjektivität* verbürgt. Moralische Probleme sind immer Probleme, die die Möglichkeit des Zusammenlebens mit anderen Menschen betreffen. Nur wenn das Individuum Prinzipien, die ein solches Zusammenleben garantieren, anerkennt, vermag es auch seine eigene Identität durchzuhalten. Mit anderen Worten: das Über-Ich hat deshalb einen ausgezeichneten Stellenwert innerhalb der Theorie der kommunikativen Kompetenz, weil an ihm die Doppelproblematik von Intersubjektivität und Individualität in reiner Form in Erscheinung tritt und es gar nicht so definiert werden kann, daß rein monologisch instrumentelles Handeln möglich ist.

– Die moralisch-evaluative Komponente des Handelns integriert kognitive und affektive Faktoren zu rudimentären Situationsschemata[35] und ist daher eher geeignet, konkretes Handeln prognostizierbar zu machen.

– Die Schemata des moralischen Bewußtseins sind in umfassendere Begründungszusammenhänge (Weltbilder, Gesellschaftsbilder) eingebettet, die sich unter Rückgriff auf dieselben Dimensionen wie moralisches Bewußtsein rekonstruieren lassen.[36] Aufgrund dieser Affinitäten wird man erwarten dürfen, daß die Stufen des moralischen Bewußtseins einen Teil der Varianz von Einstellungssyndromen erklären. Wenn diese Unterstellung sich als triftig erweisen sollte, wäre man dem Problem der Erklärung von Verhaltenspotentialen näher gekommen, da man nun von formalen Persönlichkeitsstrukturen auf inhaltliche, situationsnahe Deutungsmuster schließen könnte.

– Für das moralische Bewußtsein kann als gesichert gelten, daß es sich gemäß einer Entwicklungslogik phasenweise entfaltet.[37] Man darf daher erwarten, daß sich die eingangs erwähnten theoriestrategischen Vorzüge von entwicklungslogischen Ansätzen auch an dem übergreifenden Konzept der kommunikativen Kompetenz erweisen werden. Es muß also möglich sein, Entwicklungsstufen der kommunikativen Kompetenz und die zugehörigen Identitätsformationen zu rekonstruieren und biographisch zu lokalisieren. Dies soll im folgenden versucht werden.

4. Die drei Stufen der Entfaltung der kommunikativen Kompetenz

Die Stufen der kommunikativen Kompetenz sind von zwei Seiten her beschreibbar: von den Imperativen des Sozialsystems und von den zur Aufrechterhaltung von Identität erforderlichen Fähigkeiten des Subjekts her. Aus der Art der bisherigen Argumentation – wir haben das Konzept der kommunikativen Kompetenz unter Rekurs auf die Mechanismen der Lösung von Rollenkonflikten eingeführt – ergibt sich, daß die beschriebene Form der *prinzipiengeleiteten Flexibilität* ein Element hochkomplexer Gesellschaften ist und zugleich die optimale Organisation des Persönlichkeitssystems unter diesen Bedingungen von Überkomplexität darstellt. Insofern repräsentiert das Konstrukt, so wie es bislang eingeführt ist, die höchste Stufe der Entfaltung der kommunikativen Kompetenz und muß insoweit als Idealisierung gelten: weder sind derartige komplexe sozialstrukturelle Bedingungen immer gegeben, noch ist jedes Individuum in der Lage, die optimale Lösung zu realisieren.

Schränkt man die Anforderungen, denen das Individuum sich ausgesetzt sieht, zunehmend ein, so ergeben sich zwei weitere Kompetenzniveaus und korrespondierende Identitätsformationen: in traditionalen, gut integrierten Gesellschaften ist das Bündel von vorgegebenen Verhaltenserwartungen relativ konfliktfrei um eine Rolle zentriert. Dem entspricht eine *Rollenidentität*, d. h. das Individuum definiert sich selbst und wird auch von anderen in erster Linie als Träger einer bestimmten Rolle, von der es sich weder distanzieren kann noch muß, perzipiert. Bei noch stärkerer Einschränkung der Fähigkeit zum Rollenhandeln ergibt sich eine in gewisser Weise vorsoziale Persönlichkeitsstruktur, die natürlich auf gesamtgesellschaftlicher Ebene nicht als modale Persönlichkeit realisiert werden kann, sondern in der ontogenetischen Entwicklung nur als Durchgangsstufe auftaucht. Diese *natürliche Identität* ist überhaupt noch nicht auf ein *set* von intersubjektiv verbindlichen Rollenerwartungen bezogen, sondern stellt eher eine Integration von Triebstrebungen dar, wobei die Intentionen anderer nur in ihren *externen* Auswirkungen erfahrbar werden.

Unsere Behauptung ist nun, daß den drei Stufen der Entwicklung der kommunikativen Kompetenz genau Phasen der ontogenetischen Entwicklung und Stufen der Integration des Kindes in das Netz intersubjektiv geteilter Erwartungen entsprechen. Diese sollen im folgenden beschrieben werden. Dabei werden wir die prä-ödipale und die ödipale Phase nur kursorisch umschreiben, da die uns interessierende Auseinandersetzung mit der kulturellen Tradition erst in der Adoleszenz beginnt.

5. Die Phasen der ontogenetischen Entwicklung

a) Die präsoziale Phase der natürlichen Identität

Diese Phase kann man schlagwortartig als die Phase des Übergangs von der unbedingten zur bedingten Gratifikation bezeichnen. Das Familiensystem muß den Bedürfnissen aller Mitglieder Rechnung tragen. Daher muß das Kind lernen, seine Bedürfnisse so weit zu kanalisieren, daß es zumindest Gratifikationsaufschub tolerieren kann. Die dabei zu lernenden Restriktionen und sozialen Tabus unterscheiden sich auf dieser Stufe noch nicht prinzipiell von physischen Hindernissen, da das Kind in mehrfacher Hinsicht noch ein sehr unvollkommener Interaktionspartner ist:

- seine eigenen Intentionen sind noch in keiner Weise generalisiert und auf ein Bündel von Rollenerwartungen bezogen;
- sein eigenes Innenleben ist ihm nicht als solches, d. h. differenziert von externen Ereignissen, präsent;
- es verfügt noch nicht über die zur Herstellung von Reziprozität notwendigen kognitiven Schemata, die es erlauben würden, das Handeln der Eltern als von Intentionen geleitet zu interpretieren. Daher können die Eltern nur als physisch unterscheidbare soziale Objekte, nicht aber als Träger differenter Rollen auftreten.

Da das Kind nicht über ein Konzept von Intentionalität – und erst recht nicht von *generalisierten Verhaltenserwartungen* – verfügt, agiert es sozusagen wie ein externer Beobachter nur auf der Ebene des manifesten Verhaltens der Systemmitglieder. Da das Kind nicht auf der Ebene geteilter Erwartungen in das Familiensystem integriert ist und auch sein eigenes Verhalten nicht um generalisierte Rollenerwartungen zentrieren kann, sprechen wir von einer *natürlichen Identität*. Dieser entspricht auf seiten der Interaktionsnetze eine extrem vereinfachte Familienstruktur; das Kind steht einem undifferenzierten Elternpaar gegenüber (fehlende Geschlechtsrollendifferenzierung, Vorrangigkeit der Mutter-Kind-Dyade).

Moralische Probleme können auf dieser Stufe noch nicht auftauchen, da die ungebrochene Spontaneität des Verhaltens sich einer reflexiven Steuerung entzieht und die fehlende Generalisierung von Intentionen moralische Dilemmata nicht sichtbar werden läßt. Kohlbergs Stadium 0 der moralischen Entwicklung (»The good is what I want«) entspricht genau dieser Situation, in der Triebregungen unkontrolliert durch *internalisierte* Bewertungsmaßstäbe ausagiert werden.

b) Die ödipale Phase der Rollenidentität

Die zentrale Errungenschaft dieser Periode besteht im Erwerb der Geschlechtsrolle und der Internalisierung der Generationsrolle, wobei diese beiden Segmente der Kindrolle so aufeinander bezogen sind, daß die möglicherweise disruptiven Elemente der Geschlechtsrolle (Inzest-Tabu) neutralisiert werden. Der Erwerb der Geschlechtsrolle setzt eine neue Differenzierungsleistung voraus: das Kind lernt, zwischen der expressiven Rolle der Mutter und der instrumentellen Rolle des Vaters zu unterscheiden und sie dennoch als komplementär aufeinander bezogen zu begreifen. Mit dieser Internalisierung der beiden Segmente der Kindrolle lernt das Kind zum ersten Male eine Form der Verhaltenssteuerung, die nicht mehr offen von situationalen Stimuli abhängt, sondern sich an internen Monitoren orientiert.

Die so auf neuem Niveau geleistete Integration des Kindes in ein differenziertes familiales Interaktionssystem erzeugt Probleme, deren Lösung reflexive Bewertungsmaßstäbe, nämlich moralisches Bewußtsein, erfordert: mit der Ausdifferenzierung der Geschlechtsrollen der Eltern erhöht sich die Wahrscheinlichkeit, daß das Kind in einer gegebenen Situation sich mit nicht voll kongruenten Verhaltenerwartungen konfrontiert sieht und zwischen diesen ausbalancieren muß.

Auf der kognitiven Seite sind für ein erfolgreiches Agieren

innerhalb des nunmehr komplexen Familiensystems folgende Voraussetzungen erforderlich:

- Transformation der sensomotorischen Schemata zu »konkreten Operationen«, wodurch Klassifikation, Seriation und Konstanz von mehrdimensionalen Objekten ermöglicht wird; beginnende Beherrschung invers-reziproker Operationen.
- Zunehmende Integration von sprachlichen Regelsystemen und sprachlicher Intelligenz, so daß nicht nur das in dem Vokabular enthaltene Klassifikationspotential ausgebeutet, sondern vor allem auch die mit dem grammatikalischen Regelsystem gegebene Möglichkeit, Sachverhalte aufeinander zu beziehen und ihren logischen Zusammenhang zu klären, zur Induktion von Inkonsistenzen genutzt werden kann.

Der Prozeß der Transformation der natürlichen vorödipalen Identität zur voll entfalteten Rollenidentität zieht sich über mehrere Jahre hin und läßt sich in zwei Substadien unterteilen. Im ersten Substadium (bis etwa 10) kann das Kind Reziprozität erst in rudimentärer Form herstellen, da es nur über einen Teil der erforderlichen kognitiv-motivationalen Strategien verfügt[38] (defizientes Rollenspiel, d. h. mangelnde Fähigkeit, die Perspektive von Alter einzubeziehen). Als endgültig etabliert und in multiplen Rollenkontexten funktionsfähig kann die Fähigkeit zur Herstellung von Reziprozität erst in der Phase der Prä-Adoleszenz (10-13) gelten.

Auch die Entwicklung des moralischen Bewußtseins durchläuft verschiedene Teilstadien. Zwei Trends charakterisieren diese Entwicklung: die Kriterien der Beurteilung werden in zunehmendem Maße *generalisiert* und *internalisiert*. Mit Kohlberg lassen sich zwei Hauptstadien, die jeweils wieder zwei Unterstadien haben, unterscheiden:

a. *Präkonventionelles Stadium (6-10)*[39]
1. »Punishment – Obedience Orientation«
Die entscheidende Differenz gegenüber der vormoralischen Stufe besteht darin, daß eine moralische Ordnung als solche anerkannt wird, das Kind aber für konkrete Entscheidungen noch auf das externe Kriterium »Bestrafung« zurückgreifen muß.

2. »Instrumental Hedonism and Concrete Reciprocity«

Hier wird das Kriterium der Strafe durch das pragmatischer Nützlichkeit und sozusagen äußerlicher Reziprozität ersetzt. Begriffe wie »Dankbarkeit«, »Loyalität«, »Gerechtigkeit« sind noch nicht bekannt.

b. *Konventionelles Stadium (10-13)*

3. »Orientation to Interpersonal Relations of Mutuality«

Die »good-boy«-Orientierung dieser Phase löst sich zwar von externen, greifbaren Sanktionen, bleibt jedoch weitgehend auf soziale Reaktionen (Zustimmung und Anerkennung) verwiesen. Typisch ist das Bestreben, sich Mehrheitsmeinungen blind zu unterwerfen. Gegenüber Stadium *a* setzt sich eine stärkere Orientierung an Intentionen durch.

4. »Maintenance of Social Order, Fixed Rules and Authority«

Der Unterschied zur vorangehenden Stufe liegt im wesentlichen darin, daß die moralischen Prinzipien als per se, d. h. unabhängig von unmittelbarer sozialer Validierung, gültig erfahren werden. Die moralische Ordnung wird als von Personen gelöste, fixe Struktur erlebt, die um ihrer selbst willen Respekt verdient.

Obwohl das Kind gegen Ende dieser Phase schon mehrere Rollen spielt (Schule, Familie, peers), läßt sich das kindliche Persönlichkeitssystem dieser Phase noch als *Rollenidentität* stabilisieren: Die einzelnen Lebensbereiche des Kindes sind in der Regel relativ gut integriert, so daß Konflikte verringert werden, und das *set* von Rollen ist eindeutig hierarchisiert, da die Rolle als Familienmitglied dominiert und prinzipiell die Familie für alle Belange des Kindes in letzter Instanz verantwortlich ist.

c) *Die Adoleszenzphase (13-25) – Aufbau einer flexiblen, prinzipiengeleiteten Ich-Identität*[10]

Das optimale Resultat des für die Adoleszenzphase typischen Entwicklungsschubs ist die *Transformation der strikt rollengebundenen Identitätsformation der vorangehenden Periode in eine stärker individualisierte, relativ rollenunabhängige Form der Integration des Persönlichkeitssystems.*

Ausgelöst wird dieser Schub durch eine Reihe von Veränderungen des Rollensystems, und zwar sowohl durch Ausweitung des Rollensets wie durch qualitative Veränderung alter Rollen (Geschlechtsrolle). Um einige Veränderungen zu nennen:

Intensivierung der »peer-group«-Interaktion; Aufbau heterosexueller Beziehungen; Vorbereitung auf die Berufsrolle und Konkretisierung der Staatsbürgerrolle; Veränderung der Beziehung zur Herkunftsfamilie, tentativer Erwachsenenstatus. In diesem Netz von Erwartungen muß der Jugendliche agieren, ohne daß die Lösung möglicher Konflikte durch eine eindeutige Hierarchisierung präjudiziert wäre oder einfach anderen Agenten angelastet werden könnte. Damit ist genau die Situation gegeben, in der, wie oben gezeigt, Intersubjektivität auf hochgradig autonome Individualität verwiesen ist.

Unter strukturellem Aspekt kann die Phase als beendet gelten, wenn der Jugendliche mit der Übernahme einer Berufsrolle und der Gründung einer eigenen Familie endgültig in die Gesellschaft integriert ist (oder *dauerhaft* eine Außenseiteridentität gewählt hat [Tramp]).

Kognitives Korrelat der für die Adoleszenz charakteristischen Identitätskrise ist der Erwerb einer Reihe von Schemata, die Piaget unter dem Titel »formal-operationales Denken« zusammenfaßt. Dazu gehört als Voraussetzung für hypothetisch-deduktives Denken die Beherrschung der formalen Aussagenlogik sowie der Kombinatorik.

Ohne diese kognitiven Ressourcen wäre es nicht möglich, sich vom unmittelbar Vorgegebenem zu lösen und das Mögliche und Zukünftige zu denken. Erst wenn die Realität als Ausschnitt aus einer Klasse alternativer Möglichkeiten begriffen werden kann, wird sie prüfbar auf ihre Notwendigkeit. Erst wenn alternative Selbstbilder entworfen werden können, kann es zum Problem werden, das reale Selbst zu akzeptieren.

Eine solche Problematisierung[41] der bisherigen Rollenidentität wird um so wahrscheinlicher, je stärker die veränderten Rollenerwartungen die sozialen Kompetenzen des Kindes zunächst überfordern und daher als bedrohlich empfunden werden. Das gilt zunächst besonders für die Geschlechtsrollen- und die berufliche Sozialisation. Die Furcht, diesen neuen Anforderungen nicht gewachsen zu sein, und die Gefahr der Identitätsdiffusion unter Bedingungen potentiell konfliktuöser und zugleich nicht eindeutig hierarchisierbarer Rollenerwartungen lösen *die für die Frühadoleszenz typische übersteigerte egozentrische Selbst-Reflexion* aus, die sich in überhöhten eigenen Zukunftsprojektionen[42], in der Überzeugung von der absoluten Einzigartigkeit eigener Erfahrungen und von der Unverletzlichkeit der eigenen Person[43] äußert. Das Moment der Selbstreflexion ist jedoch nur der eine Aspekt des Prozesses der Integration in einen erweiterten sozialen Handlungskreis. Parallel zu diesem Prozeß der Selbstreflexion wird auch zum ersten Mal ein differenziertes Bild des *gesamten sozialen Systems* (insbesondere des politischen und des ökonomischen Systems) entworfen. Da wegen der egozentrischen Selbstbezogenheit die eigene Perspektive nicht als relative durchschaut und die realen Strukturen der Gesellschaft nicht differenziert analysiert werden[44], da zugleich der Erwachsenenstatus nur partiell zugestanden wird, d. h. die Integration in das politische und ökonomische Subsystem über das kulturelle System (Bildungswesen) vermittelt wird und sich nicht in faktischer Teilnahme an den beiden Subsystemen verwirklicht, hat die Reflexion auf gesellschaftliche Tatbestände einen prononciert *utopisch-spekulativen* Charakter und entzündet sich in erster Linie an den überlieferten Deutungssystemen.

Die optimale Form der Überwindung dieser *utopisch-egozentrischen* Teilphase führt zu einem stabilen, trotz Anerkennung der eigenen Grenzen positiv besetzten Selbstbild und zu einer realitätsgerechten Einschätzung der Veränderungsfähigkeit gesellschaftlicher Strukturen.

In der egozentrischen Übergangsphase werden als notwendige Voraussetzungen für die Konstitution einer sich auf abstrakterer Ebene neu etablierenden Identität die dogmatischen Gehalte der alten Rollenidentität überhaupt erst einmal reflexiv eingeholt. Eine endgültige Stabilisierung einer neuen Identität kommt damit noch nicht zustande: die *Frühadoleszenz* ist *primär* eine *Distanzierungsphase*[45], in der dauerhafte Bindungen noch nicht eingegangen, sondern neue Rollen und Deutungsmuster bloß tentativ durchgespielt werden (»playing at roles«).

Sobald sich in den Distanzierungsmanövern das Individuum so weit als unabhängiges Subjekt erfahren hat, daß es sich nicht mehr als bloßen Reflex der elterlichen Orientierungen auffassen muß, müssen verbindliche Wertorientierungen nicht mehr als identitätsbedrohend wahrgenommen werden; sie können nun nicht nur als Realisierungsformen des Selbst gefahrlos eingegangen werden, sondern erlauben vielmehr erst, sich als gesicherte Entität zu stabilisieren.

Die Funktion der Auseinandersetzung mit der kulturellen Tradition besteht also darin, die dogmatischen Gehalte der alten Rollenidentität von ihren partikularen Bindungen an die elterliche Autorität endgültig zu befreien, um so erst eine auf die Ebene des Gesamtsystems bezogene Neustabilisierung der Identität zu ermöglichen. Dem entspricht – im Freudschen Strukturmodell – ein flexibles, ich-nahes Über-Ich. Im Kohlbergschen Phasenmodell der Entwicklung des moralischen Bewußtseins spiegelt sich diese neugewonnene Identität in der Stufe der postkonventionellen Moral, der zwei Substadien zuzuordnen sind:

c. *Postkonventionelles Stadium*

5. »The social contract legalistic orientation«
   Auf dieser Stufe beruht die Legitimität von gesellschaftlichen Normen letztlich auf einer institutionalisierten Verfahrensweise, die jedoch den Variationsbereich der prozedural korrekt zustandegekommenen Entscheidungen prinzipiell nicht präjudiziert – jedenfalls soweit das Verfahren selbst nicht berührt ist. Es handelt sich um eine *relativistische Moral,* die recht weitgehende Veränderungen konkreter Normen tolerieren kann (zeitliche Dimension) und mit bereichsspezifischen Sondermoralen (funktionale Differenzierung) kompatibel ist.
6. »The universal ethical principle orientation«
   Sie formuliert nicht nur Prinzipien der Konsensusbildung, sondern unterwirft die möglichen Resultate des moralischen Diskurses genau den Kriterien, die die Bedingungen der Möglichkeit des Diskurses selber sind. Diese Prinzipien beanspruchen universelle Gültigkeit. Als Prinzipien einer universalistischen kommunikativen Moral garantieren sie Intersubjektivität und individuelle Autonomie zugleich: »At heart, these are universal principles of *justice,* of reciprocity and equality of the human rights and of respect for the dignity of human beings as individual persons.«[46]
   Diese letzten Stufen der Entwicklung des moralischen Be-

wußtseins bezeichnen Prinzipien, die mit den konkreten, in den Rollenerwartungen institutionalisierten Normen nicht bruchlos zur Deckung kommen, sondern eine ausdifferenzierte Steuerungsebene darstellen, deren Funktion nicht mehr, wie im Falle der konventionellen Moral und der entsprechenden Weltbilder, in der bloßen Absicherung von funktional spezifizierten Rollennormen aufgeht. Als solche entsprechen sie genau den oben für komplexe Interaktionsnetze postulierten Stabilisierungsbedingungen: sie erlauben, die eigene Identität trotz biographischer Veränderungen durchzuhalten, sich als verläßlicher Interaktionspartner zu präsentieren und zugleich konfliktinduzierte Kommunikationsstörungen aufzulösen.

6. Das Verhältnis der Stufen zueinander – Entwicklungslogik?

Für eine detaillierte Diskussion der Gründe und empirischen Indizien dafür, daß die Sequenz von Strukturen des sich entwickelnden moralischen Bewußtseins einer Entwicklungslogik gehorcht, verweisen wir auf die Arbeiten von Kohlberg.[47] An dieser Stelle seien nur kurz einige der Gründe genannt, die es nahelegen, auch die Abfolge der Identitätsformationen und der Stufen der kommunikativen Kompetenz als Entwicklungslogik zu begreifen:
– Die jeweils späteren Entwicklungsstufen setzen die vorangehenden mit Notwendigkeit voraus: wie die Normkonformität der Rollenidentität nicht denkbar ist ohne die Fähigkeit zum Gratifikationsaufschub und die Erfahrung wenigstens äußerlicher Verhaltensregelmäßigkeit, aus der erst Normen induziert werden können[48], so beruht die prinzipiengeleitete und zugleich flexible Ich-Identität notwendig auf der Fähigkeit, gegebene Normen zunächst einmal als solche ernst zu nehmen: Distanzierung setzt – soll sie nicht gänzlich ins Leere gehen – intime Kenntnis der Normen voraus.
– In der Reihenfolge der Stadien manifestieren sich Trends: nämlich einmal ein Trend zur Integration in immer umfassendere Systeme – was Universalisierung voraussetzt; zum anderen ein Trend zur intensiveren Teilnahme an Interak-

tionen (von externen Handlungsstimuli zur unverzerrten Wahrnehmung auch abweichender Motive). Insofern lassen sich die einzelnen Phasen als Stufen der Realisierung von Intersubjektivität interpretieren.

– Ein Rückfall auf überwundene Stufen der Identität bzw. kommunikativen Kompetenz scheint zwanglos nicht möglich zu sein; wenn man einmal den sozialen Prozeß in seiner Komplexität durchschaut hat, kann man nicht mehr naiv agieren.

7. Unterschiedliche Verlaufs- und Lösungsformen der Adoleszenzkrise

Die obige Darstellung der Phasen der ontogenetischen Entwicklung geht von phasenspezifischen Entwicklungsproblemen aus und beschreibt die jeweils *optimale Lösungsform* der damit verbundenen Krise des Persönlichkeitssystems. Wie bei jeder Entwicklung ist allerdings nicht garantiert, daß jedes Individuum die einzelnen Krisen jeweils optimal löst bzw. überhaupt die höchste Entwicklungsstufe erreicht. *Folgende Faktoren bestimmen die Verlaufs- und Lösungsformen der Adoleszenzkrise,* die hier primär interessiert: subkulturelle Lebenswelten sowie die Sozialstruktur mit ihrem Gefälle ungleicher Lebenschancen; das kulturelle System bzw. differentielle Ausschnitte aus diesem Reservoir von Deutungsmustern; die familiale Lebenswelt des Adoleszenten sowie seine bis zum Beginn dieser Phase erworbene Persönlichkeitsstruktur, die ihrerseits von gesellschaftlichen und kulturellen Faktoren abhängt.

Die den Stabilitätsbedingungen der kapitalistischen Leistungsgesellschaft entsprechende modale Persönlichkeit, die durch dieses Bündel von Faktoren eigentlich erzeugt werden sollte, ist die um die Berufsrolle zentrierte Rollenidentität des hoch leistungsmotivierten, utilitaristisch kalkulierenden, vereinzelten Individuums. Nun ist diese Lösung unter der Bedingung der hochkomplexen Rollenkonfigurationen moderner Gesellschaften an sich schon prekär – daher begleitet die bürgerliche Gesellschaft von Beginn an die Subkultur der Bohemien. Dennoch konnte diese Modallösung sich so lange erhalten, wie die Brüche innerhalb des Legitimationssystems der bürgerlichen Gesellschaft kaschiert werden konnten. Wir glauben, Grund zu der Annahme zu haben, daß die systemkonforme Modallösung der konventionellen Rollenidentität zunehmend unwahrscheinlicher wird und alternative Ausgänge der Adoleszenzkrise häufiger auftreten; daß das System also von seinem »motivationalen Input« her einer Krise entgegensteuert. Wir glauben weiterhin zeigen zu können, daß eine der wesentlichen Ursachen für diese Krise in der irreversiblen Aushöhlung des Legitimationssystems und dessen zunehmender Unfähigkeit, das durch die Adoleszenzkrise gestellte Identitätsproblem zu lösen, zu suchen ist. Zu diesem Zweck soll im folgenden versucht werden, das bürgerliche Legitimationssystem in seinen Grundzügen *systematisch* zu rekonstruieren.[49] Denn nur so läßt sich entscheiden, ob die psychologische Brisanz dieses späten ›Weltbilds‹ systematische Gründe hat und welche Forderungen als abweichende zu betrachten sind.

II. Die Krise des kulturellen Systems

1. Die Grundzüge des bürgerlichen Legitimationssystems

a) *Vorbemerkung*

Die bürgerliche Ideologie unterscheidet sich in einem ganz wichtigen Punkt von allen vorangehenden Legitimationssystemen: sie ist das erste Deutungssystem, das nicht mehr als *Weltbild*, d. h. als ein übergreifender Sinnzusammenhang, innerhalb dessen Konzeptionen der Natur, der Gesellschaft, des Verhältnisses von Mensch zu Natur und Übernatürlichem formuliert und systematisch miteinander verbunden werden, bezeichnet werden kann. Die bürgerliche Ideologie ist von Anbeginn nicht mehr als eine völlig profanisierte *Theorie der Gesellschaft*, in der die Institutionen des politischen und des ökonomischen Subsystems gerechtfertigt werden sollen. Dabei stützt sie sich im wesentlichen auf zwei Momente: sie verspricht einmal, die Wohlfahrt – definiert als ökonomischen Reichtum – aller Bürger zu maximieren; zum anderen regelt sie die Teilnahme am politischen und ökonomischen System prima facie gemäß den ausgezeichneten Fundamentalnormen, die in der Französischen Revolution zum ersten Mal explizit als Grundrecht aller Bürger gefordert worden sind (Gleichheit, Freiheit, Gerechtigkeit). Alle Probleme, die den Menschen betreffen, soweit er sich nicht auf eine Synthese von homo politicus und homo oeconomicus reduzieren läßt, bleiben von vornherein residual.

b) *Die Wohlfahrtsthematik*

Für die bürgerliche Gesellschaft ist – gegenüber allen früheren Gesellschaften – charakteristisch, daß sie sich als utilitaristische Wirtschaftsgesellschaft versteht. Damit übernimmt der Output des ökonomischen Systems zum ersten Mal entscheidende legitimatorische Funktionen. Max Weber hat diese Entwicklung mit erst im 19. Jahrhundert entwickelten technischen Innovationen im Bereich der Eisengewinnung in Zusammenhang gebracht. Sie erst ermöglichten es, daß die Produktion endgültig »von den organischen Schranken befreit wurde, in welchen die Natur sie gefangen hielt«. Damit werden »auch die Krisen ein immanenter Bestandteil der Wirtschaftsordnung«. »Krisen im weiteren Sinn, chronische Arbeitslosigkeit, Hungersnot, Absatzstockungen, politische Ereignisse, welche das ganze Erwerbsleben zerstören, hat es von jeher und überall gegeben. Aber es ist ein Unterschied, ob ein chinesischer oder japanischer Bauer hungert, und dabei weiß, daß die Gottheit ihm nicht günstig ist, oder die Geister in Unordnung sind und infolgedessen die Natur Regen oder Sonnenschein nicht zur rechten Zeit spendet, oder ob die Gesellschaftsordnung als solche auch gegenüber dem letzten Arbeiter für die Krise verantwortlich gemacht werden kann; in ersterem Fall wird Orientierung an der Religion erfolgen, in letzterem Fall aber erscheint das Menschenwerk als schuldig.«[50]

Konkret bedeutet das, daß folgende Klassen von Entschädigungen *legitimerweise* nachgefragt und gegenüber dem politischen und ökonomischen System eingeklagt werden können:

An das *ökonomische System* werden auf zwei Märkten Forderungen gestellt: auf dem Arbeitsmarkt wird *generalisierte Kaufkraft* (Geld) nachgefragt; auf dem Warenmarkt werden *konsumierbare Güter* und Dienstleistungen nachgefragt und in spätkapitalistischen Gesellschaften auch angeboten, da eine effektive Nachfrage, der eine wirkliche Marktlücke entspricht, immer profitable Anlagemöglichkeiten einschließt. Forderungen, die sich *reflexiv* auf die genannten Entschädigungsgruppen richten, in denen also nicht unmittelbar Kaufkraft und Konsumgüter nachgefragt werden, sondern z. B. eine Garantie für die Kontinuität der Verteilung der wichtigen Ressourcen verlangt wird (Arbeitsplatzsicherung) oder Zugangschancen für alle (Vollbeschäftigung), werden in spätkapitalistischen Gesellschaften nur noch bedingt an das ökonomische System gerichtet: Adressat für die Forderungen der zweiten Ebene ist normalerweise der Staat.[51]

Allen Entschädigungen, die über das ökonomische System verteilt werden, entspricht eine *individuelle Nachfrage,* und diese Nachfrage wird immer nur *bedingt befriedigt:* d. h. im Austausch entweder gegen *Leistung* oder gegen *Geld.*

Der *Staat* ist der Hauptadressat von folgenden Forderungen, die er gegen generalisierte Unterstützung austauscht:

a) Forderungen, denen *keine individuelle Nachfrage* entspricht und deren Befriedigung daher nicht ohne weiteres im Rahmen einer Institution, die den Austausch von Geld gegen Arbeitskraft – was immer mindestens einen individuellen Kontrahenten voraussetzt – regelt, erfolgen kann (Infrastruktur, Verkehrssystem, Umweltschutz);

b) Forderungen, die *unbedingt*, d. h. *unabhängig von Leistung* und jenseits des Rahmens von Tauschbeziehungen erfüllt werden. Dabei handelt es sich im wesentlichen um Maßnahmen, die die Individuen vor *unverschuldeten* (Arbeitslosigkeit) und *unvermeidbaren* Lebenskrisen (Alter, Krankheit) schützen sollen. Alle diese Maßnahmen sind – um Konflikte mit den im ökonomischen System geltenden Bedingungen der Gratifikation nach Leistung auszuschließen – *Minimalmaßnahmen,* durch die gerade das Subsistenzminimum, d. h. der Lebensstandard, der einem Mitglied der Gesellschaft zugemutet werden kann, wenn man es weiterhin als »zugehörig« klassifizieren will, gesichert wird. Hierher gehören das ganze Wohlfahrts- und Sozialfürsorgesystem sowie das Gesundheitswesen;

c) schließlich Forderungen, die, wie oben angedeutet, nicht unmittelbar als Forderungen nach Lohn oder bestimmten Gütern bezeichnet werden können, sondern sich reflexiv auf diese Forderungen erster Stufe beziehen. Die ganze Wirtschaftspolitik des Staates hat zum Ziel, Entschädigungen sicherzustellen, die dem Katalog dieser Erwartungen entsprechen. Es handelt sich im einzelnen um:

1) die Beschäftigungspolitik, deren Ziel darin besteht, vorhandene Arbeitsplätze zu sichern und fehlende bereitzustellen; die also für *zeitliche (Kontinuität)* und *personelle Generalisierung* (Vollbeschäftigung) der Verteilung von Geld verantwortlich ist. Die *Sicherheit*, die in diesem Bereich der staatlichen Politik produziert wird, beinhaltet – im Unterschied zu Sozialfürsorge usw. – nicht Minimumsgarantie, sondern Maximumsgarantie;

2) die Wachstumspolitik, die zu gewährleisten hat, daß die Einkommen im Laufe der Zeit *ansteigen*, ohne daß Forderungen nach mehr oder mindestens gleichviel *Freizeit* zurückgestellt werden müssen;

3) die Bildungspolitik, die sicherzustellen hat, daß die Individuen überhaupt über Qualifikationen verfügen, die auf dem Arbeitsmarkt nachgefragt werden (das ist nur eine ihrer Funktionen; nicht weniger wichtig ist die Funktion der Sicherung von Herrschaft).[52]

Die mit dieser Entwicklung gesetzte Anfälligkeit des Systems für ökonomische Krisen bedeutet zwar eine bis dahin unbekannte Form der Gefährdung von Systemstabilität – zumal der Mechanismus der Legitimation durch Output langfristig »self-defeating« sein könnte, da mit steigendem Lebensstandard der Grenznutzen zusätzlicher Güter sinken könnte. Solange die Ängste der meisten Menschen jedoch um wirtschaftliche Probleme zentriert sind und ökonomische Krisen weggesteuert werden können, verfügt die bürgerliche Gesellschaft über ein beträchtliches Legitimationspotential: Legitimationsglauben und Konformität lassen sich durch Produktion eines immer größeren Volumens von gesellschaftlichem Reichtum, d. h. mehr Wohlfahrt für alle, in einem solchen Ausmaß erzeugen, daß selbst noch Modifikationen der institutionalisierten Fundamentalnormen begründet werden können (s. unten).

c) Die Institutionalisierung von Fundamentalnormen

Ein zweiter legitimationsrelevanter Komplex von Deutungselementen bezieht sich nicht auf den Output an materiellen Gütern per se, sondern auf die Art der Verteilung dieser Güter und die Form der Interaktion der vergesellschafteten Subjekte. Der Komplex von Normen, der diese Funktion erfüllen soll, ist im Slogan der Französischen Revolution (Freiheit, Gleichheit, Brüderlichkeit) auf einer vortheoretischen Ebene prägnant zusammengefaßt; er formuliert den Kern des Legitimationsanspruchs der bürgerlichen Gesellschaft, hinter den deshalb nicht zurückgegangen werden kann, weil in ihm »Fundamentalnormen« der menschlichen Interaktion zum Ausdruck gebracht sind, die eine unmittelbare, auf externe Argumente nicht angewiesene Plausibilität beanspruchen können.[53] Es sind dies die Prinzipien einer herrschaftsfreien Kommunikation. Damit ist man angesichts der Funktion von Ideologien (Rechtfertigung von Herrschaft) bei der Analyse des bürgerlichen Interpretationssystems mit einer paradoxen Situation konfrontiert: die Fundamentalnormen formulieren Prinzipien, in denen eine herrschaftsfreie Interaktion anvisiert wird; gleichzeitig sollen sie zur Legitimation von Herrschaft herangezogen werden – eine außerordentlich prekäre Konstellation.

Dieses Dilemma wird dadurch zu lösen versucht, daß – wie im folgenden am Beispiel des Gleichheitsprinzips demonstriert werden soll – die Basisnormen nicht per se und uneingeschränkt, d. h. so, daß das ganze Spektrum ihres möglichen semantischen Gehaltes zugelassen wird, institutionalisiert werden. Sie werden *formalisiert*.

Im *politischen Bereich* verkörpert sich Gleichheit in Gestalt der repräsentativen parlamentarischen Demokratie. In dieser hat ja nicht jeder die gleiche Chance, bei wichtigen Entscheidungen mitzuwirken, sondern lediglich das gleiche formale Recht, die Auswahl der Inhaber von Herrschaftspositionen zu beeinflussen. Die Argumente, die für diese Form der Ausübung legitimer Herrschaft mobilisiert werden, decken sich weitgehend mit denen, die von bürokratisch-technokratischer Seite immer gegen die Ausweitung von Partizipationsrechten angeführt werden (große Zahl von Bürgern, Komplexität). Die Legitimität des Herrschaftsapparates beruht in diesem Fall auf der *Institutionalisierung eines Verfahrens*, das die Verwirklichung des bürgerlichen Wertsystems zu garantieren scheint. Die politischen Institutionen werden dann genau so lange stabil sein, wie das fortbestehende System der gesellschaftlichen Ungleichheit nicht zu allzu manifesten Asymmetrien führt oder fundamentale Bedürfnisse (s. unten) nicht befriedigt werden.

Auch im *ökonomischen Subsystem* wird das Gleichheitsprinzip in formalisierter, also restringierter Form, nämlich als *Chancengleichheit* institutionalisiert. Dieses Prinzip hat den Vorteil, daß sich in ihm die adaptiv-instrumentelle Grundausrichtung (Reichtumsmaximierung) der bürgerlichen Gesellschaft zwanglos mit den proklamierten Basisnormen verbinden läßt. Die Vermittlung wird durch das Leistungsprinzip besorgt. Die Zusammenhänge lassen sich wie folgt darstellen:

Die Resultate der Kleingruppenforschung, speziell der Untersuchung problemlösender Gruppen, legen die Vermutung nahe, daß sich in allen instrumentellen Gruppen tendenziell das Prinzip der Verteilung der Gratifikationen – und seien es nur symbolische Gratifikationen – nach Leistung durchsetzt: den instrumentellen Führern, d. h. denjenigen, deren Beitrag zur Problemlösung hervorragt, werden immer auch mehr Gratifikationen zugestanden. Für ein System, das sich wirtschaftliches Wachstum und steigende Wohlfahrt zum Ziel gesetzt hat und in dem sich gleichzeitig etablierte Herrschaftsinteressen zu erhalten suchen, hat die *Institutionalisierung des Leistungsprinzips* einen doppelten Vorteil: einerseits garantiert es, daß die Individuen in permanenter Anstrengung und wechselseitiger Konkurrenz den Leistungsinput, der für wirtschaftliche Expansion Voraussetzung ist, in das ökonomische System transferieren, da sie nur unter dieser Bedingung am Pool des gesellschaftlich erzeugten Reichtums partizipieren können. Andererseits erlaubt das Leistungsprinzip auf eine einzigartige Weise, zwanglos die Existenz gesellschaftlicher Ungleichheit abzuleiten und zu legitimieren: differentielle Beteiligung am gesellschaftlichen Reichtum wird erzeugt durch Leistungsdifferentiale, und sie ist auch gerecht, sofern sie solchen Unterschieden entspricht. Es liegt nahe, vorhandene Ungleichheit dann, gleichgültig, worauf sie tatsächlich beruht, als Resultat von Leistungsungleichheit zu rechtfertigen. Wo dieses Argument nicht ausreicht, kann dann – wie sich in der Literatur schon sehr früh abgezeichnet hat – auf das technokratische Wohlfahrtsargument zurückgegriffen werden (Monopolisierungstendenzen als notwendige Voraussetzung für technischen Fortschritt und wirtschaftliches Wachstum).[54]

Wie verbindet sich nun das Leistungsprinzip mit den Egalitätsforderungen? Es ist klar, daß unter der einschränkenden Bedingung einer gleichzeitigen Anerkennung des Leistungsprinzips, das ja eine Differenzierung von Bedürfnisbefriedigungsniveaus vorsieht und erzeugt, eine unmittelbar materielle Gleichheit der vergesellschafteten Subjekte nicht möglich ist. Die Verbindung der beiden Prinzipien ist nur durch *Formalisierung des Gleichheitsgrundsatzes* möglich: Gleichheit wird zur *Chancengleichheit*.

Chancengleichheit wird in unterschiedlichen Phasen der Entwicklung der kapitalistischen Gesellschaften unterschiedlich interpretiert werden müssen: in einer Gesellschaft kleiner Warenproduzenten bedeutet Chancengleichheit, daß jeder

prinzipiell die gleichen Zugangschancen zu den Produktionsmitteln haben soll, um sich – in Abhängigkeit von seinem
Fleiß und seiner Leistung – auf dem Markt den ihm gebühren-
den Anteil am Sozialprodukt sichern zu können. Chancengleichheit muß sich hingegen in einer Gesellschaft, in der sich
wenige Großunternehmen und eine Masse von Lohnabhängi-
gen gegenüberstehen und in der die Legende vom Aufstieg des
Tellerwäschers endgültig illusionär geworden ist, als Gleichheit der Bildungschancen realisieren, da das Bildungssystem
die Allokation von personellen Ressourcen innerhalb des Be-
rufssystems und damit die Einkommensverteilung reguliert.

Damit dürften die Zusammenhänge zwischen den einzelnen
Momenten der bürgerlichen Ideologie einigermaßen klar sein:
Die bürgerliche Gesellschaft definiert sich als instrumentelle
Gruppe, deren dominierendes Systemziel mit dem Titel »wirtschaftliches Wachstum und steigende Wohlfahrt« einigermaß-
ßen adäquat bezeichnet werden kann. Diesem Selbstverständnis entspricht die Leistungsideologie, die ein Prinzip der
Verteilung des gesellschaftlichen Reichtums einschließt. Der
Markt ist die eine Form der Institutionalisierung dieses Allo-
kationsmechanismus, das Bildungssystem die andere. Die
Verteilung der Gratifikationen kann aber nur dann als isomor-
phe Abbildung von Leistungsdifferentialen betrachtet werden, wenn jeder die gleiche Chance hat, differentielle Leistungen zu erbringen, und diese durch entsprechende Gratifika-
tionsvolumina honoriert werden. Das Prinzip der Chancengleichheit ist also in gewisser Weise überdeterminiert: nach
der einen Seite läßt sich das Leistungsprinzip nur voll realisieren, wenn Chancengleichheit besteht. Nur unter dieser Voraussetzung kann unterstellt werden, daß die Verteilung von
Gratifikationen durch kein leistungsunabhängiges Prinzip determiniert wird, was zur Folge haben müßte, daß die Individuen ihre Leistungsoptima dem System vorenthalten – was
wiederum das dominierende Systemziel gefährden müßte.
Nach der anderen Seite hin kann das Prinzip der Chancengleichheit als die einzig mögliche Form der Realisierung des
Gleichheitspostulats ausgegeben werden und so ein zusätzli-
ches Moment der Legitimität des Systems bilden.

2. Die Auflösung des bürgerlichen Legitimationssystems

Zu den Phänomenen, die die Glaubwürdigkeit des bürgerlichen Legitimationssystems tangieren, gehören natürlich die traditionellen und neuen Output-Defizite an individuell und kollektiv nachfragbaren Gütern. Diesen Defiziten entsprechen Forderungen der verschiedenen Interessenverbände (Gewerkschaften und berufsständische Organisationen) und anderer mehr oder weniger formal organisierter Gruppierungen (von ADAC bis Bürgerinitiativen). Sofern diese Forderungen die finanziellen Ressourcen des ökonomischen oder des politischen Systems überfordern und durch technokratische Gegenargumente nicht konterkariert werden können, gefährden sie die Stabilität des Systems. Unter sozialpsychologischem Gesichtspunkt sind jedoch andere Krisenherde interessanter, nämlich solche, die die bürgerliche Normalidentität des individualistischen, karriere- und leistungsorientierten Subjektes bedrohen – eines Subjektes, das im politischen Bereich das funktional notwendige Maß an Apathie aufbringt, weil es darauf vertraut, daß eine in einer Wirtschaftsdemokratie abgesicherte politische Formaldemokratie die optimale Form der gesellschaftlichen Organisation darstellt. Folgende Transformationen lassen diese Form der gesellschaftlichen Integration zunehmend prekär werden:

– Mit der Ausweitung der Staatstätigkeit auf Bereiche, die früher der privatautonomen Tätigkeit der vergesellschafteten Subjekte überlassen blieben, erhöht sich nicht nur der staatliche Legitimationsbedarf, sondern es wird gleichzeitig schwieriger, ihn zu erfüllen, da mit der Erweiterung der Staatstätigkeit zunehmend Entscheidungen gefällt werden, die den unmittelbaren Lebensbereich des Bürgers betreffen und die somit leichter überprüfbar und – bei Konflikten mit den konkreten Interessen des Bürgers – kritisierbar werden. Damit erhöht sich die Gefahr, daß sich das Prinzip der Legitimierbarkeit von Entscheidungen über formaldemokratische Verfahrensweisen verschleißt, d. h. generalisierte Unterstützung vorenthalten wird (Bürgerinitiativen).

– Die liberalistische Basisideologie des Äquivalententausches verfällt: zwar kann möglicherweise die Zerstörung des

Prinzips der Chancengleichheit hinsichtlich des Zugangs zu den Produktionsmitteln (»Jeder sein eigener Unternehmer«) kompensiert werden durch die zunehmend bessere Realisierung des Prinzips der Chancengleichheit im Schulwesen. Die Marktmacht oligopolistischer Unternehmen jedoch erlaubt *nicht legitimierbare* Überschußprofite. Zudem verliert die Behauptung, die parlamentarische Demokratie habe ein gesichertes Fundament in einer Wirtschaftsdemokratie, an Plausibilität.

Die beiden bisher genannten Komplexe folgen dem traditionellen Erklärungsmuster: Legitimationsverfall durch sozialstrukturellen Wandel. Sozialstruktureller Wandel ist auch Ursache der im folgenden beschriebenen Problematisierung des bürgerlichen Weltbildes, jedoch nur als Auslöser für die Thematisierung von dem kulturellen System *immanenten Strukturproblemen.*

- Die Wohlfahrtsthematik mit dem daran gekoppelten Komplex systemkonformer Entschädigungen (Geld, Freizeit, Sicherheit) verliert an Gewicht in dem Maße, in dem für breitere Schichten der Bevölkerung ein weit über dem Existenzminimum liegender Lebensstandard zur Selbstverständlichkeit wird (»affluence«).[55] Gleichzeitig, und z. T. dadurch mitbedingt, wird die bürgerliche Form der um die Berufsrolle organisierten Rollenidentität tendenziell aufgelöst: zumindest für die Teile der Bevölkerung, die von Monotonisierungs- und Fragmentierungsprozessen und Tendenzen zu zunehmender Fremdbestimmtheit der Arbeit betroffen sind, verliert das übergreifende Lebensziel »Berufskarriere« an Überzeugungskraft. Durch diese Entwicklung wird die instrumentalistische Reduktion des bürgerlichen Bewußtseins aufhebbar. Nunmehr kann der *semantische Überschuß der Prinzipien von Freiheit und Gleichheit,* die in ihrer vollen Bedeutung eben mehr meinen als die Garantie von formaldemokratischen Bürgerrechten, ausgebeutet werden (Forderung nach partizipatorischer Demokratie und materieller Gleichheit im politischen wie im ökonomischen Sektor).

- Das Einklagen dieser semantischen Überschüsse konnte bislang durch den Hinweis auf technokratische Imperative und die Wohlfahrtsthematik abgewehrt werden. Da diese

Argumente nicht mehr ungebrochen zu überzeugen vermögen, tritt nun die prinzipielle Unvereinbarkeit der Funktion einer Ideologie (Herrschaftslegitimiation) mit Prinzipien einer universalistisch-kommunikativen Moral offen zutage. Die bürgerliche Ideologie steht damit vor einer unlösbaren Strukturschwierigkeit: sie enthält in sich die Argumente für ihre eigene Auflösung als Ideologie. Diese Argumente kann sie nicht einfach desavouieren, weil die Prinzipien einer bestimmten Entwicklungsstufe von Deutungssystemen angehören, was bedeutet, daß Rückfälle auf frühere Stufen oder Einschränkungen immer nur zwanghaft möglich sind. Diese durch ihren eigenen Gehalt bedingte Selbstauflösungstendenz wird dadurch verstärkt, daß die bürgerliche Ideologie sich von Anfang an als wissenschaftliche Theorie der Gesellschaft verstanden hat. Indem so die Standards und Prinzipien, die für den wissenschaftlichen Diskurs gelten, anerkannt werden, wird eine Form der Dauerkritik institutionalisiert, die auf lange Sicht mit der Funktion von Ideologien inkompatibel sein muß.

- Die tendenzielle Aufhebung der Maskierungsfähigkeit der Wohlfahrtsthematik bringt eine Reihe von *vernachlässigten Bedürfnisdimensionen* zu Bewußtsein: das bürgerliche Deutungssystem war von Anfang an nicht in gleicher Weise wie traditionelle Weltbilder geeignet, einen übergreifenden Sinnzusammenhang in der Weise zu konstituieren, daß die Fragen nach dem Sinn von Krankheit, Leben und Tod usw. eine befriedigende Antwort finden konnten. Denn als eine (teil)wissenschaftliche Theorie der Gesellschaft hat es von vornherein auf die Interpretation der Welt im ganzen verzichtet; d. h. Fragen nach dem Verhältnis des Menschen zum Transzendenten, zur Natur (insbesondere zu seiner eigenen) waren a limine ausgeklammert. Solange die Konkurrenz möglicher Prinzipien der Rechtfertigung von Aussagen (religiöser Diskurs, moralischer Diskurs, wissenschaftlicher Diskurs) noch nicht zugunsten eines einzigen, nämlich des Prinzips wissenschaftlicher Beweisführung entschieden war, konnten sich Reste traditioneller Weltbilder – obschon in privatisierter Form – noch erhalten und die Defizite des bürgerlichen Weltbildes kompensieren (privatisierte Religion, autonome Künste). Mit dem allmählichen Verfall letzter Reste von Religiosität verschärft sich die durch die Auflösung der Berufsrollen-Identität an sich schon prekäre Situation des Individuums: kollektiv validierte übergreifende Sinnzusammenhänge, die es dem Einzelnen erlauben würden, seine Identität durch Internalisierung von sinnstiftenden Lebenszielen zu stabilisieren, fehlen.[56]

- In allen traditionellen Weltbildern waren Prinzipien verankert, die eine *Basis solidarischer Lebensbeziehungen* garantierten. Beispielsweise tritt der Einzelne in Stammesreligionen nicht als isoliertes Individuum seiner Gottheit gegenüber, sondern er hat eine religiöse Existenz überhaupt nur als Angehöriger seines Stammes. In den Universalreligionen wird zwar mit der Aufhebung der partikularistischen Bindungen an Stammeskollektive eine persönliche Beziehung zwischen dem einzelnen Gläubigen und Gott institutionalisiert; sie impliziert aber insofern keine absolute Vereinzelung, als das religiöse Subjekt sich in einer solidarischen Gemeinschaft der Gläubigen, die alle weltlichen Statusunterschiede negiert, aufgehoben weiß. Die für die bürgerliche Gesellschaft typische Zentrierung auf den Bereich instrumentell-adaptiven Handelns läuft jedoch Prinzipien, die Solidarität begründen könnten, zuwider, da in einer kompetitiven Leistungsgesellschaft alter für ego immer nur als Konkurrent in Erscheinung tritt. Die Gefahr der anomischen Vereinzelung konnte so lange latent bleiben, wie extreme ökonomische Unterprivilegierung Klassenbewußtsein und solidarisches Handeln erzwang.

- Auch die familiäre Solidarität kann nicht als angemessenes funktionales Äquivalent für solidarische Beziehungen angesehen werden, da die Familie als partikularistisches System keine übergreifenden solidarischen Beziehungen konstituieren kann. Zudem existiert keine offizielle »Interpretation« der Familie, die das Eindringen von für das ökonomische und politische Subsystem konstitutiven Prinzipien in die familiale Lebenswelt verhindern könnte.

- Bei den sich innerhalb des bürgerlichen Weltbildes manifestierenden Defiziten handelt es sich nicht um zufällige, sondern um für späte Weltbildstrukturen symptomatische Schwierigkeiten, die nicht einfach weggesteuert werden können (etwa durch Ideologiemanipulation). Diese Behauptung basiert auf der hier nicht weiter ausweisbaren Annahme, daß Weltbilder einander nicht beliebig ablösen können, sondern daß ihre Abfolge von einer inneren Entwicklungslogik bestimmt ist und daß diese Tatsache berücksichtigt werden muß, wenn man das Gewicht der mit der spezifischen Struktur der bürgerlichen Ideologie verbundenen Problematik richtig einschätzen will.

Es mag genügen, einige der die Entwicklung von Weltbildern charakterisierenden Trends deskriptiv und ohne systematischen Anspruch kurz aufzuzählen:

- Expansion des Profanbereichs gegenüber der sakralen Sphäre,
- Tendenz von weitgehender Heteronomie zu zunehmender Autonomie des Menschen,
- Entleerung der Weltbilder von kognitiven Gehalten (von der Kosmologie zum reinen Moralsystem),
- Übergang vom Stammespartikularismus zu universalistischen und zugleich individualistischen Orientierungen,
- zunehmende Reflexivität des Glaubensmodus, ablesbar an der Sequenz: Mythos als unmittelbar gelebtes Orientierungssystem, Lehre, Offenbarungsreligion, Vernunftreligion, Ideologie.[57].

Liegt der durch diese Trends charakterisierten Sequenz von Weltbildstrukturen tatsächlich eine Entwicklungslogik zugrunde, so folgt daraus unmittelbar, daß Lösungsmöglichkeiten für auf jeder spezifischen Entwicklungsstufe auftretende Probleme systematisch in der Weise beschränkt sind, daß ein Rückgriff auf Lösungsversuche, die schon überholten Stufen angehören, unter Bedingungen erhöhter Unglaubwürdigkeit steht, also nur zwanghaft erfolgen kann. Ein Vorgriff andererseits auf Prinzipien künftiger Entwicklungsstufen, der wahrscheinlich ohnehin nur die nächstfolgende Phase anvisieren kann, läuft stets Gefahr, auf institutionelle Schranken zu stoßen (z. B. mit etablierten Herrschaftsinteressen zu konfligieren). Konkret bedeutet das für das bürgerliche Weltbild, daß die oben skizzierten Legitimationsprobleme auf der Ebene des kulturellen Systems nicht lösbar sind: das Beharren auf der vollen Verwirklichung der Prinzipien Freiheit, Gleichheit kann nicht durch Revokation dieser Prinzipien abgeschnitten, die Unterminierung der Legitimität des Herrschaftssystems kann also nicht aufgehalten werden; das spezifische Problem der Sinnstiftung ist im Rahmen eines reinen, von kognitiv-interpretativen Gehalten entleerten Moralsystems prinzipiell nicht mehr lösbar. Für die Individuen verstärkt sich damit die Gefahr von Identitätsdiffusion.[58]

3. Die Konkretisierung der Legitimationskrise in der Adoleszenzphase

a) Die Verschärfung der Adoleszenzkrise

Es stellt sich nun die Frage, wie sich die beschriebenen strukturellen Defizite des Legitimationssystems auf der psychologischen Ebene ausdrücken und welche Gruppen am stärksten von ihnen betroffen sind. Insofern als die Adoleszenten aufgrund ihrer entwicklungspsychologisch bedingten Reifungskrise sich vor die Aufgabe gestellt sehen, in der Auseinandersetzung mit den überlieferten Traditionen eine eigene Definition ihrer Identität zu erarbeiten (s. Teil 1), darf man vermuten, daß gerade bei dieser Altersgruppe die Auswirkungen der Legitimationskrise manifest werden. Man würde also allein aufgrund der Kenntnis der Defizite des kulturellen Systems einen problematischeren Verlauf der Adoleszenzkrise in spätkapitalistischen als in früheren Gesellschaften prognostizieren.

Daneben begünstigt eine Reihe von sozialstrukturellen Veränderungen diesen Trend; es wird nämlich nicht nur das Angebot an Orientierungsmustern für die Lösung der Identitätskrise zunehmend inadäquat, sondern gleichzeitig erhöht sich sozusagen die Dringlichkeit der Nachfrage nach derartigen »patterns«. Es ist keineswegs selbstverständlich, daß jede Gesellschaft die mit dem Übergang vom Kindheits- zum Erwachsenenstatus verbundenen Probleme der Neubestimmung der eigenen Identität in der Form löst, daß sie für ihre Mitglieder Moratorien vorsieht, innerhalb deren alternative und individualisierte Lösungsformen getestet werden können; vielmehr haben alle traditionellen Gesellschaften die psychologischen Probleme dieser Phase sozialstrukturell, nämlich durch Zuschreibung einer neuen Rolle, gelöst, wobei der

Übergang durch »rites de passage« emotional erleichtert werden konnte. In spätkapitalistischen Gesellschaften ist jedoch ein psychosoziales Moratorium in der Frühadoleszenz (13-16) für fast alle Gruppen selbstverständlich geworden. Zudem hat sich die Phase der Freistellung zeitlich ausgedehnt (in Extremfällen bis 30) und wird auch breiteren Bevölkerungskreisen zugänglich. Die unmittelbare Ursache für diese Entwicklung darf man wohl in der Ausweitung des Ausbildungssektors sehen. Diese Ausweitung ist ihrerseits eine Folge der erhöhten Nachfrage nach qualifizierter Arbeitskraft bzw. nach Bildung als Konsumgut (was Überfluß voraussetzt) sowie von strukturell bedingten Engpässen auf dem Arbeitsmarkt. Eine verlängerte Ausbildung erhöht nun ihrerseits über die gezielte Förderung kognitiver Fähigkeiten die Wahrscheinlichkeit, daß überlieferte Traditionen in ihrer Brüchigkeit durchsichtig werden. Zudem erzeugt der Liberalisierungsschub der intrafamilialen Erziehungsstile Persönlichkeitsstrukturen, deren Einstellungsmuster nicht bruchlos mit der etablierten utilitaristischen Profanethik (Habermas) zur Deckung kommen. Da die Problematisierung von »philosophischen« Fragen auch nicht mehr durch die einseitig instrumentelle Ausrichtung auf Berufsrollen vorzeitig abgeschnitten ist, wird die traditionelle Form der reibungslosen Integration in das Berufssystem und die damit einhergehende Verdrängung der Identitätsproblematik unwahrscheinlicher, werden systemkritische Verläufe und Ausgänge der Adoleszenzkrise wahrscheinlicher.

Daß es sinnvoll ist, systemkritische Potentiale in der Gruppe der Jugendlichen zu suchen, bestätigt sich auch bei einer auf vortheoretischer Ebene vorgenommenen Bestandsaufnahme legitimationskritischer und apathischer Verhaltenssyndrome. Auf der aktivistischen Seite finden sich: Studentenbewegung, Schüler- und Lehrlingsrevolten, Pazifisten, Women's Lib; die retreatistische Seite wird repräsentiert durch Hippies, Jesus-People, Drogen-Subkultur, Phänomene der Untermotivation in Schulen usw. Dieses breite Spektrum von Verhaltenspotentialen kann – wie oben ausgeführt – nicht unter Rekurs auf die in ökonomischen Krisentheorien unterstellten trivialen psychologischen Annahmen (Deprivation führt zu Protest) erklärt werden. Hier soll versucht werden, die unterschiedlichen Verhaltenspotentiale als Ausdrücke verschiedener Verlaufs- und Lösungsformen der Adoleszenzkrisen zu interpretieren.

b) Lösungsformen und Verhaltenspotentiale

Zunächst einmal soll illustrativ an einigen gut untersuchten Gruppen demonstriert werden, daß eine derartige Strategie erfolgverspprechend sein könnte. Zu diesem Zweck werden wir zunächst die Merkmale der Persönlichkeitsstruktur und das typische Verhalten einiger klassischer klinischer Syndrome und der bürgerlichen Modalpersönlichkeit in tabellarischer Form zusammenfassen, um dann an den biographischen Daten zweier Gruppen – nämlich der von Keniston[59] beschriebenen Young Radicals und Alienated – zu verdeutlichen, in welcher Weise handlungsanleitende Wertorientierungen persönlichkeitsstrukturell verankert sind. Benutzt man die bisher eingeführten Variablen, so ergeben sich für Psychotiker, Neurotiker, Psychopathen (klinische Potentiale) und für die systemintegrierte Modalpersönlichkeit hypothetische Variablencluster wie in der Typologie S. 63 ff.

Die von Keniston untersuchten politisch aktiven und apathischen Studentengruppen fallen in den Bereich klinischer Normalität. Die folgende Interpretation ihrer Biographie soll illustrieren, wie eher abweichende Verhaltenspotentiale entstehen.

Die *Young Radicals*[60] sind in personorientierten Familiensystemen aufgewachsen, in denen eine stabile affektive Solidarität des Ehesubsystems ein offenes und rationales Austragen von Konflikten ohne verfestigte Koalitionsbildungen (Symbiosen) erlaubte. Daher konnte sich ihr Persönlichkeitssystem bis zum Eintritt in die Adoleszenzphase optimal entwickeln (hohe Ich-Ressourcen). Da das Kind schon immer als Individuum behandelt wurde, wird die Adoleszenzphase von Eltern und Kind als Periode der Veränderung der Persönlichkeit und nicht einfach als Statusveränderung begriffen. Dadurch wird eine intensive Krise des Persönlichkeitssystems ausgelöst, in der bislang internalisierte Normen und Wertorientierungen reflexiv eingeholt und transformiert werden können. Das Ergebnis dieser heftigen Identitätskrise ist eine an den Prinzipien einer universalistisch-kommunikativen Moral orientierte

Persönlichkeitstypen	kognitives System	Ich-Ressourcen	Abwehrmechanismen	Moralisches Bewußtsein	Adoleszenzkrisenverlauf	Identitätsformation
Psychotiker	vor dem Schub: Defizienz metakommunikativer Fähigkeiten wegen symbiotischer Mutter-Kind-Beziehung, double-bind-Kommunikation und Abschottung der Familie gegen externe Realität; nach dem durch die Adoleszenzkrise ausgelösten Schub: Zusammenbruch der kognitiven Schemata, primärprozeßhaftes Denken und idiosynkratische Realitätsdeutung	In jeder Hinsicht defizient bzw. Kategorie inapplikabel	von den defensiven die primitiven, nämlich Projektion und Verleugnung; dadurch Zusammenbruch der Differenz zwischen Innen und Außen. Kein coping, da Rückzug von der Realität	bis zum Schub prä-konventionell bis good-boy-morality (b3), dann Auflösung des moralischen Bewußtseins	Zusammenbruch der Identität unter dem Druck der phasenspezifischen Autonomieerwartungen; die unaufgelöste Mutter-Kind-Symbiose verhindert schon den Eintritt in bzw. die Bewältigung der Lösungskrise	vor dem Schub: rudimentäre Rollenidentität da: fehlende Generationsrollenschranke, Kind bloßes Annex der Mutter. Generalisierte Erwartungen wegen inkonsistenter Kommunikation nicht fest verankert. Geschlechtsrollenängste wegen inzestuöser Wünsche. Im Schub: Abbau jeglicher Identitätsfragmente

Persönlichkeitstypen	kognitives System	Ich-Ressourcen	Abwehrmechanismen	Moralisches Bewußtsein	Adoleszenzkrisenverlauf	Identitätsformation
Psychopath I. Unterschicht	undifferenzierte Schemata aufgrund mangelnder Stimulierung bzw. chaotisch-konfliktuöser Erziehungsmilieus. Mangelnde Reziprozität der Perspektiven, also kein role-taking	Fehlender Zeithorizont, Frustrationstoleranz minimal; Ambivalenztoleranz fehlt	Abwehrmechanismen wegen des Fehlens moralischer Konflikte tendenziell überflüssig. Unmittelbares acting out (Kriminalität), verstärkt unter dem Streß neuer geschlechtsrollenerwartungen und der für die Adoleszenzphase typischen Einschränkungen der Kontrolle durch die Eltern	prämoralisch, Über-Ich fehlt, Problem der reflexiven Distanzierung von internalisierten Normensystemen entfällt	unrestringiertes acting-out-Verhalten aufgrund erweiterter Handlungsspielräume. Lösungskrise aufgrund mangelnder Identifikation mit Eltern schwach, Identitätskrise entfällt wegen fehlender Bindung an Orientierungssysteme	prekäre Geschlechtsrollenidentität; Generationsrolle nicht verinnerlicht; Tendenz zur natürlichen Identität als Bündel strategisch zu befriedigender Bedürfnisdispositionen, ungesicherte Ich-Grenzen
II. Mittelschicht	kognitive Schemata differenziert; kognitive Reziprozität, instrumentelles Handeln situationsadäquat	Zeithorizont, Frustrationstoleranz, mastery, Ambivalenztoleranz erworben, jedoch nur in strategischen Kontexten abrufbar	wie oben	wie oben, rein strategisches Handeln, bürgerliche Normensysteme lediglich Randbedingungen	wie oben	gesicherte Ich-grenzen durch stabile Geschlechtsrollenidentifikation und marginale Rollen (cleverer Betrüger)

Neurotiker	normal, partielle Störungen im Bereich des metakommunikativen Sprachgebrauchs	eher niedrig	eher Abwehrstrategien, insbes. Verdrängung, Wendung gegen die eigene Person; wenig coping	konventionell; rigide terroristisches Über-Ich	weder Lösungs- noch Identitätskrise	zwanghafte Stabilisierung über eine Rolle. Einbrüche segmentierter Bereiche
systemintegrierte Modalpersönlichkeit	normal	Ich-Ressourcen vorhanden, Ambivalenztoleranz nicht übermäßig stark; in der Unterschicht mastery eher gering, daher tendenziell Entfremdung, was einer realistischen Einschätzung der Situation und subkulturellen Traditionen entspricht	defensive wie Coping-(Bewältigungs-)Strategien werden beherrscht	konventionelle Moral, jedoch stärker ich-synton als bei den Neurotikern	Lösungskrise, die sich nicht zur Identitätskrise ausweitet, in der Unterschicht in der Regel in subkultureller Gruppenaktivität organisiert	Stabilisierung auf der Ebene einer konventionellen Rollenidentität; in der Unterschicht vorzeitige Stabilisierung, erzwungen durch strukturell vorentschiedene Berufsrollenzuweisung

flexible Ich-Identität (Kohlberg, Stufe 6). Gestützt auf ein solches moralisches Bewußtsein werden nun die semantischen Überschüsse der nur in formalisierter Form realisierten bürgerlichen Grundrechte eingeklagt, um den Widerspruch zwischen internalisierten moralischen Prinzipien und institutionalisiertem Wertsystem aufzulösen. Das politische Engagement befriedigt gleichzeitig die im herrschenden Deutungssystem vernachlässigten Bedürfnisse nach solidarischen Beziehungen und nach Sinnstiftung.

Demgegenüber entsteht die bürgerliche *Modalpersönlichkeit* in Familien, in denen die Interaktion primär statusorientierten Erwartungen folgt. Sie definieren die Adoleszenzkrise im wesentlichen als Statusveränderung und Zuschreibung von neuen Teilrollen, die sozusagen den vorhandenen Persönlichkeitskomponenten einfach hinzugefügt werden können (»in dem Alter macht jeder Dummheiten . . .«). Es werden konfliktlos neue Freiheitsspielräume eingeräumt, ohne daß die bis dahin internalisierten Rollensegmente reflexiv durchgearbeitet und gegebenenfalls aufgehoben werden müßten. Das Persönlichkeitssystem stabilisiert sich in Form der *konventionellen Berufsrollenidentität* mit einem moralischen Bewußtsein der Stufe 4, wobei sich allerdings aufgrund der Tatsache, daß die bei uns verfassungsmäßig festgelegten Verfahrensregeln der Stufe 5 der Entwicklung des moralischen Bewußtseins korrespondieren, der Anschein entstehen kann, als sei die Stufe der postkonventionellen Moral schon erreicht (Inhaltslernen kontaminiert Strukturentwicklung).

Kenistons *Alienated* sind in symbiotischen Mutter–Kind-Dyaden aufgewachsen, in denen sie nicht einmal als Träger einer eigenen Rolle voll anerkannt wurden. Die Lösung vom Familiensystem gestaltet sich dadurch außerordentlich schwierig: die Adoleszenzkrise ist sehr intensiv und kann – da jegliche Bindungen als Gefährdung der diffusen Ich-Identität erfahren werden – nicht durch Organisation der Persönlichkeitsstruktur um internalisierte moralische Prinzipien gelöst werden. Das Verhalten dieser entfremdeten Jugendlichen wirkt vormoralisch und situationsdeterminiert. Die Instabilität ihrer Ich-Grenzen bekundet sich in der kompensatorischen Übernahme extrem individualistischer Philosopheme (Existentialismus, Ästhetizismus), die es doch noch ermöglichen sollen, jenseits der konventionellen Orientierung an Leistung und Berufskarriere einen »Sinn des Lebens« zu finden.

In allen drei Fällen entspricht – als Resultat einer spezifischen Verlaufsform der Adoleszenzkrise – eine spezifische Organisation der Persönlichkeit mit einer spezifischen Ausprägung des moralischen Bewußtseins einer bestimmten Form der selektiven Thematisierung von Gehalten des kulturellen Systems und einer bestimmten Form politischer Betätigung bzw. Apathie (Veränderung der Gesellschaft, problemlose Integration, individualistischer Rückzug). Derartige systematische Kovariationen sind zu erwarten angesichts der Tatsache, daß die Rekonstruktion von Welt- bzw. Gesellschaftsbildern in denselben Dimensionen (Partikularismus – Universalismus; Internalisierung der Verhaltenskontrolle und zunehmende Reflexivität und, damit zusammenhängend, wachsende Autonomie der Akteure) wie die Rekonstruktion der Entwicklung des moralischen Bewußtseins vorgenommen werden muß: zwischen beiden Variablenbereichen gibt es offensichtlich Affinitäten. So wie es schwer vorstellbar ist, daß eine partikularistische Ideologie wie der Faschismus problemlos mit den Prinzipien einer universalistisch-kommunikativen Moral koexistieren kann, so kann die Anpassung geltender Normen an sich verändernde Bedürfnisse, die in formaldemokratischen Staatsverfassungen und erst recht in utopischen Antizipationen vorgesehen ist, nicht ohne weiteres auf der Ebene eines an der Aufrechterhaltung einer gegebenen Ordnung ausgerichteten Bewußtseins (konventionelle Moral) verkraftet werden.

Versucht man, den Katalog der bislang zu illustrativen Zwecken angeführten Lösungsformen der Adoleszenzkrise zu vervollständigen, so ergeben sich folgende empirisch wahrscheinliche Typen:

1. Intensive Identitätskrise, die in unterschiedlicher Weise zur Überwindung der konventionellen Moral und einer Rollenidentität führen kann:

a) ohne Restabilisierung in Form einer flexiblen personalen Identität; Orientierung an ästhetizistisch-individualistischen Werten (Identitätsdiffusion wie bei den Alienated, evtl. Hippies, in extremer Form Drogenabhängige);

b) Restabilisierung auf postkonventioneller Ebene mit altruistisch-liberalistischen Wertorientierungen ohne radikale Politisierung (humanitär-individualistisch, z. B. Gesellschaftsreformer, Wehrdienstverweigerer, Entwicklungshelfer)[61];

c) Restabilisierung auf postkonventioneller Ebene mit Radikalisierung, wobei die unterdrückten semantischen Gehalte der Grundnormen eingeklagt werden (Führer der Studentenbewegung).

2. Keine intensive Adoleszenzkrise oder allenfalls Lösungskrise (Phase 1 der Adoleszenzkrise) ohne nachfolgende Identitätskrise (Phase 2 der Adoleszenzkrise): Entwicklung einer konventionellen Identität mit vermutlich schichtspezifisch variierender zugrunde liegender psychologischer Dynamik:

a) bruchlose, durch die intrafamilialen Sozialisationsmuster gut vorbereitete Übernahme des dominierenden Wertsystems (normal Angepaßte der Mittelschicht).

b) Wenn man davon ausgehen darf, daß die Informationen über Unterschichtssozialisation einigermaßen zutreffend sind (Unterschichtsautoritarismus, statusorientierte Interaktionsmuster, Sprachbarrieren etc.) und wenn man weiterhin berücksichtigt, daß bei Lehrlingen der Verlauf der Adoleszenzkrise aus sozialstrukturellen Gründen abgeschnitten wird (Beginn der Lehre, d. h. kein Moratorium), dann sollte man erwarten, daß hier kaum Chancen bestehen, die institutionalisierten Wertorientierungen der bürgerlichen Gesellschaft zu durchbrechen. Daher würde man hier eine Stabilisierung der Persönlichkeit auf konventioneller Ebene erwarten. Andererseits kann nicht übersehen werden, daß gerade in der Unterschicht subkulturelle Traditionen wirksam sind, die die bürgerliche Gesellschaft von den Prinzipien der Gleichheit und Freiheit her in Frage stellen. Wo es trotz dieser abweichenden subkulturellen Gehalte zu einer konventionellen Berufsrollenidentität kommt, darf man vermuten, daß diese Form der Integration des Persönlichkeitssystems mit erheblichen psychischen Kosten verbunden ist, weil die nichtkonformen Identitätsfragmente verdrängt bzw. neutralisiert werden müssen.

Wo diese abweichenden subkulturellen Gehalte nicht verdrängt werden, stellt sich die Frage nach ihrer persönlichkeitsstrukturellen Verankerung. Das Problem ist das klassische des Verhältnisses von Inhaltslernen und autonomer Entwicklung von Deutungsstrukturen. Diese Unterscheidung impliziert normalerweise die Unterstellung, daß über Inhaltslernen erworbene Orientierungen gegenüber Veränderungsdruck nicht so resistent sind wie autonom entwickelte kognitive Strukturen, daß also ihr prognostischer Wert geringer ist. Dennoch ist anzunehmen, daß die subkulturellen Deutungsmuster der Unterschicht nicht einfach oberflächlich aufgesetzt und somit nur begrenzt handlungsrelevant sind, denn sie entsprechen eindeutig einer Interessenlage und täglich wiederholten Erfahrungen im Arbeitsprozeß, in denen sich die Einschränkungen der bürgerlichen Grundrechte so manifest bekunden, daß eine bruchlose Integration in die Gesamtgesellschaft nicht durchzuhalten ist. Diesen Erfahrungen entspricht ein anderer als der bisher analysierte Modus der Verankerung von Deutungsmustern in Persönlichkeitssystemen. Die genaue Funktionsweise dieses Mechanismus müßte noch geklärt werden. Insoweit die Kluft zwischen subkulturellen Deutungsmustern und unterschichtsspezifischer Biographie sich durch Transformationen der intrafamilialen Sozialisation (Liberalisierungsschub) zu schließen beginnt, ist in der Unterschicht ein disproportionales Anwachsen von Protestpotentialen zu erwarten.

Zusammenfassende Schlußbemerkung

Der oben erhobene Anspruch, politisch bedeutsame Krisenpotentiale im Rahmen sozialpsychologischer Hypothesensysteme analysieren zu können, läßt sich nun präziser reformulieren als die Behauptung, daß mit zunehmendem Wohlstand, der Ausweitung des Ausbildungssystems, der Verlängerung der Adoleszenzphase und Veränderungen der intrafamilialen Interaktionsmuster (Liberalisierungsschub) abweichende Lösungen der Adoleszenzkrise (individualistischer Rückzug mit der Gefahr der »Verrottung« des Systems oder radikale Politisierung und Überforderung des Systems) nicht nur in der primär von diesen Trends betroffenen Mittelschicht wahrscheinlicher werden, sondern auch in der Unterschicht, da aufgrund der dort schon vorhandenen subkulturellen Deutungsmuster eine geringfügige Entfaltung dieser Trends starke Auswirkungen nach sich ziehen muß: abweichende Deutungsmuster werden zunehmend durch die intrafamiliale

Sozialisation *und* die Erfahrungen in der Arbeitssphäre abgestützt, d. h. die bisher eher gegenläufigen Variablenbereiche ergänzen einander.

Zweiter Teil

Zum Zusammenhang von Adoleszenzkrisenverlauf, moralischem Bewußtsein und Wertorientierungen. Eine Voruntersuchung am
Beispiel von Wehrdienstverweigerern und
freiwilligen Offiziersanwärtern

Vorbemerkung

Der folgende Bericht ist ausführlicher als die übliche Darstellung der Ergebnisse von Voruntersuchungen. Dies hat seinen Grund darin, daß die Operationalisierung der theoretischen Konstrukte und die Interpretation des Materials sich als problematisch erwiesen – und zwar aus systematisch ableitbaren methodologischen Schwierigkeiten und lokalisierbaren theoretischen Defiziten. Wir halten es für nützlich, die aufgetretenen Probleme möglichst detailliert darzustellen, um eine Kumulation von Erfahrungen auch auf der Ebene der Erhebungstechniken, zumal in diesem Feld, zu ermöglichen. Im folgenden werden, nach einer kurzen, die Überlegungen des ersten Teils noch einmal aufgreifenden Skizze des allgemeinen theoretischen Rahmens dieses Projektes im ersten Hauptteil die zentralen Variablen Adoleszenzkrisenverlauf und moralisches Bewußtsein eingeführt sowie die ihnen zugeordneten Meßverfahren beschrieben; im zweiten Hauptteil werden dann die Ergebnisse dargestellt und diskutiert. Der Gesamtbericht ist stärker methodologisch als substantiell orientiert.

Einleitung

Das Projekt ›Konflikt- und Rückzugspotentiale‹ ist eine sozialpsychologische Untersuchung mit makrosoziologischem Bezugspunkt. Seine Fragestellung zielt auf die Genese unterschiedlicher Persönlichkeitstypen und fragt nach deren funktionalen Bedeutungen für das Institutionensystem bürgerlicher Gesellschaften. Dabei wird unterstellt, daß es einen modalen Persönlichkeitstyp gibt, der den funktionalen Imperativen dieser Systeme optimal entspricht. Dieser ist charakterisiert durch eine hohe ungerichtete Leistungsmotivation und die Bereitschaft, sich auch durch extrinsische Gratifikationen wie Geld, Ansehen, Karriere motivieren zu lassen. Weiterhin ist für ihn ein staatsbürgerlicher Privatismus typisch, d. h. er trägt das politische System durch generalisierte Zustimmung und nimmt zu konkreten politischen Fragen nur punktuell

Stellung. Das bürgerliche Wirtschaftssubjekt mit seiner dominierenden Berufsrollenorientierung ist der idealtypische und bislang auch durchschnittliche Repräsentant dieses Orientierungssyndroms. – Wir vermuten, daß der Aufbau dieses modalen Persönlichkeitstyps unwahrscheinlicher wird, weil sich die Adoleszenzkrise verschärft. Die Adoleszenz ist genau die Lebensphase, in der das Individuum seine eigene Identität im Rahmen des Gesamtsystems zu lokalisieren hat; daher wird eine Verschärfung der Adoleszenzkrise eine problemlose Integration in die Gesellschaft erschweren (vgl. erster Teil).

Die im folgenden berichtete Voruntersuchung hatte nicht das Ziel, die makrosoziologische Trendhypothese einer zunehmenden Wahrscheinlichkeit der Genese systemdysfunktionaler Persönlichkeitsstrukturen zu testen. Vielmehr sollten zunächst die psychologischen Mechanismen, durch die differentielle Adoleszenzkrisenverläufe die Struktur der Persönlichkeit und Handlungsdispositionen beeinflussen, genauer analysiert werden. Die Entscheidung, die Theorien und Ergebnisse der im wesentlichen auf frühkindliche Entwicklungsprozesse beschränkten klassischen Sozialisationsforschung zurückzustellen zugunsten einer Theorie, in der auch spätere lebenszyklische Abschnitte noch als eigenständige und wichtige Sozialisationsphasen begriffen werden, rechtfertigt sich durch die Tatsache, daß sich aus den diffusen, frühkindlich geprägten Dispositionen keine systematische Typologie manifesten Verhaltens in späteren Lebensphasen ableiten läßt: konkrete Einstellungen, die das Handeln in den gesellschaftlichen Lebensbereichen (Arbeit, Freizeit, Familie, politisches System) anleiten, werden überhaupt erst in der Adoleszenzphase strukturiert. Wenn man die in dieser Phase sich organisierenden Einstellungssyndrome mit dem Interesse analysiert, sie letztlich auf Handlungspotentiale (Hippies, Jesus-People, Jugendkriminalität etc.) zu beziehen, dann stellt sich natürlich sofort das Problem, die flüchtigen, unter Situationsdruck leicht modifizierbaren Einstellungen von den persönlichkeitsstrukturell verankerten zu unterscheiden. Unter diesem Gesichtspunkt gewann die Theorie des moralischen Bewußtseins an Bedeutung: wenn die kognitivistischen Theorien recht haben, dann hätten wir es hier mit einer strukturell verankerten Persönlichkeitsvariablen zu tun, die über Affinitätsbeziehungen auch konkretere, handlungsnahe Orientierungssyndrome fundieren könnte.

Die genannten Theoriestücke (Theorie der Entwicklung des moralischen Bewußtseins und Theorie der Identitätsbildung in der Adoleszenzphase) sind in der der Untersuchung zugrunde liegenden Globalhypothese wie folgt miteinander verknüpft: Unterschiedliche Verlaufsformen der Adoleszenzkrise bestimmen die Struktur des moralischen Bewußtseins; diese wiederum steuert die Selektion von Lebenszielen und handlungsrelevanten Wertorientierungen. Damit sind die zentralen theoretischen Konzepte dieser Voruntersuchung genannt. Nach einer kurzen Darstellung der Anlage der Untersuchung sollen sie im folgenden einzeln theoretisch präzisiert und ihre Operationalisierung diskutiert werden. Aus diesen Erörterungen sollen die konkreteren Einzelhypothesen hervorgehen.

I. Diskussion der Variablen

1. Überblick über das methodische Vorgehen

Die Untersuchung verstand sich als explorierender erster Kontakt mit einem Forschungsfeld, für das es wohl kein entwickeltes Hypothesensystem mit klaren Einzelhypothesen gibt. Von daher ergab sich ihre Zielsetzung: es mußte einerseits versucht werden, an einem theoriestrategisch zentralen Punkt Hypothesen, die als erste Kristallisationspunkte in einem umfassenderen, aber noch präzisierungsbedürftigen theoretischen Rahmen aufgefaßt werden können, auf ihre Tragfähigkeit zu ›prüfen‹ – nicht im Sinne eines strengen Tests einer Hypothese, sondern um zu sehen, ob es überhaupt lohnend wäre, aufwendigere, strengere Überprüfungsverfahren für die gesamte Theoriestrategie einzusetzen. Andererseits galt es, das Hypothesensystem selbst zu verfeinern und Operationalisierungen relativ komplexer theoretischer Konstrukte (moralisches Bewußtsein, Adoleszenzkrise) zu entwickeln und zu erproben. Angesichts dieser Zielsetzung bot es sich an, eine Befragung[1] in Form eines offenen Interviews durchzuführen.

Es wurde ein durch einen Skalenteil ergänzter Leitfaden entwickelt, in dem folgende Themenkomplexe angedeutet bzw. Persönlichkeitsmerkmale erfaßt wurden:
- Gesellschaftsbild und übergreifende Wertorientierungen, nämlich Einstellungen zum politischen System (Parteipräferenz, Verhältnis zur Demokratie), Wirtschaftssystem (Leistungsgesellschaft, d. h. Probleme der Chancengleichheit und Einkommensverteilung)[2] sowie allgemeine (religiöse und nichtreligiöse) Deutungsmuster und übergreifende Lebensziele;
- Organisation der verschiedenen Lebensbereiche (Ausbildung und Beruf, Freizeit, Familie, Peer-Group, heterosexuelle Beziehungen);
- Persönlichkeitsstrukturelle Merkmale (Struktur des moralischen Bewußtseins sowie generalisierte Ich-Ressourcen, z. B. Ambivalenztoleranz, »Locus of Control«, Ich-Stärke, die durch folgende Likert-Skalen erhoben wurden:

Self-Worth (Selbstvertrauen)[3]
- Ich habe zu wenig Selbstvertrauen.
- Manchmal befürchte ich, daß aus mir nichts wird.
- Manchmal komme ich mir recht nutzlos vor.
- Ich werde leicht verlegen.
- Ich habe schon öfter etwas aufgegeben, weil ich es mir nicht zutraute.
- Die Zukunft ist zu ungewiß, als daß man ernsthafte Pläne machen könnte.
- Oft denke ich mir, als ich noch jünger war, war alles viel einfacher.
- Manchmal denke ich, daß ich zu überhaupt nichts tauge.
- Wenn ich von dem Erfolg eines guten Bekannten höre, komme ich mir leicht als Versager vor.
- Ich glaube, ich bin ebenso fähig und geschickt, wie die meisten Leute um mich herum.
- Wenn ich kritisiert werde, so verletzt mich das sehr.
- Es fällt mir schwer, in der Schule vor der ganzen Klasse zu sprechen.
- Wenn ich etwas tun will, fürchte ich mich oft, zu versagen.
- Was ich mir vornehme, schaffe ich auch.

Social Desirability (Konformitätsneigung)[4]
- Wenn jemand in Schwierigkeiten ist, so helfe ich ihm – auch wenn es mich was kostet.
- Manchmal komme ich mit meiner Arbeit nicht recht voran, wenn ich keine Bestätigung finde.
- Ich habe noch nie jemanden getroffen, den ich absolut nicht ausstehen konnte.
- Manchmal habe ich Zweifel, ob ich mich im Leben zurechtfinden werde.
- Bisweilen wurmt es mich sehr, wenn etwas gegen meinen Willen geht.
- Wenn ich ohne zu bezahlen in ein Kino schlüpfen könnte und sicher wäre, nicht erwischt zu werden, so würde ich das schon tun.
- Ich klatsche ganz gern mal über andere.
- Manchmal habe ich das Bedürfnis, mich Autoritätspersonen zu widersetzen, selbst wenn ich weiß, daß sie im Recht sind.
- Egal, mit wem ich spreche, ich kann immer auf den anderen eingehen.
- Ich habe schon mal krank gespielt, um Schwierigkeiten auszuweichen.
- Es ist schon vorgekommen, daß ich jemanden ausgenutzt habe.
- Ich bin immer bereit, zuzugeben, wenn ich mich geirrt habe.
- Manchmal zahle ich es anderen lieber heim, anstatt alles zu vergeben und zu vergessen.
- Manchmal würde ich am liebsten alles kurz und klein schlagen.
- Ich würde es nie zulassen, daß ein anderer für einen Fehler bestraft wird, den ich begangen habe.
- Es ist mir nie auf die Nerven gegangen, wenn Leute Ansichten vertreten haben, die sich von meinen sehr stark unterschieden.

- Bisweilen habe ich andere um ihr Glück beneidet.
- Ich habe so gut wie noch nie den Wunsch gehabt, jemandem richtig Bescheid zu sagen.
- Ich bin noch nie zu Unrecht bestraft worden.
- Ich habe noch nie absichtlich etwas gesagt, was einen anderen Menschen verletzt hat.
- Manchmal finde ich es unerträglich, wenn Leute mich um eine Gefälligkeit bitten.

Ambivalenztoleranz[5]
- Ein Problem, von dem ich nicht sicher bin, daß es eine Lösung hat, reizt mich nicht.
- Ich fühle mich ein wenig unbehaglich mit Leuten, deren Verhalten ich nicht richtig verstehen kann.
- Für jede Situation gibt es eine eindeutig richtige oder falsche Verhaltensmöglichkeit.
- Bei komplexen Problemen setzt man sich besser mit der Gesamtstruktur auseinander, statt sie in Einzelfragen aufzulösen.
- Ich werde ziemlich nervös, wenn ich mit anderen zusammen bin und die Situation nicht in der Hand habe.
- So gut wie alle Probleme haben eine Lösung.
- Es stört mich, wenn ich den Gedankengängen eines anderen nicht folgen kann.
- Ich hatte immer das Gefühl, daß es einen klaren Unterschied zwischen richtig und falsch gibt.
- Es stört mich, wenn ich nicht weiß, wie andere auf mich reagieren.
- Wenn man sich nicht an einige Grundregeln hält, kommt überhaupt nichts Gescheites zustande.
- Mir ist ein Beruf mit klar definierten Aufgaben lieber als ein Beruf, in dem man immer Entscheidungsprobleme hat.
- Als Wissenschaftler würde ich darunter leiden, daß meine Arbeit nie vollendet wäre (da in der Wissenschaft immer neue Entdeckungen gemacht werden).
- Mir sind unsichere Wetten mit einer hohen Gewinnchance lieber als sicherere Wetten, die nur weniger einbringen.
- Manchmal macht es mir ziemlich viel Spaß, von den üblichen Erwartungen abzuweichen und etwas zu tun, was sich nicht unbedingt gehört.
- Ich spiele gerne mit neuen Ideen herum, auch wenn sich das später als Zeitverschwendung entpuppt.
- Zu einer Party, bei der ich fast niemanden kenne, gehe ich am liebsten erst gar nicht hin.
- Wenn ich eine Reise mache, plane ich lieber vorher erst alles im Detail, statt einfach ins Blaue loszufahren.

Trust (Interpersonelles Vertrauen)[6]
- Eigentlich kann man den meisten Menschen vertrauen.
- Die meisten Menschen kümmern sich nur um ihr eigenes Wohlergehen.
- Wenn man sich nicht vorsieht, nutzen einen die anderen ganz schön aus.
- Letztlich kümmert es eigentlich niemanden sehr, was mit einem passiert.
- Im Grunde seines Wesens ist der Mensch kooperativ.

Locus of Control[7] (Gefühl, das Leben aktiv gestalten zu können)
- Jeder hat es selbst in der Hand, wie sein Leben verläuft.
- Ob es jemandem gut oder schlecht geht, hängt in erster Linie von Glück und Zufall ab.
- Wenn ich von etwas überzeugt bin, gelingt es mir in der Regel auch, andere von meinem Standpunkt zu überzeugen.
- Letztlich ist es eine Illusion zu glauben, man könne die Grundüberzeugungen anderer Menschen beeinflussen.
- Erfolg in Schule und Beruf hängt in erster Linie von eigenen Leistungen ab.
- Berufs- und Schulerfolg sind eine Frage von Glück und guten Beziehungen.
- Jede enge Beziehung kann glücklich werden, wenn beide Partner sich wirklich bemühen, miteinander auszukommen.
- Wenn zwei Menschen nicht miteinander auskommen, dann kann man eben nichts machen.
- Es ist sinnlos, sich politisch zu engagieren und sich um Politik zu kümmern, da die Regierungen ohnehin machen, was sie wollen.
- Auch der einzelne Bürger kann auf das politische Schicksal seines Landes Einfluß nehmen, wenn er sich nur entsprechend einsetzt.
- Ich gebe leicht auf und ziehe mich zurück, wenn die Dinge nicht so laufen, wie ich mir vorgestellt habe.
- Die meisten Probleme lassen sich lösen, wenn man nur nicht zu früh aufgibt.

Alienation[8] (Entfremdung)
(Zukunft ungewiß)
- Im allgemeinen kann man ganz gut wissen, wie die Zukunft aussehen wird.
- Die Zukunft ist so ungewiß, daß man nie weiß, was als nächstes passieren wird.
(Leben sinnlos)
- Letztlich ist das Leben ziemlich sinnlos.
- Das menschliche Dasein hat Sinn und Zweck.
(Outsider)
- Nur durch Leiden kann man das Leben wirklich verstehen.

- Entweder wird mir alles gelingen oder ich versage total, dazwischen gibt es nichts.
- Ich bin ziemlich anders als die meisten Menschen und auch als meine engsten Freunde.
- Ich habe kaum etwas gemeinsam mit den meisten Menschen, die ich so kenne.

(Vacillation/Commitment – Entscheidungsprobleme)
- Ich kann kaum verstehen, warum einige Leute ständig darüber in Zweifel sind, ob sie sich richtig verhalten.
- Es fällt mir immer schwer, mich zu entscheiden.
- Wenn ich mich einmal zu etwas entschlossen habe, kommen mir kaum noch Zweifel.
- Man sollte nichts überstürzen, fast jede Entscheidung führt zu Schwierigkeiten, die man nicht vorher absehen kann.

(Interpersonal Alienation – interpersonelle Entfremdung)
- Die meisten Freundschaften enden mit Enttäuschungen.
- Die meisten Menschen sind ziemlich allein und ohne Freunde.
- Ich erwarte nicht viel Unterstützung oder Anerkennung von anderen Leuten.
- Es ist fast unmöglich, jemanden zu finden, der einen so akzeptiert, wie man ist.
- Ich glaube nicht, daß ich jemals einen Menschen finden werde, der mich wirklich versteht.
- Man sollte sein Leben so einrichten, daß man sich nicht auf andere verlassen muß, dann erspart man sich Enttäuschungen.
- Es gibt mehr Menschen als man glaubt, die bereit sind, in schwierigen Situationen zu helfen.

- Art, Verlauf und Intensität der beiden Teilphasen der Adoleszenzkrise (Konflikte mit Eltern und Vorgesetzten, Thematisierung von Sinnproblemen, Indizien für Identitätsdiffusion wie Selbstentfremdung, totaler Einstellungswandel);
- Wertorientierungen und Beziehungsmuster in der Herkunftsfamilie (Entscheidungsstruktur, Konfliktlösungsmechanismen, Qualität der Ehebeziehung);
- Sozialdaten.

Das freie Interview erlaubte es – im Gegensatz zu geschlossenen Befragungsmethoden – alternative Stimuli für die Thematisierung theoretisch bedeutsamer Fragenkomplexe vorzugeben und sich so den persönlichkeitsspezifischen Bedürfnisdispositionen der jeweiligen Befragten anzupassen: Beispielsweise war das Thema Religion für manche Befragte so überholt, daß sie, darauf angesprochen, einfach blockierten, obwohl die traditionellerweise durch Religionssysteme verarbeiteten Sinnprobleme für sie durchaus dringlich waren. In solchen Fällen erwies sich häufig die Frage nach möglichen Selbstmordmotiven als fruchtbarer Auslöser für die Diskussion von Sinnproblemen.[9] Zusätzlich konnte der Interviewer, da ihm die theoretischen Leitlinien, die in die Fragebogenkonstruktion eingegangen waren, jederzeit präsent waren, unerwartete, spontan vom Befragten vorgetragene biographische Informationen aufgreifen und weiter explorieren.[10] Die Interviews dauerten zwischen 4 bis 7 Stunden.[11] Die Tonbandaufnahmen wurden anschließend transskribiert.

Es dürfte einleuchten, daß das gewählte Erhebungsverfahren wegen der Aufwendigkeit, zumal auch der Auswertung, nur bei kleinen Stichproben anwendbar ist. In dieser Voruntersuchung wurden 9 Wehrdienstverweigerer, 15 freiwillige Offiziersanwärter (im folgenden kurz Verweigerer und Freiwillige genannt) und 14 Drogenabhängige[12] befragt, wobei Verweigerer und Freiwillige nochmals hochselegierte Gruppen ihrer jeweiligen Grundgesamtheit darstellen:

- Die Verweigerer wurden nach dem Schneeballsystem ausgewählt mit der faktischen Konsequenz, daß es sich ausschließlich um solche handelte, die, z. T. freiwillig, ihren Ersatzdienst in einer staatlichen Nervenklinik ableisteten. Dadurch waren vermutlich Verweigerer, die aus prinzipiellen Gründen den Kriegsdienst ablehnen, überrepräsentiert gegenüber solchen, die aus rein instrumentellen Gründen oder aus politischen Motiven verweigerten.
- Alle Freiwilligen stammten aus dem ersten Offizierslehrgang einer Garnison, dem die Chance geboten wurde, bei erfolgreichem Abschluß des Lehrgangs an einer Bundeswehrhochschule unter sehr günstigen Bedingungen studieren zu können. Daher war zu erwarten, daß die Befragten eher dem modalen bürgerlichen Wirtschaftssubjekt als dem Stereotyp des »klassischen Offiziers« ähneln würden.

Von der Selektivität und dem geringen Umfang des Samples her stellt sich natürlich die Frage nach der Bewertung der Ergebnisse. Es ist selbstverständlich, daß die Daten keine Aussage über Wehrdienstverweigerer und freiwillige Offiziersanwärter insgesamt zulassen. Das war auch gar nicht intendiert, da zunächst versucht werden sollte, die Wirkungsweise extremer Variablenwerte – nämlich die kausale Bedeutung extremer Verlaufsformen der Adoleszenzkrise für die Genese postkonventioneller moralischer Strukturen – an möglichst reinen und konträren Typen sichtbar zu machen. Die nachweisbaren Zusammenhänge zwischen Krisenverläufen oder anderen Variablen (wie intrafamiliale Kommunikation) und Moralstufen, lassen sich als mögliche Entwicklungspfade verstehen, die, gleichgültig auf welcher Datenbasis sie gewonnen wurden, in die Entwicklung einer Typologie alternativer kausaler Konstellationen eingehen können. Diese theoretische Bedeutung behalten die Ergebnisse, obwohl nichts ausgesagt werden kann über die faktische Verteilung alternativer Entwicklungspfade innerhalb eines gegebenen Verhaltenspotentials. Anders gesagt: Wenn man in dem Sample auch nur einen Fall der Entwicklung postkonventioneller moralischer Strukturen, bei dem die sonst typische Verlaufsform der Adoleszenzkrise nicht aufgetreten ist, identifizieren könnte und dessen Entwicklung psychologisch verständlich rekonstruiert werden kann, so muß dieser Fall als möglicher Entwicklungspfad gelten, sofern eine Art von Evidenz, die in den Sozialwissenschaften mobilisiert werden kann, ihn untermauert: die Verstehbarkeit aus einem umfassenden Sinnzusammenhang heraus.[13] Längerfristig wird es natürlich dann das Ziel der theoretischen Arbeit sein, über eine bloße Typologie von Ursachenkonstellationen hinauszukommen, und zu versuchen, eine Theoriesprache zu entwickeln, die Gemeinsamkeiten der funktionalen Äquivalente zu formulieren erlaubt. Um das Gemeinte an einem Beispiel aus der Physik zu illustrieren: durch Reibung, Feuer, Druck läßt sich Wärme erzeugen. Das Gemeinsame dieser phänomenologisch unterschiedlichen Vorgänge besteht darin, daß sie die kinetische Energie der Moleküle erhöhen. Gelingt es, analoge Gemeinsamkeiten unterschiedlicher Entwicklungspfade zu identifizieren, dann gewinnt auch ein an nur einem Einzelfall belegter Entwicklungsmechanismus an Plausibilität. Das wird sich im folgenden an der Äquivalenz der kausalen Bedeutung bestimmter intrafamilialer Kommunikationsmuster und eines heftigen Adoleszenzkrisenverlaufs für die Veränderung des Geltungsmodus von Normen zeigen.[14]

2. Das theoretische Konstrukt ›Adoleszenzkrisenverlauf‹

2.1 Definition[15]

In der Adoleszenzphase muß der Übergang von einer primär familienzentrierten zu einer auf das gesamtgesellschaftliche System bezogenen Identität derart geleistet werden, daß der Heranwachsende mit Abschluß des Entwicklungsstadiums weiß, wer er ist, was er will und warum das zu wollen sinnvoll sein kann. Vor allem in hochkomplexen Gesellschaften markiert die Adoleszenzphase einen für die Persönlichkeitsentwicklung besonders prekären Einschnitt, weil sie nicht mehr wie in traditionalen und archaischen Gesellschaften in Form einer klar definierten und zeitlich genau festgelegten Statuspassage organisiert ist. Das Individuum wird nicht mehr in eine präzise umrissene Position überführt, sondern hat sich seinen Platz in der Gesellschaft selbst zu suchen und seinen Rollenhaushalt individuell zu gestalten. Im einzelnen sind dabei folgende Probleme zu lösen:

- bedingt durch den biologischen Reifungsschub müssen Geschlechtsrolle und das eigene Körperbild so restrukturiert werden, daß dauerhafte heterosexuelle Beziehungen gestaltet werden können.
- Voraussetzung für diesen Objektwechsel ist, daß die emotionale Bindung an das Elternhaus gelockert und so transformiert werden kann, daß die neu erworbenen Rollen nicht Quelle neuer Ängste werden. Letztlich heißt das, daß die Basis emotionaler Sicherheit sich von der Herkunftsfamilie auf die eigene Person verlagert und so das Eingehen neuer Bindungen erlaubt. Dieser Prozeß kann als Krise erfahren werden. Im folgenden wird diese erste, eher für die Frühadoleszenz typische Phase, in der die Auseinandersetzungen mit Eltern und anderen Autoritäten im Vordergrund stehen, als *Lösungskrise* bezeichnet.
- Der komplementäre Vorgang der Integration in die Gesamtgesellschaft besteht – in den modernen Wirtschaftsgesellschaften – in erster Linie in der Übernahme einer Berufsrolle. Aufgrund des rapiden sozialen und technologischen Wandels können Eltern diese Wahl allenfalls abstrakt vorstrukturieren. Das Individuum hat somit eine der folgen-

reichsten Entscheidungen des Lebens unter starkem Informationsmangel zu treffen und dann durch Leistungen diese Wahl nachträglich als richtig zu bestätigen.

- Zugleich konkretisiert sich die Staatsbürgerrolle: die Integration in das politische System verbindet sich zum ersten Mal mit konkreten Rechten und Pflichten (Wahlmündigkeit), und die Entscheidungen des politischen Systems können als für die persönliche Lebensführung wichtig erkannt und Loyalitäten entsprechend strukturiert werden.
- Zwischen den unterschiedlichen Lebensbereichen (Freizeit, Familie und persönliche Beziehungen, Beruf, politische Sphäre) muß ausbalanciert werden, und zwar entweder in Form von Hierarchisierung und Identifikation mit der dominanten Rolle (Standardform: Berufsrollenidentität) oder in der Form einer an rollenübergreifenden Prinzipien (moralische Prinzipien und übergreifende Wertmuster) orientierten Ich-Identität.
- Welche Form der Organisation des eigenen Lebens auch immer gewählt wird, sie muß als »sinnvoll« erlebbar sein, d. h. sie muß in übergreifende Sinnzusammenhänge eingebettet werden können, damit ein dauerhaftes motivationales Engagement aufgebaut werden kann. Diese Funktion haben traditionellerweise umfassende religiöse und metyphysische Weltbilder erfüllt. Angesichts der Tatsache, daß die Institutionalisierung einer Dauerkritik (Verwissenschaftlichung aller Lebensbereiche) derartige übergreifende Deutungssysteme weitgehend zerstört hat und in Anbetracht der Tatsache, daß die Ideologie des bürgerlichen Liberalismus durch die faktische gesellschaftliche Entwicklung brüchig geworden ist, wird die Konstitution einer gesicherten personalen Identität zu einer je individuell und unter ungünstigen Bedingungen zu lösenden biographischen Aufgabe. Sofern dieser Prozeß der Ausbildung beruflichen und politischen Engagements, der Definition je eigener Lebensziele und deren Einbettung in globale Sinnzusammenhänge mit einer weitgehenden Reorganisation der intrafamilial erworbenen Orientierungsmuster verbunden ist, wird er als *Identitätskrise* erfahren.

Die gesamte Adoleszenzkrise, d. h. die Sequenz von Lösungs- und Identitätskrise, kann, abhängig von prä-adoleszenter Persönlichkeitsstruktur, sozialstruktureller Lage und intrafamilialem Milieu, unterschiedliche Verlaufsformen annehmen. Sie wurden in folgenden Dimensionen[16] analysiert: heftig/schwach, abgeschlossen/nicht abgeschlossen, innerlich/äußerlich. Die Dimension abgeschlossen/nicht abgeschlossen wurde primär mit der Absicht eingeführt, Fälle von dauerhafter, nicht krisenbedingter Identitätsdiffusion von Fällen eines heftigen Adoleszenzkrisenverlaufs unterscheiden zu können. Dieses Problem ist jedoch in einer Querschnittsuntersuchung nicht ohne weiteres zu lösen. Im folgenden wird diese Dimension nur eine untergeordnete Rolle spielen. Für die anderen beiden Dimensionen wurde erwartet, daß sich die Individuen auf die durch sie definierten Typen von Adoleszenzkrisenverläufen wie folgt verteilen:

- Bei Jugendlichen aus der Mittelschicht überwiegen eher innerliche, bei Jugendlichen aus der Unterschicht eher äußerliche Symptome (hochreflexive Bewußtseinslagen und depressive Stimmungen vs. »acting-out behavior«) der Adoleszenzkrise.[17]
- Die Kategorie »keine Lösungskrise« sollte kaum besetzt sein, da alle Individuen das Problem der Lösung vom Elternhaus bewältigen müssen.
- Andererseits sollte die Lösungskrise in einer beträchtlichen Zahl von Fällen in der »schwachen Form« auftreten, da das Problem der Lösung vom Elternhaus universell bewältigt werden muß und eben deshalb noch als Statuspassage[18] organisiert und perzipiert werden kann. Hinzu kommt, daß in liberaleren personenorientierten Erziehungsmilieus der elterliche Widerstand gegen die aufkommenden Autonomiebestrebungen weitgehend entfällt, so daß heftige Auseinandersetzungen ausbleiben.
- Für die Identitätskrise war zu erwarten, daß die Zelle »keine Identitätskrise« relativ stark besetzt ist, weil die traditionelle Rollenidentität bislang immer noch die Standardform der Identitätsbildung sein dürfte. Der vermutete gegenläufige Trend kann in einer Querschnittuntersuchung ohnehin nicht belegt werden.

Für den Zusammenhang beider Teilphasen der Adoleszenzkrise wurde erwartet, daß eine heftige Identitätskrise auch eine heftige Lösungskrise voraussetzt, weil bei einer totalen Rekonstruktion der eigenen Identität in den Auseinandersetzungen mit den Eltern nicht nur einfach Freiheitsspielräume gewonnen werden müssen, sondern auch all das, wofür die Eltern stehen (Wertvorstellungen, Loyalität zum Institutionensystem), reflexiv gebrochen werden muß[19]; umgekehrt sollte nicht jede Lösungskrise zwingend eine Identitätskrise nach sich ziehen, weil eine Transformation der Eltern-Kind-Beziehung ohne kritische Auseinandersetzung mit dem elterlichen Wertesystem möglich ist.[20]

2.2. Operationalisierung

Die Indikatoren zur Erfassung der Symptome unterschiedlicher Adoleszenzkrisenverläufe werden im folgenden in Gruppen, die in etwa[21] den oben genannten Problemkomplexen zugeordnet werden können, aufgezählt, wobei solche, von denen wir glauben, daß ihr Zusammenhang mit dem Konzept unterschiedlicher Adoleszenzkrisenverläufe nicht unmittelbar klar ist, in Fußnoten kurz erläutert werden.

Indikatoren für Lösungskrise[22]
– Konflikte mit Autoritäten

Kommst Du im allgemeinen mit Deinen Eltern aus? Verbieten Dir Deine Eltern oft etwas? Wie läuft das dann ab, wenn Du Deinen Willen doch durchsetzen möchtest? Wird das diskutiert oder wirst Du belehrt? Gibt es einen Krach oder wird Dein Einwand übergangen? Hast Du überhaupt eine Chance, etwas durchzusetzen?

Ist es manchmal schon vernünftiger, wenn Deine Eltern Dir etwas verbieten oder findest Du, daß sie Dir unbegründet zuviel dreinreden? Findest Du, daß es Bereiche gibt, die Deine Eltern eigentlich nichts anzugehen haben?

Hast Du das Gefühl, daß Deine Eltern sich noch nicht so richtig darauf eingestellt haben, daß Du eigentlich allmählich erwachsen bist?

Hast Du schon einmal überlegt, von zu Hause abzuhauen? Wie würdest Du das machen? Wovon würdest Du leben, wo würdest Du wohnen?

Kommst Du mit Deinen Lehrern/Ausbildern zurecht? Oder hast Du das Gefühl, daß Dich irgendeiner besonders auf dem Kieker hat?

Was möchtest Du einmal werden (wieso hast Du diese . . . gewählt?)? Was meinen Deine Eltern dazu? Würde Dich das stören, wenn Dein Vater/Mutter Deine Berufswahl ablehnen würden?

Würdest Du so leben wollen, wie Deine Eltern, oder was haben Deine Eltern falsch gemacht, was würdest Du anders machen?

Indikatoren, in denen sich Lösungs- und Identitätskrise manifestieren können
- Bruch in der Lebensbiographie:
  bisheriger Bildungsweg und gegenwärtiger Ausbildungsstatus[23]
- acting-out behavior[25]
  Hast Du schon mal was geklaut?
  Was hältst Du vom Alkohol? Hast Du schon mal gehascht?
  Was hältst Du von Drogen?

Indikatoren für Identitätskrise
- Sinnprobleme[25]
  Ein Freund/Freundin will sich umbringen und erzählt Dir das. Was würdest Du ihm sagen, wenn Du ihn abhalten wollen würdest? Wenn Du ihn nach einem Versuch finden würdest, würdest Du ihn retten? Die Selbstmordziffern sind eigentlich ziemlich hoch, warum oder in welchen Situationen glaubst Du, daß die Leute das eigentlich machen? (evtl. Nachfrage: Hast Du schon selbst einmal an Selbstmord gedacht?) Möchtest Du Kinder? Warum glaubst Du, daß die meisten Leute Kinder haben?
  Würdest Du Deine Kinder taufen lassen oder Dich kirchlich trauen lassen? Hast Du Dir schon einmal überlegt, aus der Kirche auszutreten? Warum glaubst Du, daß die Leute aus der Kirche austreten? Nachfrage: Heißt das auch, daß sie nicht mehr glauben – oder setzen sie sich nur von der Institution Kirche ab?
  Die Jesus-People propagieren: ein Leben ohne Gott ist sinnlos. Sind die bloß auf dem Trip oder steckt da was dahinter? (Falls als Antwort: Das ist alles Schwachsinn): Ist denn das ganze Leben ein bloßer Zufall oder ist das eine unbefriedigende Vorstellung? (generalisierte Zusatzfrage: falls sie sich anbietet:) Redest Du mit irgend jemandem über religiöse Probleme? Mit Deinen Freunden? Was denken die darüber?
- Entwicklung einer klaren Lebensperspektive und definierter Berufsziele[26]
  Was möchtest Du einmal werden (wieso hast Du das gewählt)?
  Wie kommst Du auf diesen Berufswunsch? Wie leicht würdest Du diesen Plan aufgeben, wenn etwas Besseres sich ergäbe oder die Hindernisse sehr groß wären? Stell Dir vor, Deine Freundin würde nicht viel davon halten – könntest Du Dir vorstellen, daß Du Deine Pläne ändern würdest?
  Wenn Du an die letzten Jahre zurückdenkst – welche Pläne hast Du gehabt, welche Projekte hast du verfolgt?
  Überlegst Du Dir öfter, was Du einmal mit Deinem Leben anfangen möchtest – oder findest Du das eher blöd, sich über die Zukunft so viele Gedanken zu machen?
- Selbstperzeption[27]

– Selbstbild

Stell Dir vor, Du solltest Dich selbst beschreiben, wie würdest Du Dich beschreiben?

Würden Deine Freunde/Eltern/Lehrer Dich ähnlich beschreiben – sehen die Dich auch so?

Möchtest Du gerne anders sein, in welcher Hinsicht? Wie und was möchtest Du am liebsten sein?

– Körperbild

In Skalenform wurden Items folgender Art vorgelegt:

Wie zufrieden bist Du mit Deinem Äußeren?

Wenn Du dich mit Deinen Klassenkameraden vergleichst, würdest Du sagen, Du bist attraktiver oder weniger attraktiv?

Hat es eine Zeit gegeben, in der Du Dich mit Deinem Aussehen weniger beschäftigt hast als heute?

– Anzeichen von Identitätsdiffusion

Hast Du häufig das Gefühl, daß die Dinge, die Du tun mußt, mit Dir eigentlich nichts zu tun haben? (In der Schule und so, in einzelnen Fächern). Was z. B. sind Dir völlig äußerliche Tätigkeiten?

Hast Du oft das Gefühl, daß du Dein eigenes Handeln beobachtest, wie wenn ein Fremder handeln würde?

Bist Du in letzter Zeit stärker stimmungsabhängig als früher, weißt Du mit Dir selbst nichts anzufangen?

Gibt es manchmal Situationen, in denen Du nicht genau weißt, wie Du Dich verhalten sollst? Kannst Du ein Beispiel nennen (Verhältnis zur Freundin, zur Autorität . . .)?

– Uniqueness

Glaubst Du, daß Du Dich von Deinen Klassenkameraden/Freunden stark unterscheidest? Hast Du Eigenheiten, die für Dich typisch sind?

Manche Menschen jammern über die Massengesellschaft, daß alle wie Nummern behandelt werden, so als seien sie nicht alle verschiedene Menschen – was meinst Du?

Kannst Du bestimmte Sachen besonders gut machen?

– Einstellungsänderung[18]

Hast Du das Gefühl, daß sich deine Einstellungen in den letzten Jahren ziemlich stark geändert haben? Welche, warum? (falls keine Reaktion: z. B.: Deine Meinung zu Drogen/Kommuneleben/Sex/Kindererziehung)

Glaubst Du, daß Du in 10 Jahren noch genauso denkst, wie heute?

Gibt es Sachen, wo Du sicher bist, daß Du das nie machen oder denken wirst? Warum bist Du so sicher?

2.3. Vercodung und Interpretation

Im folgenden soll an einigen Passagen aus den Interviews illustriert werden, wie die Antworten den Ausprägungen der Dimensionen, vor allem der im Rahmen der vorliegenden Hypothesen zentralen Dimension heftig/schwach zugeordnet worden sind.

– *abgeschlossen/nicht abgeschlossen*

Die Entscheidung darüber, ob die Adoleszenzkrise abgeschlossen ist bzw. andauert, ist natürlich in einer Querschnittuntersuchung nicht mit letzter Sicherheit zu treffen. Es ist nicht auszuschließen, daß VPn, die ihren Lebensplan schon festgelegt zu haben scheinen, nicht doch noch ihre bisherigen Engagements aufgeben und versuchen, ihre Identität neu zu definieren. Wir sind jedoch davon ausgegangen, daß dieser Fall unwahrscheinlich ist, wenn die zentralen Aufgaben der Adoleszenzphase gelöst sind, d. h. wenn dauerhafte heterosexuelle Zweierbeziehungen etabliert sind (verlobt, verheiratet), wenn realistische Berufsziele verfolgt werden und die ganze Form der Lebensführung als befriedigend und sinnvoll erfahren wird. Schwieriger ist die Entscheidung, ob Symptome, die hier als Indizien einer heftigen Adoleszenzkrise gewertet wurden, nicht vielmehr als Anzeichen einer dauerhaften, tiefgreifenden Persönlichkeitsstörung gelten müssen. In solchen Fällen erscheint es sinnvoll, Evidenzen aus der präadoleszenten Sozialisation mit heranzuziehen; beispielsweise scheint bei einigen der Drogenabhängigen – im Gegensatz zu den hier behandelten Gruppen der Freiwilligen und Verweigerer – schon die frühkindliche Sozialisation so traumatisch verlaufen zu sein, daß jetzt identifizierbare Anzeichen von Identitätsdiffusion als tiefgreifende und vermutlich nicht mehr reparable Persönlichkeitsschädigungen interpretiert werden müssen.

– *innerlich/äußerlich*

Diese Dimension ist für die Interpretation der Daten dieser Untersuchung nicht zentral; das beeinträchtigt jedoch nicht ihre grundsätzliche Bedeutung für die Analyse unterschiedlicher Verhaltenspotentiale von Jugendlichen; für den Vergleich z. B. von straffälligen mit nichtstraffälligen Jugendlichen wäre diese Dimension sehr wohl wichtig. Auch für den makrosoziologischen Rahmen dieses Projekts ergäben sich weitreichende Implikationen, wenn sich z. B. zeigen sollte, daß Jugendliche zunehmend psychische Konflikte in Verhaltensweisen umsetzen, die eine bruchlose Integration in das Beschäftigungssystem gefährden.

– *heftig/schwach*
Von zentraler Bedeutung für die vorliegende Untersuchung ist die Einstufung der Krise als heftig oder schwach, da wir davon ausgingen, daß die Struktur des moralischen Bewußtseins von der Intensität des Krisenverlaufs abhängt (s. unten). Wenigstens für die wichtigsten der oben aufgeführten Indikatorengruppen sei nun je ein Beispiel für eine »schwach« und eine als »heftig« eingestufte Reaktion präsentiert.[29]

2.3.1. Beispiele für Verlaufsformen der Lösungskrise
Beispiel für eine *heftige Lösungskrise*

VP: Nr. 16, S. 26–28 u. S. 30
I: Wie würdest denn Du das Verhältnis zu Deinen Eltern schildern? Und zwar jetzt und für die zurückliegenden Jahre?
VP: Sehr schlecht, früher.
I: Was heißt früher?
VP: Ja, bevor ich da ausgezogen bin.
I: Wann bist Du ausgezogen?
VP: Ja, also vor drei Jahren. Also sehr schlecht, unpersönlicher Kontakt seit ich denken kann und dann –
I: Und jetzt gibt es irgendwelche Konflikte?
VP: Nö, es gibt keine Konflikte, aber es hat eigentlich auch vielmehr mit meinem Vater zu tun gehabt, daß meine Mutter – das Verhältnis zu meinen Geschwistern, das lag an meinem Vater. Mir war mein Vater zu kühl. Und ich war vielleicht nicht das, was er sich erwartet hat, als Sohn.
I: Was glaubst Du denn, was hat er von Dir erwartet?
VP: Ja, 'nen Leistungsmenschen – Abitur, studieren und es zu was bringen.
I: Wann bist Du aus der Schule ausgeschieden? Wie alt warst Du da?
VP: Da war ich 17.
I: Wie war denn –
VP: Es gab große Komplikationen. War an einem, äh, die ganze Gymnasiumszeit war ein reines Kräftemessen.
I: Wie hat sich das geäußert?
VP: Ich habe mich – ich hab' nix getan.

I: Warum –

VP: Ich hatte keine Lust, das ist so. Wenn ich mich zu was gezwungen sehe, tue ich nichts, aber wenn ich mich zu nichts gezwungen sehe, tue ich alles.

I: Glaubst Du, Dich haben sie auf die Schule geschickt, also hing das mit der Schule zusammen –

VP: Also nein, das hing mit dem Ganzen zusammen. Ja, seit ich zurückdenken kann. Ich weiß nicht, wie alt ich da war – vielleicht 11 oder 12 – daß ich's nie leiden konnte, wenn einer meint, nur weil er jetzt älter ist und weil er weiter oben steht, kann er einen drücken.

I: Wann glaubst Du denn, wann –

VP: Das durchgebrochen ist? Mit 13 vielleicht.

I: Und bis zu Deinem Auszug haben Dir Deine Eltern relativ viel verboten, reingeredet, oder –

VP: Immer! Mal meine Mutter, mal mein Vater. Und mein Vater konnte zu Hause natürlich bestimmen.

I: Was –

VP: Ich bin ausgezogen allein wegen meinem Vater – wegen meinen Haaren. Ich sollte mir die Haare schneiden lassen, mich ihm unterordnen oder ich sollte ausziehen – da bin ich ausgezogen. Ja, da war ich 20. Es ging aber nicht darum, daß ich mir die Haare schneiden ließ, das hätte mir weniger ausgemacht. Aber allein dieser Unsinn, und außerdem habe ich mich zu alt gefühlt, daß ich mir das noch bestimmen lassen muß.

I: Hast Du überhaupt 'ne Chance gehabt, wenn Du anderer Ansicht warst als Dein Vater?

VP: Die zu äußern?

I: Ja, die zu äußern und durchzusetzen.

VP: Nee, auch heute noch nicht.

I: Kann man vielleicht so sagen . . . Ich meine normalerweise ist das ja so: Irgendwann wird man ja mal als fertig zu Hause akzeptiert, und dann hören die auch auf, sich einzumischen.

VP: Ich glaube, das ist bei mir nie, auch bei meinen Schwestern ist das nicht. Das fängt beim Finanziellen an und so. Meine Mutter würde uns vielleicht eher als fertig akzeptieren als mein Vater. Ich glaube, mein Vater würde uns auch noch, wenn wir 30 sind, versuchen reinzureden, wenn er die Möglichkeit hätte. Vielleicht weil er meint, er weiß es besser. Das weiß ich nicht, ich will ihm da keine Böswilligkeiten oder sowas unterschieben. Der kann wahrscheinlich nicht anders. Ich weiß nicht, woran es liegt.

I: Kannst Du sagen, was, woran – ja, Du sagst mit den Haaren –

VP: Ja, es lag nicht nur an den Haaren, aber das war eben der auslösende Punkt. Und das war das Letzte. Es liegt an allem, ich meine, ich habe zu Hause nie die Möglichkeit gehabt, m e i n Leben zu leben, oder auch nur einen Ansatz von selbständigem Leben.

I: Hast Du in der Zeit auch mit Lehrern in der Schule . . .

VP: – gab's nur Streit, aber mit manchen . . .

I: Kannst Du mal so'n Beispiel erzählen?

VP: Ja, es ging z. B. mal darum, was war'n das? Latein oder sowas –
     ein Lehrer von der auftrumpfenden Art –, und da hatte ich mit
     meinem Banknachbarn gesprochen und da hatte der gemeint, ich soll
     nach vorne, aber ohne Begründung, sollte ich mich in die erste Bank
     setzen, bin aber nicht vorgegangen. Und dann ging's so weit, daß ich
     mir selber meinen Arrest holen mußte im Rektorat und das unter-
     schreiben mußte und dann doch vorgehen mußte. Aber da kommt
     dann bei mir ein Punkt, wo ich einfach nicht mehr nachgebe, obwohl
     man ja das Ding zu Hause unterschreiben lassen muß.

Diese Passage wurde als Indiz für eine heftige Lösungskrise
gewertet, weil sich das Streben nach Unabhängigkeit und
Selbständigkeit, der Kampf gegen die Autorität des Vaters und
der Schule in manifesten Dauerkonflikten äußerte. Differenzen in Lebensstil und Lebensauffassung führen nicht nur zu
üblichen Diskussionen, sondern, weil sie immer auch in sym-
bolischer Funktion den Beziehungskampf darstellen, schließlich zur Trennung von der Familie. Die extreme Zuspitzung
des Konfliktes wird nicht zuletzt durch die Weigerung der
Eltern, wenigstens einzelne Lebensbereiche der freien Gestaltung zu überlassen, mitbestimmt.

2.3.2 Beispiel für eine schwache Lösungskrise
VP Nr. 10, S. 35

I: Kommen Sie mit Ihren Eltern gut aus?

VP: Ja.

I: Gab es einmal eine Phase, wo es mehr Auseinandersetzungen gab, als
     Sie noch in der Schule waren?

VP: Nein.

I: Gab es mal Konflikte, wenn Sie z. B. mal ausgehen wollten?

VP: Ich durfte als 16jähriger schon bis morgens los. Ich bin auch um 12
     gekommen. Das ist gerade das, was meiner Meinung nach die
     Persönlichkeit des Menschen sehr prägt, Freiheiten zu geben und mit
     den Freiheiten leben zu können. Und gerade das, das führte mich
     und mein Elternhaus sehr, sehr zusammen. Ich bin mit meiner
     Verlobten, also meiner Freundin damals noch, in Urlaub gefahren,
     da war ich 17. Da hat niemand was gesagt – und das auf dem Lande!
     Ich meine, man darf das nicht so sehen, daß wir Landbevölke-
     rung . . . wir leben relativ nahe der Großstadt, und insofern werde

ich das meinen Eltern nie vergessen, überhaupt meiner Mutter – als mein jetziger Vater noch nicht da war –, was sie überhaupt für mich getan hat. Daß sie mich durch die ganze Schule gebracht hat, daß sie sich immer meinen Problemen gestellt hat, die sich in mir auftaten, daß sie mir immer Geld gegeben hat, wenn ich Geld wollte und daß sie nie Rechenschaft darüber, daß ich nie Rechenschaft darüber ablegen mußte, was ich mit dem Geld getan habe, obwohl ich nicht größere Summen verbraucht habe – das dürfen Sie nicht so verstehen, sondern daß ich einfach die Möglichkeit hatte, zu tun, was mir Spaß machte. Und insofern war ich auch bereit, für das, was man mir geboten hatte, Leistungen, in Anführungsstrichen, zu bringen, mein Abitur zu machen zum Beispiel. Deswegen habe ich mir überhaupt keine Gedanken darüber gemacht, irgendwie mein Abitur beispielsweise in den Sand zu werfen . . .

Diese Passage wurde als Indiz für eine schwache Lösungskrise gewertet, weil neue Freiheitsspielräume nicht in intensiven Auseinandersetzungen erkämpft werden mußten, sondern neue Bedürfnisse weitgehend als legitim anerkannt und Erwartungen wechselseitig aufeinander abgestimmt wurden. Aus der Tatsache, daß diese VP keine intensive Lösungskrise durchlaufen hat, kann nicht geschlossen werden, daß faktisch keine angemessene Restrukturierung der Bindung an die Eltern stattgefunden hätte: Die liberale Einstellung der Eltern hat hier den Prozeß der Emanzipation relativ konfliktfrei verlaufen lassen.[30]

Eine schwache Lösungskrise wird man erst dann als Anzeichen für eine mangelhafte Lösung von den Eltern interpretieren, wenn sich zusätzlich zu fehlenden Konflikten noch Indizien für eine harmonistische Idealisierung des Familienlebens und der Eltern sowie eine Unterordnung wichtiger Entscheidungen unter die antizipierten Wünsche der Eltern zeigen.

2.3.3 Dafür folgendes Beispiel:
VP Nr. 30, S. 20-23

I: Kommen Sie im allgemeinen mit Ihren Eltern gut aus?
VP: Ja.
I: Verbieten Ihnen Ihre Eltern öfters was?
VP: Nein.
I: Wie war das früher?
VP: Das kam natürlich mal vor.

I: Wie lief das dann so ab?

I: Das lief so ab, daß mein Vater mir nicht direkt gesagt hat, also ich verbiete dir das, sondern daß er mir seine Argumente, wenn es auch manchmal ziemlich schwierig für ihn war, mir seine Argumente vorgetragen hat, warum er eben meinte, daß ich das und das nicht tun sollte.

I: Sie hatten eine Chance, Ihren Willen durchzusetzen?

VP: Aber durchaus.

I: Hatten Sie den Eindruck, daß es manchmal vernünftig war, was Ihr Vater Ihnen verboten hat?

VP: Ja.

I: Finden Sie eigentlich, daß es Bereiche gibt in Ihrem Leben, die Ihre Eltern nichts angehen?

VP: Ich muß sagen, bisher nicht.

I: Haben Sie mal den Eindruck gehabt, daß Ihre Eltern sich nicht so richtig darauf eingestellt haben, daß Sie nun erwachsen sind?

VP: Ich habe den Eindruck gehabt, daß es ihnen sehr schwerfällt, habe aber immer gemerkt, daß sie sich also die größte Mühe geben, sich darauf einzustellen, daß ich eben älter werde.

I: Würde es Ihnen etwas ausmachen, wenn Ihre Eltern einen guten Freund oder auch eine Freundin, jetzt Ihre Verlobte, nicht akzeptieren würden, ich meine, was würde das für Konsequenzen haben?

VP: Das ist bisher noch nicht vorgekommen, aber ich glaube, das würde die Konsequenz haben, daß ich diese Freundschaft nochmals eingehend überprüfen würde, weil ich von der Meinung und Menschenkenntnis meiner Eltern ziemlich viel halte, und deshalb würde ich das bestimmt nochmal eingehend überprüfen.

I: Finden Sie es richtig, daß man Rücksicht auf Freunde und Verwandte nimmt, auch wenn man dadurch seine eigene Persönlichkeit einschränken muß?

VP: In welcher Hinsicht?

I: Nun sagen wir mal z. B. Äußerlichkeiten, Kleidung. Ist es bei Ihnen noch nicht vorgekommen, daß Sie sich bestimmte Sachen kaufen wollten und Ihre Eltern oder Ihre Freundin sagten: So kannst du nicht rumlaufen?

VP: Ja, natürlich, das ist bei meinen Eltern schon mal vorgekommen, aber sie haben da nie gesagt, so kannst du doch nicht rumlaufen, sie haben dann eher gegrinst und haben dann eben versucht, mich auf ihre Art scherzhaft zu beeinflussen, daß ich dann eben was anderes anziehe. Teilweise hab ich dann eben nochmal in den Spiegel geguckt und hab gesagt, sie mögen vielleicht recht haben.

I: Hat es in der letzten Zeit mit Ihren Eltern mehr Auseinandersetzungen gegeben als früher?

VP: Ich muß sagen, je älter ich wurde, desto weniger wurden die

Auseinandersetzungen, aber desto weniger wurden auch die, ich möchte sagen, die Beeinflussungen meines Vaters, also die Beratungen, oder wie man es nennen will, denn Verbote waren das nie.

I: Hm.

VP: Ich habe sie jedenfalls nicht als solche aufgefaßt.

Der Befragte leugnet die Möglichkeit von Interessenkonflikten; selbst in Situationen, in denen er spontan andere Entscheidungen treffen würde, revoziert er diese sofort, weil die Eltern im Prinzip doch recht haben (»bessere Menschenkenntnis«). Der Mechanismus der Beeinflussung operiert teilweise auf der Ebene des Vorbewußten, so daß es zu einer offenen Auseinandersetzung gar nicht kommen kann (vgl. beispielsweise die kaschierende Etikettierung von Einflußmanövern des Vaters als »Beratungen«).

2.3.2 Beispiele für einige Aspekte unterschiedlicher Identitätskrisenverläufe

2.3.2.1 Sinnprobleme

Selbstmord ist unter Adoleszenten eine der häufigsten Todesursachen. Das ist insofern verständlich, als der Jugendliche, wenn er seine Identität tiefgreifend umstrukturiert, sich Phasen starker Desorientierung und depressiven Stimmungen ausgesetzt sieht. Die Heftigkeit der Identitätskrise sollte sich also daran zeigen, daß ein Befragter in der Lage ist, Selbstmord als ein noch sinnhaft verständliches Geschehen zu begreifen, nämlich als letzte Konsequenz des Gefühls der totalen Sinnlosigkeit des Lebens. Menschen, denen derartige Erfahrungen völlig fremd sind, werden dazu neigen, Selbstmord immer als etwas gänzlich Irrationales und Unverständliches, nämlich als bloße Kurzschlußhandlung zu begreifen. Die erste der beiden folgenden Passagen wurde als Indiz für eine intensive, die zweite als Indiz für eine schwache bzw. gar keine Identitätskrise gewertet.

Beispiel für eine intensive Identitätskrise
VP Nr. 12, S. 20

I: Haben Sie selbst schon mal an Selbstmord gedacht?

VP: Ich stand kurz davor.

I: Wann war das ungefähr?

VP: Wann das war? So mit 19, 20 ungefähr, also in der Zeit damals, wo ich mich gewandelt hatte, also vom Idealisten und Theoretiker dann eben zum Praktiker. Ich hab ziemlich viel Dostojewski gelesen. Der hat doch ziemlich klar dargestellt, daß das Leben also gar nichts wert ist, und nachdem ich ihn gelesen habe, hab ich mir eben tatsächlich überlegt, hab so Bilanz gezogen, kurze Bilanz von meinem Leben und bin zu einem deprimierenden Ergebnis gekommen.

I: Nämlich?

VP: Daß ich eigentlich ein ziemlich unverträglicher Typ bin, den Menschen bloß auf die Nerven gehe, meinen Eltern zur Last falle, eben auch meinen Kollegen, daß das Leben an und für sich eigentlich recht wenig Sinn hat. Das ist eigentlich genau das gleiche, wie bei den Tieren. Man lebt und pflanzt sich fort und stirbt. Wozu dann eigentlich diese Fortpflanzung, warum muß man sich eigentlich dann in die ganzen unbequemen Sachen reinstürzen . . .

Beispiel für eine schwache Identitätskrise
VP Nr. 17, S. 12

I: Haben Sie schon einmal an Selbstmord gedacht?

VP: Nein, weil ich meine, es gibt für jedes Problem eine Lösung, und ich kann mir da nicht vorstellen, daß es keine gibt, und wenn man sich anstrengt und vielleicht auch mit der Hilfe von Freunden, so müßte man dieses Problem lösen können und dafür ein Leben zu opfern, das kann ich eigentlich nicht verstehen.

I: Die Selbstmordziffern sind ziemlich hoch. Was glauben Sie, warum oder in welchen Situationen die Leute das machen?

VP: Ja, ich würde sagen, Kurzschlußhandlungen. Das sind vielleicht Leute, die meisten jedenfalls, die im Moment die Übersicht verlieren oder auch vollkommen verwirrt sind und keinen klaren Gedanken mehr fassen können, um da irgendwie eine Lösung noch zu finden . . .

Lebensperspektive

Eine der zentralen Aufgaben der Adoleszenzphase ist die Festlegung auf bestimmte Lebensziele (beruflicher Erfolg, Familienleben, ästhetischer Genuß, politisches Engagement), so daß das Individuum als selbständig handelnde Instanz im gesamtgesellschaftlichen System agieren und eventuell zugleich den Sinn seiner Werte im Rahmen einer umfassenden Deutung von Natur und Gesellschaft bestimmen kann. Intensive Krisen zeichnen sich dadurch aus, daß über längere Perioden häufig wechselnde berufliche Präferenzen ausgebildet werden, da die Frage nach dem Sinn des Lebens und des eigenen Tuns ständig thematisiert wird und die gesellschaftlich institutionalisierten Lebensziele (Beruf, Geld, Karriere, Familie) und Deutungssysteme (Religion, Gesellschaftsbilder) auf ihre Tragfähigkeit hin kritisch befragt werden. Ein Beispiel für ein extensives Prüfen verschiedener Lebensperspektiven:

Beispiel für eine heftige Identitätskrise
VP Nr. 1, S. 3

I: Was würdest Du sagen, was für Dich Religion bedeutet?

VP: Ja, ich habe mich gerade in letzter Zeit mit indischen Religionen usw. beschäftigt...

S. 6

I: Was ist Dir heute wichtig in Deinem Leben, wenn Du es mit früher vergleichst?

VP: Früher war ich eigentlich nicht offen irgendwelchen anderen Ideen gegenüber, auch gerade was politische Aktivität oder so betraf, das kam eigentlich für mich nie in Frage. Inzwischen kommt es für mich auch nicht mehr in Frage, aber es gab zwischendurch eine Periode, wo ich das akzeptabler fand, als so ein etabliertes Dasein... Ich würde sagen, ich bin jetzt eigentlich offener geworden gegenüber jeder neuen Information, egal auf welchem Gebiet, also ich bin eben zur Theologie gekommen durch ein Gespräch mit zwei Kriegsdienstverweigerern, das hat mich dermaßen inspiriert, daß ich also anfing, mir Literatur und so was zu kaufen, also eben Eckehart und so. Ich bin dann eben voll auf diesem Gebiet abgefahren, bin dann aber auch jetzt für irgendwelche anderen Sachen, für Physik oder sowas sehr viel aufgeschlossener, als ich das vorher war...

S. 20:

I: Wenn Du an die letzten Jahre zurückdenkst, welche Zukunftspläne hast Du da gehabt?

VP: Ich habe zunächst vorgehabt, das hab' ich noch vorgehabt bis Ende Oktober, nach Kanada zu gehen im Frühjahr für etwa 3 Jahre... Dann kam die Alternative, welche Leute das evtl. auch noch mitmachen würden, aber denen war Kanada zu kalt und die wollten nach Irland und so, und das habe ich dann mal einen Monat lang mitgesponnen, aber das fand ich nicht so – nicht so reizvoll. Ja, und dann wollte ich nach Kanada gehen und da so eine Blockhütte bauen und da dann leben. Ich wollte hier mal raus aus all diesen Beziehungen, die mir auch zuviel wurden, und einfach mal was ganz anderes machen. Das ging dann in die Binsen, weil ich dann hier meine Freundin kennengelernt habe und das nicht mehr durchziehen wollte. Dann kam der Plan auf, einen Bauernhof zu kaufen und aufs Land zu ziehen, und da hab ich mich inzwischen eigentlich doch ziemlich fest engagiert, und nebenher laufen natürlich doch noch Sachen, die evtl. zwischendurch, also die Theologiesachen, also

Theologie kam eigentlich noch vor dem Bauernhof, das war zwischen Kanada und Bauernhof so etwa. Und jetzt läuft wieder sowas an, daß ich evtl. auf den Bauernhof für 1 Jahr gehen würde, bzw. 2 Jahre, aber im 2. Jahr mich bereits auf das Studium vorbereiten würde, was mir also viel Spaß machen würde, wäre Physik, oder ob ich evtl. doch wieder Ethnologie und Anthropologie aufnehmen würde und daß ich mich dann da etwas reinlese.

Dagegen ein Beispiel für eine geradlinige Ausbildungsplanung:

Beispiel für eine schwache Identitätskrise
VP Nr. 17, S. 22
I: Wenn Sie an die letzten Jahre zurückdenken, welche Pläne haben Sie da gehabt?
VP: Ja, daß ich die Ausbildung und das Abitur schaffe und jetzt, daß ich mein Studium mache.

2.3.2.3 Selbstperzeption

Eine sehr tiefgreifende Persönlichkeitstransformation wird auch immer das Selbstbild und das Gefühl der Integrität der eigenen Person affizieren. Eine intensivere Krise wird sich somit in einer starken Verunsicherung des eigenen Selbstwertes, in erhöhter Selbstkritik und generell einem höheren Grad an Selbstreflektiertheit widerspiegeln, wobei das Moment der Selbstreflektiertheit auch nach Beendigung der Krise erhalten bleibt. Wenn die Krise sehr intensiv verläuft, kann sie in der Regel nicht mehr als normale Statuspassage erfahren werden, sondern sie wird als einzigartiger Prozeß des Persönlichkeitswachstums erlebt. Das Gefühl der eigenen Individualität und Einzigartigkeit ist sehr stark ausgeprägt.

Beispiel für eine heftige Krise
VP Nr. 2, S. 51 (noch in der Krise)
VP: Ich glaube, ich bin überhaupt nicht besonders selbstsicher . . .
S. 58:
I: Wie würden Sie sich selbst beschreiben?
VP: Ja, das ist sehr schwierig, ich wirke offensichtlich, ich wirke arrogant, andererseits würde ich mich also nicht so sehen, ich meine, das ist so Schutz und Abwehr, das ist Unsicherheit; ich wirke unentschlossen und bin's auch.
I: Glauben Sie, daß Sie sich von anderen sehr stark unterscheiden?
VP: Hm, bedingt ja, wahrscheinlich ja, das ist immer in solchen Momenten, wo man das Gefühl hat, schon ein ganz besonderer Einzelfall zu

sein, so geht es mir jedenfalls, dann wird einem allerdings auch immer das Gemeinsame bewußt, oder das Verbindende. Das verliert sich dann etwas, aber ich habe schon des öfteren das Gefühl, also etwas anderes zu sein.

I: Finden Sie das eher schlimm oder sind Sie eher stolz darauf?

VP: Ja, zunächst ist das verunsichernd, das kommt ganz auf die Situation an, es kommt darauf an, gegenüber wem man das feststellt und in welchen Punkten man das feststellt, das kann also, wenn man so will, auch einen gewissen Stolz auslösen; das kommt ganz darauf an. Es kann aber auch ganz im Gegenteil das Gefühl auslösen, wie soll ich sagen, daß man nicht auf dem richtigen Weg sei.

Beispiel für eine schwache Krise
VP Nr. 22, S. 40

I: Wie würden Sie sich selbst beschreiben?

VP: Ich bin ein ziemlich heiterer Mensch; kann in manchen Fällen meine Worte auf die Goldwaage legen, aber sonst ein Mensch, mit dem man auskommen könnte.

I: Möchten Sie gerne anders sein?

VP: Anders sein? Warum, ich fühle mich in meiner Haut wohl.

I: Haben Sie das Gefühl, daß Sie sich stark von Ihren Klassenkameraden unterscheiden?

VP: Ich unterscheide mich nicht stark von Klassenkameraden.

2.3.2.4 Einstellungswandel

– Insofern als in der Adoleszenzphase die Position des Individuums in einem erweiterten sozialen Feld neu festgelegt werden muß, stünde mindestens eine Modifikation der in der Familie erworbenen Einstellungen, wenn nicht gar ein radikaler *Einstellungswandel* zu erwarten. Dafür nun zwei gegenteilige Beispiele.

Beispiel für eine heftige Krise
VP 27, S. 10, 11

VP: So ab dem 14., 15., besonders aber seit dem 16. Lebensjahr waren meine ganzen Auffassungen so in der Auflösung begriffen, das hat sich dann, als ich 18 war, wieder anders eingeformt.

I: Welche Einstellungen und in welcher Richtung haben sich geändert?

VP: Erstmal ein gewisses Problembewußtsein, Probleme waren für mich vorher meist individueller Art oder vielleicht philosophischer Art, während die Beziehung zur Gesellschaft und zur Umwelt, Gesellschaftsprobleme, diese Problemarten, die kamen erst so ab 18. Dann die Art, darüber nachzudenken, das ist, bilde ich mir wenigstens ein, wesentlich differenzierter geworden.

I: Sie sagen, Ihre Haltung hat sich verändert. Fällt Ihnen vielleicht ein konkretes Beispiel ein?

VP: Ja, meine Ziele möchte ich mal sagen, meine finanziellen Zukunftsvorstellungen haben sich geändert, als 14/15jähriger war ich geprägt, irgendwie auf einen gewissen Dreh zu kommen, um also, was weiß ich, das große Geld zu machen, ich konnte mich da über so Leute begeistern wie den blöden Jahn, den Wienerwald-Besitzer, der da von einem einzelnen Pub zu seinem Konzern gekommen ist. Wissen Sie, da war ich sogar fähig, mir einmal diese Hirt-Methoden zu bestellen, haben Sie davon gehört, das ist auch eine etwas hinfällige Methode, wie man aus sich sehr viel herausholen kann.

Demgegenüber kann sich der folgende Befragte nur an normale Lernprozesse erinnern.

Beispiel für eine schwache Identitätskrise
VP Nr. 18

I: Haben Sie das Gefühl, daß sich Ihre Einstellungen in den letzten Jahren ziemlich stark geändert haben?

VP: Ziemlich stark würde ich nicht sagen, ich meine, irgendwie ändert man immer seine Meinung ein bißchen, aber daß sie sich um 180 Grad gedreht hat – auf keinen Fall.

2.3.3 Auswertungsverfahren

Die Intensität des Adoleszenzkrisenverlaufs wurde nach zwei verschiedenen Verfahren eingestuft: einmal wurde für jeden Befragten der Prozentsatz der Antworten, die als Indiz für einen heftigen Verlauf galten, bezogen auf alle faktisch in diesem Interview erhobenen Adoleszenzkrisenindikatoren ermittelt; zum anderen wurde von je zwei unabhängigen Vercodern[31] eine Globaleinstufung vorgenommen, bei der beide Vercoder alle relevanten Textstellen zusammenstellten und auf dieser Basis die Verlaufsform der Krise nach den Dimensionen abgeschlossen/nicht abgeschlossen, innerlich/äußerlich und heftig/schwach beurteilten. Die Übereinstimmung zwischen der Globaleinstufung und dem mehr quantitativen Verfahren hinsichtlich der Dimension heftig/nicht heftig war, wie die Tabelle auf Seite 101 zeigt, recht gut.

Die Globaleinstufung hat den Vorteil, daß auch nicht vorgeplante, sich im freien Gespräch spontan ergebende Indizien berücksichtigt werden konnten. So waren z. B. Fragen zu politischen Einstellungen und Betätigungen an sich nicht als Indikatoren für Adoleszenzkrisenverläufe intendiert gewesen;

Tabelle 1: Heftigkeit des Adoleszenzkrisenverlaufs. Vergleich: Globaleinschätzung und Indikatorenvercodung[32]

Globaleinschätzung	Prozentsatz von Indikatoren für heftigen	schwachen Verl.	Σ
Lösungskrise			
– keine	20,0	80,0	100 %
– schwache	26,3	74,7	100 %
– heftige	59,1	41,9	100 %
Identitätskrise			
– keine	21,0	79,0	100 %
– schwache	30,3	69,7	100 %
– heftige	58,6	41,4	100 %

einige Befragte berichteten jedoch von häufig wechselnder Mitgliedschaft in ideologisch sehr konträren Gruppen (NPD, Juso, JU). Diese kann offensichtlich nicht als Ausdruck einer bestimmten politischen Überzeugung gewertet werden, vielmehr scheint sie Ausdruck der beginnenden Strukturierung des politischen Feldes und eines phasenspezifischen Probierverhaltens zu sein. Derartige unsystematisch auftauchende Evidenzen konnten in die Globalauswertung eingehen und die Validität des mehr quantitativen Verfahrens abstützen.

Ein weiterer Vorteil der Globalauswertung besteht darin, daß inkonsistente Antworten der VPn entdeckt und bei der Einstufung berücksichtigt werden konnten. Eine Reihe von VPn hat z. B. die Frage nach Auseinandersetzungen mit ihren Eltern verneint, um später auf die Frage, ob sie ihre eigenen Kinder so erziehen würden, wie sie erzogen wurden, etwa wie folgt zu antworten: »Nein, ich würde meinen Kindern nicht soviel verbieten und ihnen mehr Freiheit lassen.« Von daher wäre zu erwarten, daß es zumindest einige Auseinandersetzungen gegeben hat, daß sich also die Lösungskrise doch manifestiert hat und daß der Befragte sein Familienleben zumindest partiell nachträglich harmonisiert. Letzte Sicherheit, ob diese Interpretation triftig ist, läßt sich natürlich aufgrund des retrospektiven und rein verbalen Materials allein nie gewinnen: Fehldarstellungen können bewußt produziert werden, um »unangenehme« Informationen zurückzuhalten[33]; oder sie ergeben sich als unbewußtes Resultat von Abwehrmechanismen (Verdrängung, Projektion). Solche Verzerrungen sind durch das oben beschriebene Globalverfahren (Suche nach Inkonsistenzen) nur teilweise zu identifizieren. Da wir eher annehmen, daß eine intensive Adoleszenzkrise nicht total verdrängt wird, haben wir das Leugnen von Konflikten als Indiz für einen schwachen Adoleszenzkrisenverlauf vercodet.[34]

2.4 Verteilung der Probanden auf Adoleszenzkrisenverläufe

Eine Vercodung der Interviews nach dem oben beschriebenen Verfahren ergab eine Verteilung der Befragten auf Krisentypen, die den Erwartungen nur z. T. entsprach:
- Da das Sample nur sehr wenige Unterschichtmitglieder enthielt, war die Hypothese einer schichtspezifischen Verteilung nicht zu überprüfen. Die Vermutung jedoch, daß in der Mittelschicht die innerlichen Symptome überwiegen, hat sich nicht ganz bestätigt. Zwar haben die Mittelschicht-VPn, die überhaupt Krisensymptome aufwiesen, immer auch »innerliche« und keine VPn *nur* »äußerliche«: Die Probanden verteilen sich zu je 50% auf die Kategorien »Adoleszenzkrise überwiegend innerlich« und »Adoleszenzkrise innerlich und äußerlich«. Das bedeutet, daß ein überraschend großer Prozentsatz die auf den ersten Blick mittelschicht-untypischen äußerlichen Symptome aufweist. Zur Erklärung dieses Phänomens taugt eine allgemeine Entsublimierungshypothese vermutlich nicht; denn einerseits ist ein Teil dieses scheinbaren »acting-out«-Verhaltens als Ausdruck der Suche nach »sinnvollen« Lebensformen und bewußt erlebten alternativen Erfahrungen (Nepal-Reise z. B.) zu verstehen; andererseits macht die Erfahrung von Sicherheit und Wohlstand ein Aufschieben von Berufsrollen-Festlegungen weniger riskant. Gleichzeitig hat sich die subkulturelle »opportunity structure« verbessert: die Gegenkultur verfügt über etablierte Nischen und bietet fertige Verhaltensmuster des »Aussteigens« an. Man könnte darin

insofern ein erstes, wenn auch schwaches Indiz für die in unseren Thesen enthaltene Vermutung sehen, daß die traditionelle Berufsrollenidentität sich nicht länger gänzlich problemlos reproduziert, als die Krisensymptome nun nicht mehr neben dem äußeren ›wohlanständigen‹ Leben unauffällig mitlaufen.

– Wie erwartet, ist – wie die folgende Tabelle zeigt – die Kategorie »keine Lösungskrise« kaum besetzt – mehr Individuen fallen unter die Kategorie »schwache Lösungskrise«, während die Kategorie »keine Identitätskrise« stärker besetzt ist.

Tabelle 2: Verteilung der VPn nach Heftigkeit des Lösungs- und Identitätskrisenverlaufs

	Lösungskrise				Identitätskrise		
keine	schwach	heftig	Σ	keine	schwach	heftig	Σ
2	13	9	24	8	7	9	24

Daß die relative Häufigkeit einer schwachen Lösungskrise damit zusammenhängt, daß hier ein universell zu lösendes Problem noch als Statuspassage organisiert ist, zeigt folgende Tabelle.

Tabelle 3: Einschätzung der Adoleszenzphase durch VPn im Vergleich zur Vercodereinstufung[35]

Einschätzung der Adoleszenzphase	Lösungskrise				Identitätskrise			
	keine	schwach	heftig	Σ	keine	schwach	heftig	Σ
als Statuspassage	2	9	1	12	6	6	0	12
als einzigartige Erfahrung	0	1	5	6	0	0	6	6
keine Einordnung	0	3	3	6	2	1	3	6
Σ	2	13	9	24	8	7	9	24

$\alpha = 0,05$[36] $\alpha = 0,01$[36]

– Die folgende Verteilung von Lösungs- und Adoleszenzkrisenverläufen hat die Vermutung bestätigt, daß in der Regel eine heftige Identitätskrise auch eine heftige Lösungskrise zur Voraussetzung hat.

*Tabelle 4: Verteilung der VPn nach Heftigkeit von Lösungs-
und Identitätskrise*

| Identitätskrise | Lösungskrise | | | |
	keine	schwach	heftig	Σ
keine	0	7	1	8
schwach	2	5	0	7
heftig	0	1	8	9
Σ	2	13	9	24

α = 0,01[37]

Da überwiegend die Diagonalzellen: heftige Lösungs- und
Identitätskrise bzw. schwache Lösungs- und Identitätskrise,
besetzt sind, werden im folgenden Lösungs- und Identitätskrise häufig zusammengefaßt, so daß nur noch allgemein von
»heftiger« bzw. »schwacher« Adoleszenzkrise die Rede ist.
Ebenso wurden die Kategorien »schwache« und »keine« Krise
zusammengefaßt, da, wie Tabelle 1 zeigt, der entscheidende
Bruch zwischen den Kategorien »schwache« vs. »heftige
Krise« liegt, während die Differenz zwischen den Kategorien
»keine« vs. »schwache Krise« minimal ist.

3. Das theoretische Konstrukt »moralisches Bewußtsein«

3.1 Definition: Theorie der Entwicklung des moralischen Bewußtseins

Die Theorie des moralischen Bewußtseins stellt aus mehreren
Gründen ein Kernstück der theoretischen Strategie unseres
Projektes dar. Wenn man davon ausgeht, daß das Problem der
Konstitution und Aufrechterhaltung intersubjektiver Verständigung das den Gegenstandsbereich der Soziologie definieren-
de Problem darstellt, dann gewinnt die Analyse von Interaktionsstörungen – d. h. von Situationen, in denen das Netz
intersubjektiver Verständigung gefährdet ist – eine besondere
Bedeutung. Genau hier setzt eine Theorie des moralischen
Bewußtseins an, da moralisch bedeutsame Entscheidungen
stets zwischen *konfligierenden Interessen* nach einem *verall-
gemeinerungsfähigen Gesichtspunkt* vermitteln bzw. die Ver-

letzung von Interessen Betroffener rechtfertigen können müssen.[38] Weil nun gerade in schwierigen moralischen Entscheidungssituationen die Routine automatisierter und deshalb problemlos prognostizierbarer Verhaltensabläufe zusammenbricht, ist die Theorie des moralischen Bewußtseins zugleich eine Analyse der *Schaltstellen* des sozialen Handelns, wodurch sie für prognostische Zwecke einen strategischen Stellenwert gewinnt. Ihre Funktion kann diese Theorie nur erfüllen, weil und insoweit sie verhaltensnahe generalisierte Situationsdeutungen mit entsprechenden Bedürfnisdispositionen so vermittelt, daß kognitive Elemente als motivational verankert gelten dürfen. Genau dies verspricht die in der kognitivistischen Tradition begründete Theorie der Entwicklung des moralischen Bewußtseins. Deren Kernthese besteht in der Behauptung, daß die Entfaltung der moralischen Urteilsfähigkeit in Form einer Entwicklungslogik rekonstruiert werden kann.[39]

Im folgenden soll versucht werden zu zeigen, daß die Entwicklung des moralischen Bewußtseins tatsächlich den angegebenen Kriterien von Entwicklungslogiken genügt. Dies erfordert eine relativ ausführliche theoretische Ableitung, weil ja die rein theoretische Analyse schon die Interrelationen der phasenspezifischen moralischen Strukturen so weit klären muß, daß sichtbar wird, ob die *internen Indizien* für das Vorliegen eines logischen Aufbaus erfüllt sind. Interne Kriterien (Entwicklungstrends, strukturierte Ganzheiten, Inklusionsbeziehungen zwischen Items) sind dabei solche, die sich auf die Interrelationen zwischen den »moralischen Operationen« beziehen. *Externe Kriterien* sind solche, die sich auf die motivationale Verankerung und die Übergangswahrscheinlichkeiten zwischen Stadien beziehen; sie können nur an empirischen Daten überprüft werden. Beide Klassen von Kriterien müssen erfüllt sein, wenn zu Recht von einer Entwicklungslogik gesprochen werden soll. Die Ausführlichkeit der theoretischen Diskussion hat jedoch nicht nur die Funktion, die interne Logik des Entwicklungsgangs zu rekonstruieren, sondern auch die, die Aspekte der Struktur des moralischen Urteils so darzustellen, daß sich ein halbwegs systematisches Vercodungsverfahren ergibt.

Wenn moralisch bedeutsame Entscheidungen zu Recht als Lösungsversuche von (potentiellen) Interaktionsstörungen gelten müssen, dann sollten die Dimensionen und Operationen, die in die Konstruktion eines Phasenschemas einzugehen hätten, aus dem Paradigma sozialen Handelns ableitbar sein. Man hätte zu prüfen, welche Elemente einer Handlungssituation im moralischen Diskurs aufgegriffen werden können bzw. welche Momente in den Prinzipien, die eine Entscheidung begründen, berücksichtigt sind. Das soll in den folgenden Abschnitten geschehen.

Die erste Unterscheidung, die sich als analytische Implikation des Begriffs des Handelns ergibt, ist die zwischen dem *externen beobachtbaren Verhaltensaspekt* (samt objektiven Konsequenzen) und dem *internen motivationalen Orientierungsaspekt* einer Handlung: die moralische Relevanz von Handlungen kann primär in ihren externen Auswirkungen (Konsequenzenethik) oder ihren Motivationen (Gesinnungsethik) oder in der ausgewogenen Berücksichtigung beider Aspekte (Verantwortungsethik) gesehen werden.

Weiterhin sind immer mindestens zwei Handelnde vorausgesetzt, die sich *wechselseitig kategorisieren* und die bei Interessenkonflikten auf diese wechselseitigen Definitionen rekurrieren müssen. Diese Kategorisierungen können auf mehrfache Weise im moralischen Diskurs bedeutsam werden: Sie können einmal unmittelbar als *Anwendungsbedingungen* für normative Erwartungen fungieren. Es macht einen Unterschied, ob ich meinen Interaktionspartner primär als Mitglied meiner Bezugsgruppe, als Träger einer bestimmten Rolle oder als »Menschen schlechthin« sehe: bestimmte Konflikte können überhaupt nur auftauchen, wenn gleichzeitig unterschiedliche Kategorisierungsmodi angemessen sind. Der Konflikt »partikularistische Beziehung vs. universalistische Norm« ist nur ein Standardbeispiel dieses Typs von moralischem Dilemma.[40]

Von der *Regel* und nicht von den beteiligten Akteuren her betrachtet entspricht den Kategorisierungen, soweit sie Anwendungsbedingungen von normativen Erwartungen festlegen, der *soziale Geltungsbereich einer Regel,* da Regeln nicht nur Verhaltensabläufe festlegen, sondern, zumindest implizit, zugleich handelnde und betroffene Subjekte (individuelle Akteure oder Kollektivität) konstituieren. Das Gebot »Du sollst nicht töten« beispielsweise konstituiert eine Stammeskollektivität, sofern es den Fremden nicht einschließt; die Gemeinschaft der Rechtsgenossen, sofern Rechtsbrecher hingerichtet werden dürfen; die Menschheit, wenn auch Feinde oder Rechtsbrecher nicht getötet werden dürfen.

Neben dem soeben erörterten sozialen Geltungsbereich von Normen ist ihr *Geltungsbereich in sachlicher Hinsicht* zu beachten. Nicht alle Bereiche gesellschaftlichen Handelns sind so reguliert, daß alle möglichen Verhaltensweisen in der betreffenden Sphäre überhaupt moralisch relevant werden können. In unserer Gesellschaft z. B. ist das Verhalten im Wirtschaftsleben primär an rein strategisch-utilitaristischen Regeln orientiert[41], so daß sich jeder Handelnde legitimerweise in diesem Bereich »außermoralisch« verhalten kann: es geht hierbei um eine *institutionalisierte Segmentierung* eines Verhaltensbereichs. Sofern Personen als Träger von Rollen in dieser Sphäre auftreten, werden automatisch für andere Bereiche geltende Prinzipien sistiert bzw. geht die Beweislast dafür, daß sie auch hier gelten sollten, an den über, der sie einklagen will (»caveat emptor«).[42]

Die bislang genannten Anwendungsbedingungen von Normen beziehen sich auf abstrakte klassifikatorische Merkmale, die in der Regel klar definiert und kollektiv validiert sind: die einzelnen sozialen Rollen und die bereichsspezifischen Zuordnungen fungieren als relativ klare Auslöser für das Einklagen und das Anerkennen von Ansprüchen. Darin erschöpft sich die Funktion von Personenkategorisierungen jedoch nicht. *Die komplementäre Funktion der Einschränkung der Legitimität von Ansprüchen* stützt sich vielmehr auf zusätzliche Merkmalskomplexe, nämlich die Interpolation von individuellen motivationalen Engagements aufgrund spezifischer biographischer Erlebnisse (in der Vertikalen), oder auf besondere Rollenkonstellationen, d. h. in der Regel inkonsistente Momente der sozialen Identität (in der Horizontalen). *Beide* Partner einer sozialen Beziehung *können* unter Rekurs auf derartige individuelle Besonderheiten ihrer Lage versuchen, Einschränkungen einer strikten Normenkonformität einzuklagen bzw. an das Verständnis von *alter* zu appellieren. Dieser Prozeß des

»role-bargaining« ist insofern asymmetrisch, als die Beweislast immer dem zufällt, der »abweichen« möchte. Bricht beispielsweise jemand ein Versprechen, so kann er zwingende Gründe mobilisieren und an das Verständnis von *alter* appellieren, kann dessen Einverständnis aber nicht erzwingen. *Alter* kann sich auf die Absprache beziehen (als Anwendungsbedingung) und seine Ansprüche einklagen oder die vorgebrachte Entschuldigung als Einschränkungsbedingung akzeptieren. In jedem Fall obliegt es *alter* zu entscheiden, was geschehen soll.

Die Akteure orientieren sich an *Regeln und Prinzipien,* deren analytische Dimensionen z. T. schon genannt wurden: nämlich sozialer und sachlicher Geltungsbereich, wobei deren Ausweitung normalerweise mit *zunehmender Abstraktheit* der Normen einhergeht.

Darüber hinaus ist von Bedeutung, als was die Normen gelten und wie sie *Verhalten kontrollieren:* Normen können als quasi *natürliche Ordnung,* als *geheiligte Tradition* oder als von Menschen selbst *gesetztes Regelsystem* aufgefaßt werden. Im ersten Falle muß jeder Versuch der Veränderung als *a limine* sinnlos, im zweiten als schuldhaftes Vergehen erscheinen, und nur im letzten Falle ist eine Veränderung der Normen selber noch konzeptuell vorgesehen.

Auch diese Dimension interagiert mit der Konzeptualisierung der Akteure. Man kann sich dies plausibel machen, indem man Regelverstöße und mögliche Reaktionen analysiert. Hat man es mit einer »natürlichen Ordnung« zu tun, dann resultieren Abweichungen vom quasi-physikalischen Gleichgewicht automatisch in negativen Konsequenzen; der Akteur kann als »black box« behandelt werden, seine Motive spielen keine Rolle. Bei Verstößen gegen eine gegenüber dem natürlichen Geschehen ausdifferenzierte kulturelle Ordnung kann der Handelnde immer noch versuchen, den Interpretationsspielraum des kulturellen Regelsystems zu nutzen und sein *prima facie* abweichendes Verhalten als doch noch konformes darzustellen oder, wenn das nicht mehr möglich ist, wenigstens seine Motive als legitime auszuweisen. In diesem Falle kommt ein Diskurs über die Legitimität von Motivkonstellationen zustande, wenn dann auch die klarerweise illegitimen abgespalten werden müssen. Die Konzeption der Machbarkeit des Normensystems hebt auch noch diese Barriere auf, weil auch zunächst abweichende Bedürfnisdispositionen durch Veränderungen des Regelsystems noch Legitimität erlangen können (nicht müssen), wodurch das Konzept des handelnden Subjektes noch einmal angereichert und differenziert wird.

Die Möglichkeit, überhaupt gegen Regeln zu verstoßen, ist eine weitere analytische Implikation des Begriffs des sozialen Handelns: genau dadurch unterscheidet sich die »Regelmäßigkeit« normativ orientierten Verhaltens von naturgesetzlicher Regelmäßigkeit. Soll der gesamte Prozeß der intersubjektiven Verständigung nicht langfristig zusammenbrechen, muß auf Regelverstöße reagiert werden – und zwar auf der Ebene des Persönlichkeitssystems und der des sozialen Systems: es müssen *Sanktionen* vorgesehen sein und *Konzepte von der Funktion von Sanktionen* entwickelt werden. Auf der *Ebene des Persönlichkeitssystems* differieren die internen Sanktionen je nach Konzeptualisierung der Geltungsweise des Normensystems: die Verletzung einer natürlichen Ordnung mündet in *Angst* vor den quasi-automatischen negativen Folgen. Die Abweichung von einer geheiligten Tradition, die dem Akteur zudem als etwas Externes vorgegeben ist, resultiert in *Scham*[43], einer rein außenzentrierten Reaktion, oder in *nicht ich-synthonen Schuldgefühlen;* dabei wird ein rigides strafendes Über-Ich als fremde Kontrollinstanz erfahren, die letztlich jedoch die eigene (in der Regel um Ich-Ziele zentrierte) Identität und das Selbstwertgefühl nicht dauerhaft gefährden kann. Die Verletzung einer gesatzten moralischen Ordnung resultiert in *ich-synthonen Schuldgefühlen,* in denen das Über-Ich nicht als externe Instanz erfahren wird, sondern das Ich sich als Träger der in dem Über-Ich verankerten Prinzipien weiß und somit bei Übertretungen seine eigene Integrität bedroht sieht. Diese Form integrierter interner Sanktionen kann allein die Kontinuität des gesatzten Regelsystems garantieren, weil seine Geltung ausschließlich vom Konsens der Betroffenen abhängt. Solange mit einer Regelverletzung also nicht unmittelbar eine Veränderung des Normensystems verfolgt wird, bedeutet sie eine Inkonsistenz des Aktors, die zunächst einmal von ihm selbst ausgetragen werden muß.[44]

Unter dem Gesichtspunkt der *Funktion von negativen Sanktionen für das soziale System* ergibt sich eine analoge Dreitei-

Stufen	Kriterien der Bewertung von Handlungen	Geltungsmodus von Regeln	Geltungsbereich der Regeln		Abstraktionsgrad der Regeln	Reaktion auf Verstöße Funktion von Sanktion		Aktor-Schematisierung
			sozial	sachlich		pers. Syst.	soz. Syst.	
prä	ext. Konsequenzen (Konsequenzenethik)	natürliche Ordnung	Realität schlechthin (keine Differenzierung zw. sozial nicht soz.)	einzelne konkr. Sit.	situationsabhängige konkr. Anwendung	Angst	Wiederherstellung d. natürlichen Ordnung	Triebbündel
konv.	rollengebundene Intentionen (Gesinnungsethik)	Tradition	Bezugsgruppe Nation	segmentiert f. spezifische Lebensber.	Rolle	Scham, ichfremde Schuld	Sühne, retributive Gerechtigkeit	Rollenträger
post	beides (Verantwortungsethik)	gesatzte Ordnung	Menschheit	potentiell alle Lebensber. (keine Segmentierung)	Prinzipien	ichsynthone Schuld	Wiedergutmachung + Resozialisierg, restit. Gerechtigkeit	individuierte Person
Trends	Realisierung des Begriffs »soziales Handeln«	zunehmende Reflexivität; von Heteronomie zu Autonomie	Universalisierung	Kontexterweiterung	zunehmende Abstraktheit	Internalisierung	zunehmend intrinsischer Zus.hang zw. Abweichg. + Sanktion	Individualisierung + Ausweitg. d. Bereiches legitimer Motive

lung: Strafen sind notwendig, um die *natürliche Ordnung wieder ins Gleichgewicht* zu bringen; um die ungebrochene Geltung der tradierten Ordnung zu beschwören *(retributive Gerechtigkeit)* oder um die von Fehlhandlungen Betroffenen durch Wiedergutmachung zu entschädigen *(restitutive Gerechtigkeit)*. Damit sind wohl die wichtigsten Dimensionen, die zur Konstruktion eines Stadienmodells der Entwicklung des moralischen Bewußtseins erforderlich sind, genannt.

Es lassen sich drei Hauptstadien unterscheiden: ein prä-konventionelles, ein konventionelles[45] und ein postkonventionelles. Ihre schematische Darstellung findet sich in der Tabelle auf Seite 110.

3.1.2 Entwicklungslogik oder bloße Typologie?

Zunächst ist zu klären, warum drei Niveaus der Entwicklung des moralischen Bewußtseins unterschieden wurden. Statt dieses Problem für jede einzelne Dimension zu diskutieren, werden wir so verfahren, daß wir die *Dreiteilung* an einer zentralen Dimension erläutern, um dann im zweiten Schritt die horizontalen Querverbindungen zwischen den einzelnen Dimensionen aufzuzeigen. Wenn sich nämlich zeigen läßt, daß die Ausprägungen in den einzelnen Dimensionen jeweils zu einem globalen Stil der Schematisierung von sozialer Realität (strukturierte Ganzheiten) zusammenschließen, dann kann darauf verzichtet werden, die Dreiteilung für jede Dimension gesondert zu erörtern. Im Rahmen unseres theoretischen Ansatzes bietet sich die Dimension »Aktor-Schematisierung« als zentrale an, da in ihr die Doppelproblematik der gleichzeitigen Aufrechterhaltung von Individualität und Intersubjektivität sich am deutlichsten manifestiert: die Sequenz Triebbündel/Rollenträger/individuiert Person läßt sich reformulieren als Sequenz von bloß Partikularem / bloß Allgemeinem / Vermittlung von Allgemeinem und Besonderem: Auf der ersten Stufe ist das Handeln nicht an generalisierten Kriterien orientiert, so daß einzelne Handlungen jeweils punktuell als konform oder abweichend eingestuft werden müssen, wobei eine Diskussion über diese Einstufung nicht möglich ist. Ein Bezug auf legitimierbare Intentionen und eine Diskussion darüber, ob eine Handlung noch durch den Interpretationsspielraum einer institutionalisierten Regel abgedeckt wird, ist prinzipiell ausgeschlossen, solange die externe, beobachtbare Seite sozialen Handelns dominiert. Genau das wird zum ersten Mal auf der zweiten Stufe möglich: der Handelnde kann versuchen, sein *prima facie* abweichendes Verhalten unter Rekurs auf seine Motive diskursiv zu verteidigen. Dabei handelt es sich jedoch noch um einen eingeschränkten Bereich intersubjektiver Verständigung. In den Diskurs können nur institutionalisierte, d. h. jeweils schon verallgemeinerte Motive eingebracht werden, und nur diese konstituieren den Handelnden in seiner sozialen Bedeutung. Der Bereich nicht-institutionalisierter Motive muß abgespalten werden; dieser Bereich nicht gesellschaftlich lizensierter Motive kann erst auf der letzten Stufe thematisiert werden. Nun kann versucht werden, das, was bislang bloß Partikulares war, als verallgemeinerungsfähig darzustellen und zum Allgemeinen zu erheben bzw. als *anerkanntes* Individualitätsmuster durchzusetzen. Es erscheint plausibel, daß damit der Entwicklungsgang abgeschlossen sein muß, denn die Sphäre intersubjektiver Verständigung ist nunmehr im Prinzip allumfassend. Zudem sind die Hauptphasen auch vollständig genannt: denn die Kombinationsmöglichkeiten der Dichotomie Allgemeines/Besonderes sind mit der Dreiertypologie erschöpft.[46]

Die *wechselseitigen Implikationsverhältnisse* zwischen den einzelnen Dimensionen, von denen einige schon andeutungsweise bei der Einführung der Dimensionen genannt wurden, seien nunmehr stichwortartig skizziert. Auf *präkonventioneller* Ebene sind Kultur und Natur noch nicht ausdifferenziert. Die quasi-natürliche Ordnung wird durch (externes) Fehl*verhalten* affiziert und vergilt mechanistisch, wodurch das natürliche Gleichgewicht sich gleichsam von selbst wiederherstellt (Funktion der Sanktion). Der Handelnde hat Angst vor den sich automatisch einstellenden Konsequenzen seines Handelns. Ein *intentional* handelndes Subjekt wäre in diesem Rahmen funktionslos, weil Handeln unabhängig von den subjektiven Orientierungen externe Wirkungen zeitigt. Da das »Regelsystem« dem Subjekt gegenübersteht und nicht in Form generalisierter Verhaltenserwartungen internalisiert ist, ist das Verhalten nicht situationsübergreifend strukturiert: der Handelnde erfährt sich als spontanen Antrieben ausgeliefert, die dann ad hoc jeweils in den konkreten Situationen ihre moralischen Implikationen enthüllen.

Auf *konventioneller* Ebene ergeben sich folgende Zusammenhänge: Natur und Kultur sind ausdifferenziert. Moralisches Handeln orientiert sich an einer als unveränderlich gültig begriffenen tradierten Ordnung (Komplexe von lebensbereichsspezifischen Rollensystemen). Diese Ausdifferenzierung impliziert, daß Handlungen nicht mehr begriffen werden als rein äußerlich ablaufende Kausalketten, sondern als *intentional* gerichtetes Geschehen. Die Intentionen der Subjekte gelten dabei – da das Regelsystem als unveränderbar konzipiert ist – genau so weit als legitim, wie sie mit den in den Rollen institutionalisierten Erwartungen zur Deckung kommen. Sozial bleibt der Geltungsbereich des Normensystems auf Mitglieder der In-Group (Binnenmoral) beschränkt, da eine Universalisierung eine Relativierung der (und teilweise Distanzierung von den) hier gegebenen Gruppenstandards voraussetzen würde. Da die Ordnung per se als nicht problematisierbar gilt, d. h. da es kein übergeordnetes Prinzip gibt, mittels dessen eine Veränderung dieser Ordnung oder auch nur seine bloße Existenz gerechtfertigt werden könnte, bleibt als letzter Rechtsgrund ihrer Gültigkeit nur der Verweis auf die kollektive Validierung: die Ordnung gilt, weil alle daran glauben. Das hat Auswirkungen auf die Art der Reaktion auf Regelverstöße sowohl auf der Ebene des Persönlichkeitssystems wie auf der Ebene des sozialen Systems. Scham bzw. ich-fremde Schuld sind angemessene Reaktionen, wenn abweichendes Verhalten nur als Schwäche (gegenüber abgespaltenen Bedürfnissen) und als Bruch der tradierten Ordnung interpretiert werden kann. Sühne hat dann die Funktion, die durch die Abweichung in Zweifel gezogene Norm wieder in voller Gültigkeit zu restabilisieren (Durkheim).

Auf *postkonventioneller* Ebene wird das Normensystem reflexiv gebrochen: es gelten nur solche Normen, die entweder das Prinzip einer schrankenlosen Intersubjektivität unmittelbar beinhalten (Gleichheit/Freiheit) oder wenigstens durch ein Verfahren zustande gekommen sind, in dem diese Prinzipien verwirklicht sind. Diese Prinzipien müssen, da sie die Veränderung lebensbereichsspezifischer Erwartungssysteme anleiten, abstrakter sein und letztlich kontextübergreifende Geltung beanspruchen. Aufgrund dieses Entwicklungsschubs ist es nunmehr möglich, das Individuum in seiner vollen Besonderheit grundsätzlich anzuerkennen.

Gleichzeitig weitet sich der soziale Geltungsbereich der moralischen Prinzipien aus: als Prinzipien der Konstitution von Intersubjektivität schlechthin gelten sie für jeden möglichen Interaktionspartner. Weil nunmehr die moralische Ordnung dem Subjekt nicht mehr bloß äußerlich vorgegeben ist, verändert sich die Reaktion auf Regelverletzungen: sie wird zu identitätsbedrohender, ichsynthoner Schuld, da letzter Rechtsgrund der Geltung von Prinzipien die *eigene* Überzeugung ist. Dem entspricht eine Transformation des Konzepts der Funktion von Sanktionen: Wiedergutmachung drängt den Vergeltungsgedanken zurück. Da eine Abweichung von der moralischen Ordnung deren prinzipielle Geltung nicht in Frage stellt, steht nicht die Wiederherstellung der gebrochenen Norm im Vordergrund, vielmehr geht es um die verletzten Rechte der betroffenen Interaktionspartner.

Die Tatsache, daß wir es mit einer *begrenzten Zahl*[47] *systematisch miteinander verknüpfter* Ausprägungen in den einzelnen Dimensionen zu tun haben, kann als erstes internes Indiz dafür angesehen werden, daß die Entfaltung des moralischen Bewußtseins in Form einer Entwicklungslogik rekonstruierbar ist. Zu prüfen bleibt, ob auch die anderen oben genannten Kriterien erfüllt sind. Die *qualitative* Verschiedenheit der einzelnen Strukturelemente dürfte offensichtlich sein. Die *Invarianz der Abfolge* ergibt sich unmittelbar als Moment des Nachweises des *hierarchischen* Aufbaus der Stufen. Dafür lassen sich vorläufig nur einige Plausibilitätsargumente anführen. So setzt Verstehen einer Regel voraus, daß die konkreten Anweisungen, die aus ihr ableitbar sind, verstanden werden; umgekehrt können konkrete einzelne Handlungsanweisungen sehr wohl verstanden werden, ohne daß die zugrunde liegende Regel extrapoliert werden kann. Das gleiche Verhältnis besteht zwischen der zweiten und dritten Stufe: generalisierte Rollen, d. h. kontextspezifische Bündel von Erwartungen, können gespielt werden, ohne daß die Ebene der abstrakten Prinzipien, als deren Konkretisierung sie verstanden werden könnten, präsent sein müßte. Umgekehrt gehört es zum Verständnis eines Prinzips, daß mögliche bereichsspezifische

Konkretisierungen vorgenommen werden können. Ähnliche Überlegungen ließen sich für die Dimensionen Geltungsmodus und Geltungsbereich anstellen.

Dennoch ist nicht zu übersehen, daß die Argumente nicht die Stringenz erreichen, die sich bei der Rekonstruktion der kognitiven Entwicklung erzielen läßt. Dort nämlich lassen sich logisch zwingende Implikationsverhältnisse auf der Ebene von genuinen Operationen nachweisen[48]: so setzt beispielsweise das Verständnis der Operationen der materialen Implikation Beherrschung der Operation von Addition und Negation voraus; Seriationen bauen auf Objektkonstanz auf. Das oben dargestellte Schema der Stadien des moralischen Bewußtseins bezieht sich aber offensichtlich überhaupt nicht auf die Ebene von Operationen, sondern wohl auf die Ebene der durch Operationen konstituierten Gegenstände. Rolle, Individuum, gesatzte Ordnung usw. entsprechen im Bereich der moralischen Entwicklung den Objekten der physikalischen Realität im Bereich der kognitiven Entwicklung. Die Operationen konstituieren im Bereich der kognitiven Entwicklung Invarianzen, z. B. Gegenstände. Soziale Universalisierung oder sachliche Generalisierung, die man auf den ersten Blick für Operationen halten könnte, sind jedoch keine Operationen, sondern wohl die geforderten Invarianzen oder konstituierten Objekte: eine generalisierte Regel z. B. fordert, phänomenologisch Verschiedenes als »Gleiches« zu behandeln, konstituiert also Invarianzen. Das Applikationsproblem im Umgang mit generellen Regeln zeigt deutlich, daß diese Invarianzen Ergebnisse eines sehr komplexen Zusammenwirkens von Operationen sein müssen. Die einzelnen Momente von Rollenübernahme (den Standpunkt des anderen einnehmen, Empathie) sind wohl für den Bereich der moralischen Entwicklung ein Beispiel für Operationen.[49] Es müßte also u. a. für jede Dimension der moralischen Entwicklung im Detail nachgewiesen werden, in welcher Weise unterschiedliche Momente oder Grade von Rollenübernahme wirksam werden. Das ist im Rahmen dieses Untersuchungsberichts nicht möglich.

Das letzte interne Kriterium, das in diesem Zusammenhang zu erörtern ist, bezieht sich auf die in den einzelnen Dimensionen identifizierbaren *Trends*. Sie sollen auf das zentrale Problem der Konstitution und Aufrechterhaltung von Individualität und Intersubjektivität so bezogen sein, daß sich die späteren Stufen als *bessere* Problemlösungsstrategien erweisen. Das läßt sich für die einzelnen Trends relativ leicht plausibel machen: Verhaltensabweichungen, die nicht im Kontext von Motiven relativiert werden können, bleiben als unauflösbare Interaktionsstörungen stehen; Transformationen des *Geltungsmodus* der Regeln machen diese in zunehmendem Maße verfügbar, so daß auch ein zunehmender Bereich von Motiven kommunizierbar und konsensfähig wird. Analog kann für die Dimension *Aktor-Schematisierung* argumentiert werden. Hier manifestiert sich die duale Struktur des interaktionistischen Ausgangspunktes besonders deutlich: indem nämlich weitere Bereiche von Motiven verallgemeinerungsfähig werden, werden ausgeprägtere Individualitätsmuster tolerabel. Dabei wird die Kontinuität der personalen Identität gleichzeitig durch die Ausweitung des *sachlichen Geltungsbereiches*, durch *Internalisierung* der Reaktionen auf Regelverstoß und durch den *höheren Abstraktionsgrad der Regeln* gesichert: wenn sämtliche Lebensbereiche unter Rekurs auf abstraktere Regelsysteme tendenziell in einem einheitlichen Zusammenhang interpretiert werden, kann das Individuum, da Inkonsistenzen als solche sichtbar werden, seine Lebensführung so organisieren, daß es sich als Einheit einer Person erfährt und gegenüber anderen darstellt. Dieser Prozeß der Integration der Person verlangt weiterhin innenzentrierte, gegenüber Außendruck resistente »Introjekte«, da sonst Opportunismus, also das genaue Gegenteil der individuellen Verläßlichkeit droht.[50]

Die Bedeutung der Ausweitung *des sozialen Geltungsbereiches* (Universalisierung) ist von der Definition her evident: Interaktionsschranken in der sozialen Horizontalen werden aufgehoben. Es bleibt die Funktion von *negativen Sanktionen* zu erläutern: die Sanktionen werden in zunehmendem Maße auf den Prozeß der Interaktion bezogen und lösen sich von quasi-externen Funktionen: die Interessen des Opfers werden berücksichtigt, und gleichzeitig wird der Täter nicht definitiv aus der Gruppe der konsensfähigen Subjekte ausgeschlossen. Dadurch wird beiden Seiten signalisiert, daß der Bruch der Intersubjektivität, der durch das »Vergehen« eingetreten ist, wieder aufhebbar ist.

Die Diskussion der internen Kriterien einer Entwicklungslogik ist damit abgeschlossen. Das externe Kriterium, das sich auf die motivationale Verankerung und die Übergangswahrscheinlichkeit zwischen den Stadien bezieht, kann natürlich im Rahmen dieser rein theoretischen Überlegungen nicht geprüft werden.[51] Als Indiz dafür, daß auch dieses Kriterium erfüllt ist, läßt sich die später zu erörternde Abhängigkeit inhaltlicher Wertorientierungen von der Stufe des moralischen Bewußtseins interpretieren.

Vorläufig schließen wir aus der bisherigen Darlegung, daß das moralische Bewußtsein sich in Form einer Entwicklungslogik rekonstruieren läßt und daß es sich bei der moralischen Urteilsfähigkeit um eine zentrale interaktionistische Variable handelt, weil die einzelnen Dimensionen sich aus dem Paradigma sozialen Handelns ableiten ließen.[52]

3.2 Operationalisierung, Erläuterung und Illustration des Vercodungsverfahrens

Zur Messung der Stufe des moralischen Bewußtseins wurden die Befragten mit einer Reihe von moralischen Dilemmata konfrontiert:

Es ist folgendes passiert: Ein guter Freund von Jochen ist in den Musikraum eurer Schule eingebrochen und hat ein Tonbandgerät geklaut. Jetzt wird ein Mitschüler von ihm verdächtigt, den er eigentlich ganz gut leiden kann, und der soll von der Schule fliegen. Wie soll Jochen sich verhalten? Nachfrage: Es wird ein Typ in seiner Klasse verdächtigt, den Jochen nicht ausstehen kann. Nachfrage: Jetzt stell dir vor, es würde ein Lehrer verdächtigt.
Nachfrage: Jetzt stell dir vor, der Mitschüler ist zwar verdächtigt worden, aber es wird ihm wohl nichts passieren; der einzige, der Schaden trägt, ist die Schule. Wie soll Jochen sich dann verhalten? (Falls als Antwort kommt: Die Schule ist ja versichert, dann Nachfrage: Nimm an, man hätte das Gerät Jochen geklaut.)

In einem Betrieb/Universität hat die Mehrheit einen Streik (Vorlesungsstreik) beschlossen. Es gibt eine kleine Gruppe von Streikbrechern. Stell dir vor, einer darunter ist ein Kollege von Martin, der nicht gewerkschaftlich organisiert ist, also auch keine Streikgelder erhält; da er ohnehin nicht sehr viel verdient, hat er nichts weiter zurücklegen können, und er befindet sich momentan in einer Notlage (Kind krank / Frau krank). Die Kollegen beschließen, nicht mehr mit ihm zu reden.

Nachfrage: Kollegen beschließen, ihn zu verprügeln. Wie soll Martin sich verhalten?

Nachfrage: Stell dir vor, der Streikbrecher ist einer, der gerne Meister werden will.

Nachfrage: Stell dir vor, es handelt sich um Martins engsten Freund.

Nachfrage: Stell dir vor, es handelt sich um jemanden, der aus prinzipiellen Gründen nicht mitstreikt, weil ihm stabile Preise wichtiger erscheinen als weitere Lohnsteigerungen, oder weil er befürchtet, daß der Betrieb nicht mehr konkurrenzfähig bleibt und längerfristig die Arbeitsplätze so gefährdet werden.

Ihr seid zusammen und einer hat eine Überdosis von Drogen erwischt und dreht durch. Ihr habt das Gefühl, daß er dringend einen Arzt braucht, aber der Notarzt wird ihn in jedem Fall ins Krankenhaus einweisen müssen, und jetzt habt ihr Angst, daß sich das Rauschgiftdezernat einschaltet und eure Schule oder eure Eltern davon erfahren (für Fixer: und daß der Nachschub nicht mehr klappt). Was würdet ihr tun und warum?

Die Eltern haben Thomas versprochen, daß er im Sommerurlaub mit Freunden eine große Reise machen darf, wenn er das Geld selber verdient. Jetzt hat Thomas das ganze Jahr gespart, und plötzlich soll er doch mit den Eltern zusammen fahren, weil er auf seinen kleinen Bruder aufpassen soll. Eigentlich hatten ja die Eltern seine Großmutter gebeten, aber die war inzwischen krank geworden. Was soll Thomas machen?

Die Befragten hatten anzugeben, wie die jeweilige Konfliktsituation aufzulösen wäre, und mußten ihre Entscheidung detailliert begründen. Aus der Struktur ihrer Argumentation hätte sich eine Zuordnung zu den verschiedenen Stufen des moralischen Bewußtseins ableiten lassen sollen. Aus teilweise kontingenten, aber auch aus systematischen Gründen hat dieses Meßverfahren nicht optimal funktioniert. Einer der Gründe ist sicherlich darin zu sehen, daß die Dilemmata und Nachfragen nicht optimal geplant waren. Daher diskriminierten die Antworten auf einige Dilemmata überhaupt nicht, zumal dann, wenn sich klare Hierarchisierungen aufzudrängen schienen (insbesondere im Drogendilemma). Dieser an sich kontingente Umstand hängt aber auch mit dem oben angedeuteten systematischen Mangel der vorliegenden Rekonstruktionen der Phasenmodelle des moralischen Bewußtseins zusammen:

weil die einzelnen Stadien nicht, wie im Fall der kognitiven Strukturen, als Gruppen von Operationen konzipiert sind, ist unklar, in welcher Richtung die Nachfragen zu variieren sind, um jeweils das Vorliegen einer bestimmten Operation konstatieren zu können. Das hat u. a. zur Folge, daß nicht in allen Fällen zwischen Strukturentwicklung und Inhaltslernen unterschieden werden konnte (vgl. dazu unten).

Um die Informationsbasis für die Einstufung zu erweitern, wurde die Auswertung der Antworten auf die moralischen Dilemmata ergänzt durch eine Globalvercodung, die sich – wie im Fall der Adoleszenzkrise – auf den gesamten Interviewverlauf stützt: Je zwei unabhängige Vercoder stellten zunächst sämtliche Textstellen zusammen, die sie für das moralische Bewußtsein für bedeutsam hielten, und stuften sodann die Befragten aufgrund dieser Stellen ein. Anschließend wurde die Übereinstimmung der beiden Vercoder sowohl hinsichtlich der Auswahl relevanter Stellen wie auch der Einstufung überprüft, wobei sich eine hohe Konvergenz der Vercoder sowohl hinsichtlich der Wahl der Textstellen wie der Einstufung ergab.[53] Als besonders ergiebig erwiesen sich dabei folgende Fragenkomplexe[54]:

– Begründung von Verweigerung bzw. freiwilliger Meldung zur Bundeswehr:
Warum wolltest du verweigern? Warum glaubst du, daß die meisten anderen Leute verweigern? Findest du es verständlich, daß manche sich entschließen, ihren Wehrdienst abzuleisten? vs. Warum hast du dich freiwillig zur Bundeswehr gemeldet? Hast du überhaupt mit dem Gedanken gespielt, zu verweigern? Findest du es verständlich, daß einer verweigert? Was könnte man tun, um die Zahl der Verweigerer wieder zu reduzieren?
– Gesetzesänderung: Muß man sich an ein Gesetz auch dann halten, wenn man das Gesetz nicht richtig findet? Gilt das allgemein für alle Gesetze, die man nicht überzeugend findet? Kann man das für alle Leute gelten lassen? (Dieses Problem wurde entweder am Beispiel des § 218 oder am Beispiel von Hausbesetzungen diskutiert).
– Beziehung zur Freundin[55]:
Wäre es schlimm, wenn deine Freundin noch zu einem anderen Freund eine Beziehung hätte? Möchtest du das lieber wissen? Würdest du ihr sagen, wenn du ein anderes Mädchen kennengelernt hast? Warum, warum nicht? Und wenn es an sich eine völlig belanglose Angelegenheit wäre, würdest du es deiner Freundin sagen, auch wenn du ziemlich

sicher wärst, daß sie nichts davon erfahren würde?)
- »Story-Completion« (Geschichten vervollständigen):
  Jetzt erzähle ich dir den Anfang einer Geschichte, und du sollst sie
  dann zu Ende erzählen: In der Turnstunde sind alle bis auf Franz
  schon in den Turnsaal gegangen. Franz braucht dringend Geld und
  stiehlt aus dem Geldbeutel von Joachim 20 Mark. Am Ende der
  Turnstunde gehen alle Jungen wieder in den Umkleideraum zurück. –
  Hier hört die Geschichte auf. Kannst du jetzt erzählen, wie die
  Geschichte weitergeht? Was die beteiligten Personen denken und
  fühlen?
  Hans arbeitet in einer Autowerkstätte. Es geht auf den Feierabend zu,
  und er hat es eilig, weil er eine Verabredung hat und auch noch die
  Bude ausfegen muß. Jetzt hat Hans die Radmuttern an einem Rad
  nicht richtig angezogen, weil er so in Eile war. Der Kunde hat das Auto
  schon abgeholt. Kannst du erzählen, wie diese Geschichte weitergeht?
  Nachfrage: Nimm an, der Kunde hat einen tödlichen Unfall, aber man
  kann Hans nichts nachweisen.[56]

Um nun die Bedeutung der im oben skizzierten Phasenmodell der moralischen Entwicklung abgeleiteten Dimensionen
zu konkretisieren und so das Auswertungsverfahren nachvoll-
ziehbar zu machen, sollen im folgenden für einzelne Phasen
repräsentative Antworten aufgeführt und ihre Einstufungen
begründet werden. Abschließend wird dann gezeigt, daß die
Einstufung nicht von dem Inhalt der Entscheidung, sondern
ausschließlich von der formalen Struktur der Entscheidungs-
begründung abhängt.

An Antworten auf die Frage »Darf man Gesetze übertreten?« lassen sich die drei Stadien gut illustrieren. Konkretisiert
wurde die Frage am Problem des § 218 oder an Hausbesetzungen. Diese Fälle eignen sich deshalb besonders gut, weil
die Gesetze, die bei ihnen eine Rolle spielen, nicht mehr von
einem ungebrochenen, allgemeinen Konsens getragen werden
und sich somit das Problem von Legalität vs. Legitimität –
gleichgültig, welche inhaltliche Position vertreten wird – verschärft.[57]

Als Beispiel einer *postkonventionellen* Argumentation mag
folgende Diskussion dienen: Nachdem der Befragte zunächst
die Möglichkeit von Gesetzesveränderung ins Auge gefaßt
hatte, entspann sich folgender Dialog. VP 18, S. 17:

I: Finden Sie, daß man sich an ein Gesetz halten muß, wenn man das
    Gesetz selbst nicht für überzeugend erachtet?

VP: Kommt darauf an, da muß man sich halt entscheiden, ob ichs brech
oder nicht.
I: Und wonach würde man das entscheiden?
VP: Ja, nach meinem eigenen Rechtsempfinden, was ich für richtig halte.
Ob ich es dann sofort brechen würde, in jedem Fall, das glaube ich
nicht, man muß natürlich auch beachten, was ist es für ein Gesetz,
schränkt es damit, daß ich es breche, gleich wieder die Rechte oder
Möglichkeiten anderer Leute ein. Denn, wie ich gerade lustig bin, die
Gesetze brechen, so geht es nicht.
I: Also, Sie würden für sich schon in Anspruch nehmen, daß es richtig
sein kann, Gesetze zu brechen, wenn das Gesetz Ihrem eigenen
Rechtsempfinden widerspricht?
VP: Ja, da ist dann natürlich zu sagen, daß man nicht sofort [das Gesetz
bricht], das würde ich jedenfalls machen, bevor ich das breche,
sondern daß man vorher versucht, alle nur möglichen rechtlichen
Möglichkeiten auszuschöpfen. Wenn ich dann aber immer noch
sehe, ich bin wirklich im Recht, da ist eine Rechtsauslegung, die ist
unmöglich, man klammert sich da an Paragraphen, wie beim Beispiel
der Hausbesetzung . . .
I: Würde man das Recht auch allen anderen Leuten zugestehen?
VP: Müßte man sicher.
I: Viele Leute finden, daß die Todesstrafe richtig ist.
VP: Ja, nun ist es natürlich so, dieses Recht, die Todesstrafe betrifft ja
nicht sie selber, das betrifft also die Leute, die das Verbrechen
begangen haben, im Gegensatz zu dem Beispiel mit der Hausbesetzung.
I: Aber das Haus gehört ja auch jemand anderem.
VP: Richtig, das gehört auch jemand anderem, aber da ist doch ein
gewisser Konflikt, vom Empfinden her, mit den Rechten der Leute,
die direkt betroffen sind.
I: Die wohnen möchten.
VP: Die wohnen möchten, richtig.
I: Also, manchmal ist es so, daß das Haus an sich leer steht und es
abgerissen werden soll vom Besitzer, und jetzt ziehen da irgendwelche Studenten, irgendwelche Gastarbeiter heran und setzen sich
da rein. Das beeinträchtigt das Recht des Hausbesitzers durchaus.
VP: Das ist wahr. Ja nun, man muß wirklich, würde ich sagen, durch
solche Aktionen erzwingen, daß man eben andere Lösungen zu
finden versucht. Daß das also nicht für dauernd und ewig sein kann,
das müßte auch klar sein, aber man versucht ja unter anderem
dadurch wirklich mal, andere Möglichkeiten zu schöpfen. Man muß
sich mit denen zusammensetzen und geht so zu anderen Möglichkeiten über. Irgendwo muß ich doch wohnen. Im Gegensatz dazu, daß
manche Leute versuchen, die Todesstrafe wieder einzuführen. Ob

Todesstrafe oder lebenslänglich – dieser Mensch, der belästigt sie nicht mehr. Da kommt es also nicht irgendwie zu Konflikten, das betrifft ja nur wirklich den, der verurteilt wird. Bei solchen Gesetzen, da würde ich schon einen Unterschied machen.

Aus folgenden Gründen ist diese Antwort als postkonventionell eingestuft worden:

1. Die spontane Erwähnung der Möglichkeit von Gesetzesveränderung weist darauf hin, daß der Befragte das geltende Rechtssystem als »gesatzte Ordnung«, die im Prinzip auf dem Konsens der Staatsbürger beruhen und ihre Bedürfnisse berücksichtigen sollte, begreift. Geltende Einzelgesetze werden auf dem Hintergrund der universalistischen Verfassungsnormen relativiert bzw. offensiv ausgelegt (Zeile 15-23; Dimension: Geltungsmodus).

2. Er ist zugleich nicht bereit, leichtfertig und ausschließlich unter dem Gesichtspunkt der Maximierung der eigenen Gratifikationsbalance von den gesetzten Regeln abzuweichen, sondern er rekurriert auf allgemeine Prinzipien (Dimension: Abstraktionsgrad der Regeln):
- die eigene Freiheit findet ihre Grenzen an der Freiheit aller anderen (Zeile 5-11).
- Gesetze sollten nicht so formuliert sein, daß sie asymmetrisch Lasten verteilen. Deshalb kann Hausbesetzung zwar legitim sein, aber nur vorübergehend – als Protestmaßnahme, nicht als Dauerzustand –, da sonst Rechte der Hausbesitzer unangemessen eingeschränkt werden (Z. 39 ff.).

3. Strafen haben weder die Funktion, die durch das Vergehen gestörte natürliche Ordnung wieder ins Gleichgewicht zu bringen, noch primär die, ein Bedürfnis nach Rache und Sühne zu befriedigen, sondern den Schutz der Allgemeinheit zu sichern (Z. 5 ff.) (Dimension: Funktion von Sanktionen).

4. Der Handelnde versteht sich als individuierte Person, die in bestimmten Fällen, nur ihrem Gewissen verpflichtet, dem Kollektiv autonom gegenübertreten kann als jemand, der geltendes Recht an internalisierten universalistischen Prinzipien kontrolliert (Z. 6, Dimension: Aktor-Schematisierung).

Demgegenüber eine *»konventionelle«* Argumentation:

I: Finden Sie den § 218 richtig?

VP: In der heutigen Zeit wohl nicht mehr.

I: In der heutigen Zeit wohl nicht mehr?

VP: Ja, ich weiß, es klingt etwas komisch, aber jeder ist da wohl heute so aufgeklärt und auch die Medizin so weit fortgeschritten, daß da keine Bedenken mehr meiner Meinung nach vorherrschen. 5

I: Nehmen wir an, die Änderung wäre jetzt auf die lange Bank geschoben, und Sie kämen in eine Situation, in der Sie sich überlegen müßten, soll ich es übertreten oder nicht. Das Gesetz besteht noch, was würden Sie tun? 10

VP: Ja, wo diese Diskussion schon mal entflammt ist und wenn es wirklich ein Problem für mich darstellt, dann würde ich übertreten.

I: Wie würden Sie denn sagen, generell, wenn es Gesetze gibt, die man für unsinnig hält oder für verbesserungswürdig, sie gelten aber noch – kann man sie einfach übertreten? Würde man sich, solange sie 15 gelten, daran halten oder wie würden Sie das beurteilen?

VP: Ja, es kommt natürlich bei mir wieder etwas der Soldat durch, denn da ist es ja auch immer, man muß also, solange eine Vorschrift besteht, muß man sie einhalten; und ich meine auch, wenn Gesetze bestehen, und die sind unsinnig oder jeder sagt sich, der Paragraph 20 ist unsinnig oder dieses Gesetz, aber ich übertrete ihn jetzt – das würde ein heilloses Durcheinander geben. Steht natürlich im Widerspruch zum § 218, was ich Ihnen gesagt habe, aber . . .

Konventionell ist diese Passage aus folgenden Gründen:

1. Der Inhalt der Rechtsordnung wird nicht an allgemeinen Prinzipien (Legalität vs. Legitimität wie im obigen Beispiel) gemessen, infolgedessen können Abweichungen nur unter dem Gesichtspunkt der Gefährdung der sozialen Ordnung (»geheiligte Tradition«) gesehen werden (Z. 17 ff.) (Dimension: Abstraktionsgrad der Regeln und Geltungsmodus).

2. Die faktische Abweichung gilt als nicht mehr legitimierungsfähig, sondern als Ausdruck von bloß partikularem Interesse, das sich durchsetzt, ohne mit dem »moralischen Ich« vermittelt zu sein. Der Befragte nimmt für sich etwas in Anspruch, das er nicht für generalisierungsfähig hält (Z. 11 ff. vs. Z. 17 ff.) (Dimension: Aktor-Schematisierung).

3. Wo ego sein Handeln für begründungsfähig hält (diese VP hält an sich nur Gesetzestreue für begründungsfähig), erfährt es sich als Rollenträger (Dimension: Aktor-Schematisierung), nämlich als Staatsbürger, für den das institutionelle Rechtssy-

stem absolut gilt (Dimension: Geltungsmodus). Es gilt natürlich auf dem Hintergrund der in unserer Gesellschaft selbstverständlichen (inhaltlichen) Unterstellung, daß normsetzende Mehrheitsmeinungen sich ändern können. Entscheidend ist jedoch, daß das Individuum dem Kollektiv nicht als autonome Instanz gegenüberzutreten vermag und sich also faktischem Konsensus nur anpassen bzw. nur heimlich abweichen kann. Weil auf dieser Stufe Legalität und Legitimität nicht ausdifferenziert sind, ist das formaldemokratische Paradoxon, daß auf legalem Wege z. B. undemokratische Gesetze beschlossen werden können (Minoritätendiskriminierung), nicht auflösbar.

Präkonventionelle Strukturen weist folgende Argumentation auf:
VP Nr. 5, S. 37

I: Muß man sich an ein Gesetz halten, wenn man es nicht richtig findet?

VP: Ja, das kommt auf die Umstände an, ich meine, wie soll ich das sagen, es gibt Gesetze, an die muß man sich halten, weil eben die Strafen oder die Repressalien, oder wie man das nennen will, daß die eben so sind, daß man eben aus Vernunftgründen – andererseits gibt es irgendwie Gesetze, eben gerade vielleicht § 218 oder so.

I: Die Strafen sind da ja auch nicht gerade gering.

VP: Ja, aber es ist doch so im allgemeinen, daß das nicht mehr so gehandhabt wird. Also, ich meine, es gelten auch heute noch verschiedene Sachen als irgendwie Kavaliersdelikte.

Hier rekurriert der Befragte überhaupt nicht auf ein geltendes Regelsystem, sondern orientiert sich ausschließlich an den faktischen Konsequenzen des Handelns (Dimension: Kriterium der Bewertung von Handlungen – extern). Daher scheint die Zuordnung zur präkonventionellen Stufe zwingend. Wir müssen jedoch darauf aufmerksam machen, daß es zumindest zweifelhaft sein kann, ob die auf dieser Altersstufe auftretenden »präkonventionellen« Antworten mit dem identisch sind, was im Schema der ontogenetischen Entwicklung als präkonventionelle *Moral* gilt. Die hier hineinspielenden konzeptuellen und methodischen Probleme werden im nächsten Abschnitt systematisch dargelegt.

Nachdem nun die drei Stufen des moralischen Bewußtseins

eingeführt und veranschaulicht sind, soll abschließend gezeigt werden, daß die Zuordnung tatsächlich auf strukturellen Momenten beruht und nicht durch inhaltliche Optionen determiniert ist. Zu diesem Zwecke seien Argumente pro und kontra Verweigerung auf präkonventioneller und postkonventioneller Stufe zitiert.

Präkonventionell (externe Konsequenzenorientierung – Nutzenmaximierung ohne Rekurs auf irgendwelche verallgemeinerten Regeln)

Pro Verweigerung, VP 5, S. 4
I: Weshalb wolltest du nicht zur Bundeswehr?
VP: Das war einfach reine Bequemlichkeit, erstens war ich damals noch so frisch verliebt, daß ich mir nicht vorstellen konnte, von meiner Frau getrennt zu sein, von meiner damaligen Freundin, und es war halt so, daß wir gewußt haben, wenn ich verweigere, dann kann ich mir 'ne Stelle suchen, kann also in München bleiben und so; wenn ich eingezogen worden wäre, wer weiß, wo ich dann hingekommen wäre, es war also reiner Egoismus.

Kontra Verweigerung VP 24, S. 11
VP: Ich will nicht verweigern. Die Chance ist sehr groß, daß ich zum Ersatzdienst muß. Ich könnte sowas nicht machen, im Krankenhaus arbeiten. Und die Bundeswehrzeit ist ja keine weggeworfene Zeit, man lernt unwahrscheinlich viel fürs praktische Leben.

Postkonventionell (Individuum als autonome, an allgemeinen Prinzipien orientierte Instanz)

Pro Verweigerung VP 2, S. 7
VP: Wenn man so will, war das eine ethische Begründung.
VP: Wie stehen Sie zu der Verhandlung?
VP: Ich bin an sich davon ausgegangen, daß das Gewissen, das man hier darlegen sollte, sich an sich deren Beurteilung entzieht. Ich bin der Meinung gewesen, es ist an sich nicht möglich, den Leuten das mit den eigenen Worten klarzumachen.
I: Und was wären Ihre eigenen Worte?
VP: Das ist an sich schon die ganz grundsätzliche Frage des Tötens, indem ich mich nicht dazu ausbilden lasse, erkläre ich, ich möchte nicht töten. Das ist ein persönlicher Gewaltverzicht, wenn man so will.

Kontra Verweigerung VP 10, S. 12
VP: Wenn ich den Kriegsdienst verweigert hätte, hätte ich mich selbst in meiner Persönlichkeit belogen, weil ich von der Existenz der Bundeswehr überzeugt bin.

S. 13: Es ist für mich einfach absurd, irgend etwas zu tun, was ich eigentlich gar nicht tun dürfte aufgrund meiner eigenen Einstellung – auf der einen Seite von den demokratischen Grundzügen und von der demokratischen Ordnung überzeugt sein und auf der anderen Seite auch die Bundeswehr akzeptieren, aber nur den Wehrdienst nicht ableisten, weil ich möglichst schnell zum Studium kommen will, das steht in keinem Verhältnis.

Diese Beispiele sollten klar genug illustrieren, daß nicht das Resultat des moralischen Diskurses, sondern die Form der Entscheidung die Einstufung anleitet – man kann sich auf jeder Stufe pro oder kontra entscheiden.

3.3 Methodologische und interpretative Probleme

3.3.1 Interpretationen von instrumentalistischen Äußerungen

Aussagen, die Handlungen durch Verweis auf den individuellen Nutzen begründen – instrumentalistische Aussagen also – müßten, folgt man den Kohlbergschen Phasendefinitionen, eigentlich als präkonventionell vercodet werden. Um ein Beispiel aus Kohlbergs Untersuchungen zu zitieren: Auf die Frage, ob man für seine todkranke Frau die rettende Medizin bei Geldmangel stehlen darf, antwortete ein Kind: »if you let your wife die you will get in trouble, you'll be blamed for not spending the money to save her and there will be an invenstigation of you and the druggist for your wife's death.«[18] »Instrumentalistisch« ist diese Äußerung, weil die Entscheidung begründet wird mit dem Hinweis auf mögliche negative Konsequenzen. Nicht alle Begründungen jedoch, die diese Struktur haben, können, so scheint es, als Indizien für eine genuin präkonventionelle Moral gewertet werden; es lassen sich nämlich insgesamt fünf Typen instrumenteller Aussagen unterscheiden.

Der *erste* Typ, der im folgenden *genuin präkonventionell* genannt werden soll, ist eine Beschreibung des ersten – nur bei Kindern auftretenden – Stadiums der Entwicklung des moralischen Bewußtseins. Das Kind kann zwar implizit unterscheiden zwischen Handlungen, für die die Dichotomie gut/böse relevant ist, und solchen, für die sie irrelevant ist (z. B. ein anderes Kind verletzen vs. einen Turm so bauen, daß er nicht gleich wieder einstürzt). Es ist jedoch nicht in der Lage, in den Situationen, die es implizit als »moralische« behandelt, nach generalisierten Regeln zwischen guten und bösen Handlungen zu differenzieren. So muß es die jeweiligen Reaktionen der Mutter, d. h. die Konsequenzen seines Handelns, als Kriterium verwenden, wobei sein konsequenzorientiertes Handeln durch das generalisierte Motiv »gut sein zu wollen« gesteuert wird. Dieses genetisch frühe Stadium der Entwicklung des moralischen Bewußtseins tritt wegen der Altersverteilung in unserem Sample nicht auf.

Der *zweite* hier zu diskutierende Typ *(reiner Instrumentalismus)* unterscheidet sich von dem ersten darin, daß Handlungen überhaupt nicht als moralisch relevant kategorisiert werden. Während im ersten Fall die Rudimente einer motivationalen Basis moralischen Handelns vorhanden sind und nur entsprechende kognitive Ressourcen fehlen, fehlt hier die motivationale Basis, wenngleich die kognitiven Strukturen die Konstitution generalisierter Regeln erlauben würden. Konsequenzen dienen nicht als Kriterium der Unterscheidung von Gut und Böse, sondern sind unmittelbar Motiv der Handlung. Derartige Handlungsorientierungen finden sich bei Personen mit defizienter Über-Ich-Entwicklung (Psychopathen). Dieser Typus amoralischen Verhaltens kann überhaupt nicht in ein Stadienmodell der Entwicklung des moralischen Bewußtseins eingeordnet werden. Auch dieser Typ ist in diesem Sample klinisch normaler VPn nicht vertreten.

Der *dritte* Typ *(segmentärer Instrumentalismus)* ergibt sich aus der Tatsache, daß in jeder Gesellschaft Bereiche, die moralisch geregelt sind, neben solchen existieren, die nach rein technischen Regeln behandelt werden und moralisch neutral sind: als moralisch neutral gilt in unserer Gesellschaft z. B. die Auseinandersetzung mit der Natur; als nicht instrumentalisierbare Bereiche gelten Primärbeziehungen (Familie, Freunde) und der öffentliche Sektor (gleichgültig, ob staatlich oder vorstaatlich organisiert). Die Einstufung von Aussagen als instrumentalistisch hängt dann von den Lebensbereichen ab, die instrumentalisiert bzw. moralisiert werden. Wenn Lebensbereiche, die als moralisch normiert gelten, instrumentalisiert werden, dann wird man auf Typ 2 (reiner Instrumentalismus) schließen. Werden allerdings Bereiche moralisiert, die traditionellerweise abgespalten sind, dann kann dies als Indiz für das Vorliegen postkonventioneller Moral gelten und wurde in unserer Untersuchung auch so vercodet. Denn erst auf dieser Stufe orientiert sich das Verhalten an sachlich sowie sozial universellen Prinzipien, die die vorgegebene Departmentalisierung von Lebensbereichen zu durchschauen und so offiziell abgespaltene Bereiche in den moralischen Diskurs einzubeziehen erlauben. Natürlich kann angesichts der Tatsache, daß die Segmentierung von Lebensbereichen eines der zentralen Organisationsprinzipien der bürgerlichen Wirtschaftsgesellschaft ist und als eine kulturelle Selbstverständlichkeit gilt, nicht erwartet werden, daß Individuen in jeder Situation postkonventionelle Prinzipien expansiv auslegen. Deswegen wurden Passagen, in denen die offizielle Segmentierung übernommen wurde, für die Stadienzuordnung normalerweise nicht herangezogen. Ausnahmen bildeten die Stellen, die sich auf Probleme bezogen, bei denen in der öffentlichen Diskussion die Segmentierung tendenziell schon durchbrochen wird und Grund zu der Annahme besteht, daß der Befragte sich dieser Tatsache bewußt ist. Wurde in solchen Fällen segmentiert, so wurde die Äußerung als Indiz für konventionelles Bewußtsein gewertet, da sich hier ein strikter Legalismus durchsetzt. Folgendes Beispiel, das einer Diskussion über die Einstellung zur Kirche entstammt, mag das illustrieren:

VP 22, S. 3
VP: ... als ich hinkam, war das noch alles bewirtschaftetes Land, entweder Wiesen oder Äcker. Als ich wegging, da war also beinahe bis zur Klostermauer alles zugebaut mit Bungalows, Eigentumswohnungen, Einfamilienhäusern. Und das hat natürlich wirklich eine ganze Menge Geld gebracht, nicht? Dann kann man sich ausrechnen – ich habe ja nachher Industriekaufmann gemacht –, was das so bringt. Das Kloster ist ja verdammt reich. Die besitzen also bei Aachen, 10 km entfernt von M., das sind 30 km, da besitzen die auch weitere Wiesen, ist eigentlich nicht rentabel, die zu halten, die holen da nur das Heu rein im Herbst, und die warten, bis die Bodenspekulation nach oben treibt.
I: Finden Sie das richtig?
VP: Och, wenn die Gesetzgeber kein Gesetz dagegen setzen, und so wie sie heute lange dafür Zeit hatten, dann ist es eigentlich die Schuld des

Staates. Die Leute sagen, das ist normal für mich, jeder versucht doch, aus seinem Kapital so viel Geld zu machen wie möglich . . .

Bezeichnend ist, daß der Befragte, obwohl er das Verhalten dieses Klosters als moralisch bewertbar erkennt, sein Urteil letztlich doch sistiert, weil das Wirtschaftsgebaren eben als instrumentelles Verhalten definiert ist. Solange die Grenzen der Legalität nicht überschritten werden, ist es normal, sich entsprechend zu verhalten, auch wenn es sich um traditionell anrüchiges Wirtschaftsverhalten handelt (Spekulation, zumal durch die Kirche). Für diesen Typus eines segmentären Instrumentalismus gilt, daß er nicht zu erklären ist durch Defizite in der Ausbildung kognitiver Strukturen oder in der motivationalen Verankerung von moralischem Denken überhaupt, sondern nur durch eine partielle Abschottung der Über-Ich-Normen von der täglichen Lebensführung bzw. bestimmten Lebensbereichen.

Der *vierte* Typus ist der in der Literatur als *Protestinstrumentalismus*[19] beschriebene Fall einer krisenbedingten temporären Regression auf scheinbar präkonventionelle Argumentationsstrukturen. In diesem Fall scheinen der hedonistische Instrumentalismus und die teilweise zynische Überdistanzierung von tradierten Werten und Normen das Bemühen, die Strukturen der konventionellen Moral zu überwinden, auszudrücken. Es scheint sich, wie die folgende Bemerkung einer VP im Zusammenhang der Diskussion von Gesetzesübertretung zeigt, um eine Form von Konfliktvalidierung zu handeln.

VP 12, S. 53
Ich meine, von mir persönlich aus gesehen, also es macht Spaß, wenn man etwas hat, was man übertreten kann.

Drei Arten von Indizien erlauben, den Protestinstrumentalismus vom reinen (psychopathischen) Instrumentalismus[60] zu unterscheiden:

1. In diesen Interviews finden sich, wenn auch selten, neben den ausgesprochen hedonistischen Passagen auch Argumente, die dem postkonventionellen Stadium zugerechnet werden müssen.

2. Während man in der Regel damit rechnen muß, daß, wenn moralisches Urteil und moralisches Handeln auseinanderklaffen, das Handeln hinter das Urteilsniveau zurückfällt (vor

allem in Streß-Situationen), gibt es bei diesen VPn Anhaltspunkte dafür, daß sie sich nicht so »zynisch« verhalten, wie sie reden: sie erzählen häufig biographische Episoden, in denen sie sich gegen ihre eigenen Interessen »moralisch« verhalten haben.

3. Für diese VPn ist ein ungewöhnlich hohes Maß von Selbstreflektiertheit und Verhaltensunsicherheit kennzeichnend, was als Indiz für eine Krise interpretiert werden kann.

Ein *fünfter* Typ, *subkultureller Instrumentalismus*, der allerdings in diesem Sample nicht vertreten war, wird durch folgende Bemerkung einer VP über seine ehemalige Peer-Group illustriert:

VP 5, S. 24

Man muß ja gerade, wenn man in einer Clique ist, dann muß man so tun, als wenn man der größte Säufer ist, der größte Hund und möglichst viele Mädchen vernascht hat ganz auf die eiskalte Tour. Sonst ist man ja keiner. Und wenn man da so irgendwem sagt: ist doch eigentlich alles Scheiße, was wir hier so machen, und es hat doch eigentlich gar keinen Sinn und so, dann heißt es sofort: du Spinner . . .

Hier manifestieren sich die für Unterschichtsgangs typischen Leitmotive von »toughness«, »trouble«, »coolness«.[61] Dieses subkulturelle Muster kann als *kollektive* Form der Bewältigung der Lösungskrise gelten; dabei wird nicht das Prinzip der Konformität gegenüber geltenden Regeln aufgehoben, sondern es werden lediglich neue Inhalte als verbindlich oktroyiert. Dieser Prozeß läßt den Geltungsmodus von Regeln unberührt. Selbstreflektiertheit, die für die individualistischen Protestinstrumantalisten typisch ist, fehlt hier. Daher darf man vermuten, daß diese Jugendlichen sich schließlich auf konventioneller Ebene stabilisieren.

In der Literatur werden von den hier genannten fünf Typen eigentlich nur zwei explizit diskutiert: der genuine frühkindliche (von dem der reine, psychopathische nicht unterschieden wird) und der Protestinstrumentalismus. Angesichts dieser Situation muß man sich fragen, wie die in einigen Studien angegebenen relativen Häufigkeiten von präkonventionellen Argumentationsstrukturen zu beurteilen sind. Unter Umständen würde sich ein anderes Bild ergeben, wenn die Meßverfahren der oben vorgeschlagenen Typologie angepaßt würden.

Folgende Punkte sind in diesem Zusammenhang vermutlich zu beachten:

- Die Dilemmata sollten systematisch so variiert werden, daß sämtliche Lebensbereiche erfaßt werden, damit die je individuelle Abgrenzung von moralischen und außermoralischen Lebensbereichen ersichtlich wird. So ergäbe sich eine Rangreihe, die den Anteil rein strategischer Orientierungen abbilden würde: die »reinen Instrumentalisten« würden den einen Extrempunkt dieser Skala besetzen.

- Die Ermittlung von instrumentalisierten Lebensbereichen muß auf dem Hintergrund einer wenigstens rudimentären Vorstellung vom gesamtgesellschaftlichen Institutionensystem erfolgen, damit die »zugelassenen« Instrumentalisierungen identifiziert werden können. Nur so läßt sich eine Verwechslung von segmentärem Instrumentalismus mit anderen Typen vermeiden.

- Die durch die moralischen Dilemmata gewonnenen Daten bedürfen der Ergänzung. Zur sicheren Identifizierung der Protestinstrumentalisten beispielsweise wären Experimente zur Bestimmung des Verhältnisses Urteil/Handeln hilfreich; autobiographische Berichte vom Verhalten in moralisch relevanten Konfliktsituationen können – wie in unserem Falle – als Substitut verwendet werden. Für den subkulturellen Instrumentalismus sind Hintergrundinformationen über Gruppenzugehörigkeit und subkulturelle Orientierungsmuster von strategischer Bedeutung, weil sie eine Metainformation darstellen, von der her alle instrumentalistischen Äußerungen neu interpretiert werden: die cliqueninternen Interaktionsprozesse sind natürlich durch generalisierte soziale Normen strukturiert, d. h., das »konventionelle« Stadium ist erreicht. Der Instrumentalismus ist hier primär durch Inhaltslernen erworben (s. unten). In diesen Fällen wäre es irreführend, die Stadienzuordnung rein quantitativ zu gestalten, indem einfach die am häufigsten verwendete (präkonventionelle) Argumentationsstruktur den Ausschlag gäbe.

Das Problem des Verhältnisses von Struktur und Inhalt resultiert aus dem Umstand, daß die konzeptuellen Errungenschaften der verschiedenen Entwicklungsphasen explizit gemacht und dem Individuum gewissermaßen von außen oktroyiert werden können. Um ein Beispiel zu nennen: Minoritätendiskriminierungen widersprechen den universalistischen Prinzipien, die in den Verfassungen vieler Staaten niedergelegt sind. Viele derjenigen jedoch, die sich verbal zu den rechtsstaatlichen Grundprinzipien bekennen, diskriminieren faktisch Minoritäten. Dieses Verhalten kann als Indiz dafür gewertet werden, daß die universalistischen Prinzipien der Verfassung kein motivationales Komplement haben. Vielmehr wird über Inhaltslernen die universalistische Rhetorik oberflächlich übernommen; das faktische Verhalten jedoch wird von partikularistischen Gruppenbindungen bestimmt, die einer konventionellen Struktur des moralischen Bewußtseins entsprechen. Weil die Möglichkeit des Auseinanderklaffens von struktureller Entwicklung und von Inhaltslernen besteht, stellt sich für alle Theorien, die auf strukturelle Variablen zielen, das generelle Problem, die Meßoperationen so zu konstruieren, daß Inhaltslernen von Strukturentwicklung unterschieden werden kann. An verschiedenen Punkten hat sich diese Schwierigkeit in dieser Untersuchung manifestiert.

Beispielsweise kann der institutionalisierte postkonventionelle Individualismus bürgerlicher Gesellschaften »konventionell«, d. h. nur wegen seiner faktischen Institutionalisierung, geglaubt werden. Einer der Befragten berief sich wiederholt explizit auf die verfassungsmäßigen Rechte und die Unverletzlichkeit des Individuums. An anderer Stelle jedoch unterlief ihm folgende Bemerkung:

VP Nr. 9, S. 53:

Es ist lobenswert, daß es verschiedene Institutionen gibt, die mit Drogen-Großhändlern nicht gerade fein umspringen, sondern – wie man hin und wieder mal hört – daß tatsächlich die Leute nur noch abgeschossen werden, weil man sie ja nicht mehr anklagen kann, sie haben ja absolut reine Hemden.

Angesichts dieser Bemerkung muß man sich fragen, ob sein früheres Bekenntnis zum institutionalisierten Individualismus tatsächlich strukturell verankert oder nicht als bloßer Ausdruck von (konventioneller) Loyalität gegenüber einer zufälligerweise »postkonventionellen« geltenden Ordnung zu begreifen ist. Denn in der Rechtsordnung schlägt sich das Prinzip des Individualismus u. a. darin nieder, daß Individuen nicht »leichtfertig«, d. i. ohne ausreichende und definitive Beweise, dem Interesse an der Aufrechterhaltung der staatlichen Ordnung geopfert werden dürfen. Faktisch hat dieses Rechtsprinzip die Konsequenz, daß Rechtsbrecher, gegen die starke Verdachtsmomente vorliegen, freigelassen werden müssen, wenn die formale Beweisführung mißlingt. In solchen Fällen wird das für das konventionelle Stadium charakteristische Bedürfnis nach Sühne und Integrität der geltenden Ordnung verletzt und kann, setzt es sich, wie im obigen Beispiel, durch, die explizit vertretenen Prinzipien als bloße Rhetorik erweisen. Weil die VPn über die kognitiven Voraussetzungen (formal-operationale Intelligenz) für den Erwerb postkonventioneller Strukturen des moralischen Urteils verfügen, sind sie häufig in der Lage, mit den gelernten Inhalten so geschickt umzugehen, daß die Identifizierung der zugrunde liegenden formalen moralischen Struktur erheblich erschwert wird.

Eine analoge Schwierigkeit ergibt sich in der theoretisch zentralen Dimension des Geltungsmodus von Normen. In bürgerlichen Gesellschaften gehört der kulturelle Relativismus zu den am wenigsten befragten Glaubenssätzen. Er ist ein Korrelat von Toleranz, Individualismus und Freiheit, also den wichtigen Grundsätzen des bürgerlichen Glaubenssystems.[62] Auch in dieser Untersuchung hat sich gezeigt, daß kaum einer der Befragten glaubte, daß es objektive oder intersubjektiv verbindliche Kriterien der Bewertung von moralisch bedeutsamen Entscheidungen gäbe.[63] Die direkte Frage nach der Allgemeingültigkeit normativer Standards unterscheidet also nicht zwischen konventionellen und postkonventionellen Befragten. Dennoch darf man vermuten, daß die Form des Umgangs mit dem Prinzip des Relativismus stadienspezifisch variiert, weil der kulturell vorgegebene Relativismus dem Geltungsmodus konventioneller Moral widerspricht (geheiligte Tradition), dagegen der postkonventionellen Idee der Veränderbarkeit von Normen (nicht jedoch der letzten Prinzipien) entspricht.

Im einzelnen könnte man z. B. erwarten, daß auf der konventionellen Stufe der Relativismus nicht die strukturelle Bedeutung des Respekts vor individuellen Freiheitsspielräumen hat. Dies würde sich u. a. daran zeigen, daß relativistische Argumente zwar strategisch eingesetzt, nicht jedoch – falls sie eigenen Interessen zuwiderlaufen – anerkannt werden. Der indische Dorfälteste, der bei dem zuständigen englischen Kolonialbeamten die Erlaubnis für eine Witwenverbrennung einholen will, ist ein gutes Beispiel für eine solche strategische Verwendung des Relativismus, wenn er seine Bitte mit dem Argument begründet, Witwenverbrennungen gehörten in Indien zur Tradition und jedes Volk habe das Recht auf seine eigene Tradition. Worauf der englische Beamte erwidert: »In meinem Lande ist es Tradition, Witwenverbrenner zu hängen.« Damit benutzt er selber ein relativistisches Argument auf eine für die englische pragmatisch tolerante Kolonialpolitik untypische Weise, um so in paradoxer Manier auf die Grenzen des Relativismus hinzuweisen. Im Verhalten zeigt sich eine mangelnde strukturelle Verankerung des Relativismus an der Intoleranz gegenüber Abweichung von solchen Standards, die bloße Konventionen sind, weil – worauf Turiel hingewiesen hat – Moral und Konvention auf dieser Stufe nicht klar unterschieden sind.[64]

Im Übergang von der konventionellen zur postkonventionellen Stufe kann es, wie Turiel dargelegt hat, zu einer Verabsolutierung des Relativismusprinzips kommen. Das Prinzip wird dann unabhängig von eigenen Interessen über alle Situationen hin generalisiert. Turiel illustriert diesen Typ an einem Anhänger der Bürgerrechtsbewegung, der auch gegenüber der Position eines Rassisten Toleranz übt: »Now he's got his point of view and I've got another point of view, and I'm never going to accept his and he is never going to accept mine. Now I don't feel comfortable saying that he's been brainwashed by society or environment or he's foolish or less intelligent than I or things like that to push him down, because I, too, am controlled more or less by my environment. And there is nothing that says that my environment has made me into something which is better than what his environment has made him into.« Diese Übertreibung ist hier zu interpretieren als Ausdruck des Prozesses der Überwindung des konventionellen Stadiums (Überdistanzierung).

Von den beiden genannten Typen, nämlich dem bloß inhaltlich übernommenen und dem krisenbedingten übertriebenen Relativismus, unterscheidet sich das Verständnis des Relativismus auf postkonventioneller Stufe. Konvention und Moral treten klar auseinander, und zwar so, daß im Bereich der Konventionen Relativismus sich in praktizierte Toleranz umsetzt, während im Bereich moralisch bedeutsamer Fragen der Relativismus eingeschränkt wird: nichttolerierbar sind solche kulturellen Muster, die den fundamentalen Prinzipien des postkonventionellen Stadiums selbst (Freiheit, Gleichheit, Respekt vor dem Leben und der Würde der individuellen Person) widersprechen.

Diese Beschreibung stadienspezifischer Verwendung »postkonventioneller Strukturen« hat bloß hypothetischen Charakter. Sie könnte jedoch in künftigen Untersuchungen die Planung von Nachfragen so anleiten, daß in der Dimension des Geltungsmodus differenziertere Reaktionsweisen sichtbar gemacht und so Struktur und Inhalt klarer separiert werden können.

3.3.3 Der Zusammenhang von Urteil und Handeln

Kohlberg[66] hat in früheren Veröffentlichungen die These vertreten, daß, da moralisches Urteil per se motivational verankert ist, von den Urteilsstrukturen auf Handeln geschlossen werden könne. Diese These wird vermutlich eingeschränkt werden müssen. Zwar sollten die Strukturen des moralischen Urteils, weil sie sich in Form einer Entwicklungslogik entfalten, motivational abgestützt sein. Es ist jedoch zweifelhaft, ob diese motivationale Basis sich auch in Streß-Situationen stets als tragfähig erweisen kann. Das hängt wohl nicht zuletzt von der Ausprägung der generalisierten Ich-Ressourcen und den Abwehrmechanismen ab.[67] Auch liegt die Annahme nahe, daß solche Diskrepanzen bei konventionellen VPn häufiger auftreten, weil das Über-Ich ich-fern bleibt und moralisches Fehlverhalten daher nicht automatisch auf das eigene Selbstwertgefühl übergreift.[68] Hinzu kommt, daß die Isolierung einzelner Bewußtseinsgehalte bei ihnen häufiger vorkommt (Segmentierung). Die folgenden Tabellen zeigen, daß konventionelle VPn in der Tat häufiger segmentieren und die Umsetzung des moralischen Urteils in Handeln sistieren.

Tabelle 5: Verteilung der VPn nach Moralstufe und Segmentierung [69]

	prä	konv.	post	Σ
ja, starke	2	6	1	9
kaum		2	2	4
nein, keine		1	8	9
keine Angaben	1		1	2
Σ	3	9	12	24

$\alpha = 0{,}1$ [70]

Tabelle 6: Verteilung der VPn nach Moralstufe und Konsistenz von Urteil und Handeln

	prä	konv.	post	Σ
Diskrepanz	1	7	1	9
gemischt		1	1	2
Konsistenz	1	1	8	10
keine Angaben	1		2	3
Σ	3	9	12	24

$\alpha = 0{,}01$ [71]

Tabelle 7: Verteilung der VPn nach Moralstufe und Einstellung zur Hausbesetzung

Hausbesetzung	prä	konv.	post	Σ
finde ich richtig, würde aber nicht mitmachen	1	4	0	5
finde ich richtig, würde auch mitmachen	2	3	10	15
finde ich falsch		1		1
keine Angaben		1	2	3
Σ	3	9	12	24

$\alpha = 0{,}05$ [72]

Diese Hypothesen und Ergebnisse müssen natürlich sehr zurückhaltend beurteilt werden: berichtetes und hypothetisch antizipiertes Handeln muß faktischem Handeln nicht unbedingt entsprechen. Eine angemessene Klärung des Verhältnisses von Handeln und Urteil kann nur durch Experimente oder teilnehmende Beobachtung zustandekommen.

3.4 Verteilung der Probanden auf die Stufen des moralischen Urteils

Folgende Tabelle zeigt, wie sich die Befragten auf die Phasen des moralischen Bewußtseins verteilen.

Tabelle 8: Verteilung der VPn nach Stufen des moralischen Urteils

Moral	VPn
präkonventionell	3
konventionell	9
postkonventionell	12
Σ	24

Diese Verteilung ist aufgrund der Selektivität des Samples gegenüber der von Kohlberg für Amerika berichteten Verteilung der Werte Erwachsener leicht verzerrt: Postkonventionelle sind hier leicht überrepräsentiert. Die drei präkonventionellen VPn wurden, da sie als »Protestinstrumentalisten« identifiziert werden konnten (heftige Adoleszenzkrise, Handeln höher als Urteil), im folgenden häufig nicht getrennt ausgewiesen, sondern der Kategorie der postkonventionellen VPn zugeordnet, da das moralische Bewußtsein in dieser Übergangsphase dem postkonventionellen moralischen Bewußtsein ähnlicher ist als dem konventionellen.

II. Hypothesen und Ergebnisse zum Zusammenhang der Variablen

1. Der Zusammenhang von Adoleszenzkrisenverlauf und moralischem Bewußtsein

Eine der zentralen Hypothesen des Projektes bezieht sich auf den Zusammenhang von Adoleszenzkrisenverläufen und Struktur des moralischen Bewußtseins. Im einzelnen wurden folgende Abhängigkeiten prognostiziert:

1. Eine heftige, abgeschlossene Adoleszenzkrise (beide Teilphasen) ist *notwendige Voraussetzung* für die Transformation von konventionellen zu postkonventionellen Strukturen des moralischen Bewußtseins, weil die postkonventionellen Strukturen sich von den konventionellen eben darin unterscheiden, daß sie ihre naturwüchsige Geltung verlieren. Dieser Prozeß setzt voraus, daß alte Werte und Bindungen überprüft werden, ihre unproblematische Geltung in Frage gestellt wird: Normen gelten fortan nicht deshalb, weil sie von Autoritäten vertreten, sondern weil sie als vernünftig und konsensfähig erkannt werden. Die Auflösung der autoritätsgebundenen Geltung fordert eine Auseinandersetzung mit und eine Distanzierung von der traditionalen Geltungsquelle – ein Prozeß der durch anomische Teilphasen und Überdistanzierung gekennzeichnet ist und als Krise erfahren wird.

2. Keine oder eine nur schwache Adoleszenzkrise läßt die konventionellen Urteilsstrukturen relativ ungebrochen bestehen.

3. Präkonventionelle Strukturen sind bei diesem Sample Ausdruck einer noch anhaltenden heftigen Adoleszenzkrise; der Zynismus zeigt hierbei anomische Verunsicherung und Überdistanzierung im Zuge der Überwindung des konventionellen Denkens (Protest-Instrumentalismus) an. In schematischer Zusammenfassung hätte sich nach unseren Erwartungen eine Verteilung ergeben sollen, wie sie auf Seite 139 erscheint.

Die tatsächliche Verteilung der Probanden auf Krisenverläufe und Stufen des moralischen Bewußtseins unterscheidet sich jedoch in einigen wichtigen Punkten von der prognostizierten.

Moralisches Bewußtsein	Adoleszenzkrise	
	keine/schwache	heftige
präkonventionelle		+
konventionelle	+	
postkonventionelle		+

Tabelle 9: Verteilung der VPn nach Heftigkeit der Lösungskrise und Moralstufe

		Moral		
	prä	konv.	post	Σ
Lösungskrise: keine		2		2
schwach		6	7	13
heftig	3	1	5	9
Σ	3	9	12	24

$\alpha = 0,1$[73]

Tabelle 10: Verteilung der VPn nach Heftigkeit der Identitätskrise und Moralstufe

		Moral		
	prä	konv.	post	Σ
Identitätskrise: keine		6	2	8
schwach		3	4	7
heftig	3		6	9
Σ	3	9	12	24

$\alpha = 0,01$[74]

Die Tatsache, daß die Hälfte aller postkonventionellen VPn keine oder zumindest nur eine schwache Lösungs- oder Identitätskrise durchlaufen haben, widerlegt die Hypothese, daß eine heftige Adoleszenzkrise eine *notwendige* Bedingung für den Erwerb postkonventioneller Strukturen des moralischen Bewußtseins ist. Andererseits zeigt die Tabelle, daß – da nur eine VPn mit heftiger Lösungs- oder Identitätskrise auf der Stufe konventioneller Moral argumentiert – eine heftige Adoleszenzkrise immerhin eine *hinreichende* Bedingung postkonventioneller Moral ist. »Hinreichend« ist diese Bedingung allerdings vermutlich nur in Gesellschaften unseres Typs. Man darf nämlich annehmen, daß die postkonventionelle Verfassung als inhaltliches Angebot einerseits, die komplexe Rollenstruktur als problemproduzierender Faktor andererseits genau die postkonventionelle Lösung der Adoleszenzkrise erleichtern bzw. erzwingen. Das Gewicht dieser Faktoren ist schwer abzuschätzen.

Die Tatsache, daß eine heftige Adoleszenzkrise keine notwendige Bedingung für den Erwerb von postkonventionellen Strukturen darstellt, bedeutet, daß alternative – von uns nicht antizipierte – Entwicklungspfade möglich sind. Zur Erklärung dieses Phänomens können wir nur nachträglich einige spekulative Überlegungen anstellen, da die erforderlichen Informationen nicht systematisch erhoben wurden. Zum einen könnte argumentiert werden, daß die oben erwähnte Konvergenz von normaler psychologischer Entwicklungsrichtung und institutionalisiertem Wertsystem für sich genommen ausreicht für einen krisenfreien Erwerb postkonventionellen Denkens.[75] Das »postkonventionelle« Institutionensystem eines parlamentarischen Rechtsstaates würde gleichsam von der inhaltlichen Seite her einen starken und ständig wirksamen Anreiz bieten, die konventionellen Argumentationsstrukturen »postkonventionell« zu rekonstruieren – ein Vorgang, der sehr allmählich und unmerklich ablaufen könnte. Zum anderen liegt es nahe, Unterschiede des intrafamilialen Milieus zur Erklärung heranzuziehen: So zeigt sich z. B. bei der Korrelation von Intensität der Adoleszenzkrise, Moral und Konfliktfreiheit des Familienlebens, daß die krisenfreien Postkonventionellen überwiegend aus als harmonisch geschilderten Familien kommen. Man könnte daher vermuten, daß in diesen Fällen die Auseinandersetzung mit dem kulturellen System nicht zusätzlich dadurch verschärft wird, daß die Beziehungsprobleme mit den Eltern auf die an sich zu neutralisierende Aufgabe des Erprobens von Sinnentwürfen übergreifen. Während beispielsweise bei Kenistons »Alienated« die frühe symbiotische Mutter-Kind-Beziehung in den Versuchen der Identitätsfindung immer noch durchscheint – es werden primär ästhetisch-individualistische Gehalte des kulturellen Systems thematisiert, da sie eine tendenziell »außersoziale« Existenz erlauben –, könnte der relativ krisenfreie Verlauf in den hier erörterten Fällen Ausdruck einer neutralisierten, von Beziehungsproblemen gänzlich abgelösten Auseinandersetzung mit tradierten Werten sein.

Die dritte Hypothese, daß präkonventionelle Argumentationsformen Ausdruck einer heftigen, noch anhaltenden Krise sind, hat sich, wie die folgende Tabelle zeigt, in diesem Sample (das keine Psychopathen enthielt) bestätigt.

Tabelle 11: Verteilung der VPn nach Krisenabschluß und Moralstufe

Krisenabschluß	prä	Moral konv.	post	Σ
Krise abgeschlossen	0	9	7	16
noch in der Krise	3	0	5	8
Σ	3	9	12	24

Alle drei präkonventionellen VPn befinden sich – wie erwartet – in einer intensiven Adoleszenzkrise, die auch noch nicht abgeschlossen ist. Es ist jedoch deutlich, daß eine starke Version dieser Hypothese, nämlich: »Alle VPn mit nicht abgeschlossener Krise argumentieren präkonventionell«, nicht haltbar wäre: fast die Hälfte der Postkonventionellen haben die Adoleszenzkrise noch nicht beendet. Ob alle postkonventionellen VPn auch eine zynische Überdistanzierungsphase durchlaufen haben, d. h. ob eine solche Zwischenphase ein notwendiges Durchgangsstadium für den Erwerb postkonventioneller Strukturen bildet, ist aufgrund der vorliegenden Informationen nicht entscheidbar. Wir vermuten, daß sie nur für den krisenhaften Erwerb postkonventioneller Strukturen typisch ist. Zur Erläuterung sei noch kurz darauf hingewiesen, daß der scheinbare Widerspruch, daß Befragte, die bereits ein Engagement an moralische Prinzipien ausgebildet haben, als noch in der Krise befindlich eingestuft werden, sich leicht auflöst: Die Einstufung »noch in der Krise« bezieht sich in diesen Fällen im wesentlichen auf die Vagheit von Lebenszielen, die unbestimmte Lokalisierung der eigenen Existenz im sozialen Raum und die Problematisierung der »Sinnhaftig-keit« des Lebens. In den Bindungen an moralische Prinzipien hat sich jedoch schon ein erster Identitätskern gebildet.

Zusammenfassend läßt sich der Zusammenhang von Adoles-zenzkrise und moralischem Bewußtsein wie folgt beschreiben: Eine heftige Adoleszenzkrise ist nicht – wie ursprünglich vermutet – eine notwendige Bedingung postkonventioneller Moral: es gibt einen relativ krisenfreien alternativen Entwick-lungspfad. Andererseits beschreiben die ursprünglichen Hy-pothesen *einen Typ der Persönlichkeitsentwicklung* zutref-fend. Daß es sich dabei um mehr als um bloße Unterschiede der Entwicklung der moralischen Urteilsstruktur handelt, nämlich letztlich um die Genese unterschiedlicher Identitäts-formationen, wird sich zeigen, wenn die Auswirkungen der Krise auf andere Dimensionen der Persönlichkeitsstruktur analysiert sind.

2. Der Zusammenhang von moralischem Bewußtsein und Wertorientierungen

Die Strukturen des moralischen Bewußtseins ihrerseits sollten die Selektion von konkreteren, auf die einzelnen Lebensberei-che bezogenen Einstellungen und Wertorientierungen steu-ern, weil zwischen gesellschaftlich institutionalisierten Wert-systemen und Strukturen des moralischen Bewußtseins Affi-nitätsbeziehungen bestehen – eine Hypothese, die sich zu-nächst nur auf die Beobachtung stützt, daß die Rekonstruk-tion der Entwicklung von Weltbildern und moralischem Be-wußtsein teilweise in denselben Dimensionen erfolgt. Eine detaillierte Nachkonstruktion dieser Affinitätsbeziehungen stößt auf eminente Schwierigkeiten, zumal die Strukturen des moralischen Bewußtseins vom theoretischen Anspruch der Entwicklungspsychologie her ja wie die kognitiven Strukturen inhaltsneutral[76] sein sollen. Die Schwierigkeiten können je-doch dank der Tatsache umgangen werden, daß – und das ist einigermaßen unumstritten – das Institutionensystem der bür-gerlichen Gesellschaft im ökonomischen und politischen Sek-tor und das diese Institutionen begründende Legitimationssy-stem auf der Institutionalisierung postkonventioneller Prinzipien beruhen (Individualismus, Gleichheit und Freiheit, veränderbare gesatzte Regeln) – wenngleich diese Prinzipien restriktiv interpretiert werden (z. B. Chancengleichheit vs. materiale Gleichheit, repräsentative Formaldemokratie vs. ausgeweitetes Partizipationsrecht). Insofern läßt sich die Affinitätsproblematik auf eine einfachere Fragestellung reduzieren: Gibt es unterschiedliche Formen der Rezeption des institutionalisierten postkonventionellen Wertsystems bei VPn mit konventioneller und postkonventioneller Struktur des moralischen Bewußtseins? Die Frage ist, um zunächst einmal die allgemeine Hypothese zu nennen, zu bejahen: die postkonventionellen VPn sollten eher in der Lage und bereit sein, die institutionalisierten Prinzipien zu Ende zu denken und mögliche Bruchstellen innerhalb des bürgerlichen Legitimationssystems aufzuspüren.

2.1 Problemzonen innerhalb des bürgerlichen Legitimationssystems

Um die mögliche Differenz zwischen »konventioneller« und »postkonventioneller« Rezeption des bürgerlichen Wertsystems zu lokalisieren, seien im folgenden seine Grundzüge kurz rekonstruiert. Die Probleme, die Deutungssysteme im Prinzip zu lösen haben, können als Gliederungsprinzip der Skizze des bürgerlichen Weltbilds dienen. Folgende Problemzonen lassen sich ausmachen:

1. Für das *soziale System* haben Deutungssysteme die Funktion, die gesellschaftlichen Institutionen als »gerecht« zu begründen, indem sie
a) Prinzipien der Legitimität des politischen Systems definieren und
b) die Basisinstitutionen des ökonomischen Systems »ableiten«.
2. Für das *psychologische System* müssen sie
a) »Lebensziele« für die verschiedenen Verhaltensbereiche definieren,
b) die Bedeutung der einzelnen Lebensziele so festlegen, daß die *Einheit* der Lebensführung gewährleistet ist.
c) Sie müssen die angebotenen Lebensziele in übergreifende

Sinnzusammenhänge einbetten, von denen her verständlich gemacht werden kann, warum gerade diese Lebensziele akzeptiert werden sollten.

d) Sie sollten auch fähig sein, biographische Grenzsituationen (Unglück, Krankheit, Alter, Tod) psychologisch erträglich zu machen.

ad 1) Die auf das *soziale System* bezogenen Funktionen sind im Rahmen des bürgerlichen Legitimationssystems noch am ehesten erfüllt, da es von vornherein als Theorie der bürgerlichen Gesellschaft – und eben nicht als umfassendes Weltbild tradioneller Gestalt – konzipiert war. Im Zentrum dieser Gesellschaftstheorie stehen zwei Komplexe: der Gedanke der Maximierung des gesellschaftlichen Reichtums und die Fundamentalnormen von Freiheit und Gleichheit, die sowohl die Verteilung des Sozialprodukts als auch die Teilnahme am politischen Leben regeln sollen. Daß Wirtschaftserfolg faktisch Legitimität erzeugt, ist an sich nichts historisch Einmaliges; einmalig ist jedoch, daß die bürgerliche Gesellschaft es sich zum ersten Mal leisten konnte, ökonomischen Erfolg als expliziten Programmpunkt in das kulturelle Deutungssystem selbst aufzunehmen.

Aus dem Selbstverständnis als *output-maximierende Wirtschaftsgesellschaft* ergibt sich die Möglichkeit, das Handeln von Individuen unter dem Gesichtspunkt ihres funktionalen Beitrags zu dem definierten Globalziel »Wirtschaftswachstum« zu bewerten, d. h. Leistungsdifferentiale zumindest zu registrieren. Hier dürfte der Kern des Leistungsbewußtseins zu finden sein.[77] Er wird zu der bürgerlichen[78] Leistungsideologie dadurch transformiert, daß die differentielle Bewertung mit dem Verteilungsmechanismus für die ökonomischen Ressourcen gekoppelt wird, und zwar so, daß – bei adäquater Funktionsweise des Systems – die Teilhabe am ökonomischen Reichtum dem funktionalen Beitrag zum System, d. h. der individuellen Leistung, genau proportional sein sollte. Das kann nur der Fall sein, wenn Chancengleichheit besteht, da andernfalls die Verteilung anderen Kriterien (z. B. Status) folgen würde. Chancengleichheit, d. h. eine restringierte, weil bloß formale Interpretation des Gleichheitsprinzips, ist – unter diesen Prämissen – somit die »naheliegende« Form der Verwirklichung der Prinzipien Gleichheit und Freiheit im ökonomischen Subsystem. Diese hat zudem noch den Vorteil, faktische, nicht leistungsbezogene Ungleichheit auf dem Hintergrund der formalen Gleichheit ideologisch verschleiern zu können.

Im *politischen System* sind die Prinzipien von Freiheit, Gleichheit und Gerechtigkeit ebenfalls in formalisierter Gestalt institutionalisiert: repräsentative parlamentarische Demokratien beruhen auf der Institutionalisierung gleicher Chancen, die Rekrutierung der politischen Eliten zu kontrollieren, nicht jedoch auf der Möglichkeit, in politische Entscheidungsprozesse eigene Interessen unmittelbar einbringen zu können.

Die das ökonomische und politische System regulierenden Normen lassen sich in folgenden abstrakten Dimensionen charakterisieren:

- Sie sind individualistisch, d. h. Rechte und Pflichten werden jeweils den Individuen zugerechnet.
- Sie sind zugleich universalistisch, womit gruppenspezifische Differenzierungen ausgeschlossen sind; und zwar auch dort, wo – wie im ökonomischen System – soziale Differenzierung vorgesehen ist, weil diese dann auf sachlich universalen Bewertungskriterien (Leistungsstandard) beruht.
- Sie gelten nicht als geheiligte tradierte Ordnung, sondern als konsensfähige und vom faktischen Konsens getragene »gemachte« soziale Ordnung.

Trotz der hohen Reflexivität des Geltungsmodus des bürgerlichen Institutionensystems hat es sich bislang als verhältnismäßig stabil erwiesen. Den Grund dafür kann man darin sehen, daß es auf Fundamentalnormen menschlicher Interaktion (Freiheit/Gleichheit) basiert, die, weil sie das Prinzip der Intersubjektivität in reiner Form repräsentieren, als nicht weiter begründungsbedürftig erscheinen und daher dem Reflexionsprozeß selber so lange entzogen sind, wie der Schein aufrechterhalten werden kann, daß die Sozialordnung diese Prinzipien tatsächlich verwirkliche. Das ist aber nicht mehr problemlos gewährleistet: Die Konzentrationstendenzen im ökonomischen System haben schon einmal eine Verschiebung des Kriteriums der Realisierung von Chancengleichheit vom Marktgeschehen auf das Bildungssystem erzwungen, wobei auch dort Zweifel an der Verwirklichung des systemimmanenten Prinzips der Chancengleichheit in dem Maße laut wurden, wie die tatsächliche Funktionsweise der Bildungsinstitutionen durchsichtiger wurde.[79] Doch selbst wenn die sich daraus ergebenden Forderungen nach voller Durchsetzung von Chancengleichheit erfüllt würden, bleiben offene Problemzonen: Die Formalisierung der Fundamentalnormen impliziert eine Verengung ihres möglichen semantischen Gehaltes. So müßte Individualismus an sich mit solidarischen Beziehungen nicht inkompatibel sein. Die wechselseitige Anerkennung der vollen Individualität von Alter und Ego kann auch bedeuten, daß beide Interaktionspartner ihre zunächst abgespaltenen Bedürfnisse doch noch in den Diskurs einbringen können, weil sie sich auf das »Verständnis« und die Solidarität des jeweils anderen verlassen können. Weil jedoch das ökonomische System in bürgerlichen Gesellschaften den Primat hat und für dieses System antagonistische Konkurrenz konstitutiv ist, treten sich die Individuen als *Gegner* derart gegenüber, daß der Vorteil des einen potentiell auf Kosten des anderen geht (Nullsummenspiel). In der Dimension von Aktor-Schematisierungen bedeutet das, daß Alter immer nur unter dem abstrakten Gesichtspunkt seiner objektivierbaren Leistungsfähigkeit und in der abstrakten Rolle des Marktteilnehmers kategorisiert wird. Dieser restringierte Individualismus steht im Widerspruch zu dem Bedürfnis nach bedingungsloser wechselseitiger Anerkennung und solidarischem Zusammenleben.[80] Der Residualbereich der Intimbeziehungen (Liebesbeziehungen, Ehe, Familie), in dem die beiden Prinzipien von Individualität und Solidarität zugleich gelten sollen (»romantic love pattern«), droht dann durch seine strukturelle Verschiedenheit vom dominierenden gesellschaftlichen Subsystem überlastet zu werden. Wir vermuten also an dieser Stelle vernachlässigte Bedürfnisse und entsprechende Forderungen, die, falls sie unerfüllt bleiben, zum Entzug von generalisierter Loyalität gegenüber dem politischen und ökonomischen System führen können. Forderungen nach Formen solidarischen Zusammenlebens haben – wenn sie generalisiert werden – unmittelbar kritische Implikationen für das Prinzip ausschließlich »leistungsgerechter« Verteilung des gesellschaftlichen Reichtums. Zumindest extreme Auswüchse werden durch das Prinzip der materialen Gleichheit kontrolliert.[81]

Die Basisinstitutionen des *politischen Systems* sind zwar von der Idee her nicht als Nullsummenspiel organisiert, sie enthalten jedoch auch Beschränkungen, die unter Berufung auf eben die Prinzipien, die in parlamentarischen Demokratien verkörpert sein sollen, in Frage gestellt werden können. Die formalen Partizipationschancen können nämlich »material« interpretiert werden. Forderungen nach erweiterter Mitbestimmung und anderen Formen von »Spontandemokratie« gehören in diesen Kontext. Sie laufen darauf hinaus, daß im gesamten gesellschaftlichen Leben die Fundamentalnormen stärker realisiert werden sollen.

ad 2) Defizienzen ergeben sich erst recht hinsichtlich der Leistungen des kulturellen Systems für das *psychologische System.* Zunächst einmal ist schwer auszumachen, wie eine total profanisierte Gesellschaftstheorie überhaupt eine adäquate Deutung für die biographischen Grenzsituationen soll bieten können. Krankheit, Unglück und Tod bleiben als Fakten uninterpretiert stehen und können nicht mehr als möglicherweise sinnvolles Geschehen aufgelöst werden. Zwar fungieren letzte Reste von Religiosität noch als punktualisierte »Lebenshilfen«, doch sind sie so wenig in das »normale Leben« integriert, daß ihre »Überlebenschance« zunehmend geringer wird. Obendrein sind diese Fragmente traditionaler Weltbilder nicht mehr kollektiv validiert und fallen somit der Privatsphäre anheim.

Das gleiche gilt im Prinzip für das Problem der Einbettung von konkreten Lebenszielen in übergreifende Sinnzusammenhänge. Schon Max Weber hat gesehen, daß z. B. die »rastlose Berufsarbeit« des bürgerlichen Subjekts zu einer total sinnentleerten Routine verkommen ist, weil der »Geist des Protestantismus sich verflüchtigt hat«. Diese Tatsache muß sich per se – wie die historische Erfahrung gezeigt hat – nicht unbedingt systemdysfunktional auswirken. Prekär wird sie vermutlich erst dann, wenn einerseits Veränderungen in der Arbeitsorganisation (Automatisierung, Fließbandarbeit) die mit der Arbeit verbundenen intrinsischen Gratifikationen für breite Bevölkerungsgruppen mindern und wenn andererseits zunehmender Wohlstand den Anreiz externer Gratifikationen (Geld, Status) abschwächt. Solche Entwicklungen haben zur Folge, daß der Primat des ökonomischen Systems psychologisch nicht mehr nachvollzogen werden kann, daß also das zentrale Lebensziel der bürgerlichen Gesellschaft (Erfolg) und die daran geknüpfte Identitätsformation, nämlich Berufsrollen-Identität mit der entsprechenden Hierarchisierung der Lebensbereiche, zumindest für die von den genannten Trends stark betroffenen Bevölkerungsgruppen ihre Verbindlichkeit verlieren. Diese Entwicklung muß zumal dann disruptiv wirken, wenn aufgrund des Mangels an alternativen anerkannten Formen von Sinngebung des eigenen Lebens die Erwartung einer Erfüllung in der Berufssphäre zunächst idealistisch übertrieben wird, um dann mit Eintritt in das Berufsleben an der Realität zu scheitern. Die Reaktionen auf diese Situation lassen sich nach Graden der Entfremdung skalieren:

– Wenn die systemkonformen Entschädigungen noch wirksam sind und nur intrinsische Gratifikationen nicht mehr erwartet werden, funktioniert das ökonomische System noch, wiewohl die »offizielle« Hierarchisierung von Lebensbereichen umgestülpt wird. Genau das ist der Fall bei dem bekannten Phänomen der Instrumentalisierung des Berufslebens in der Unterschicht unter gleichzeitiger Aufwertung privatistischer Konsumorientierung – eine Lösung, die wohl nur dort gewählt wird, wo noch ein Nachholbedarf in der Konsumsphäre vorhanden ist.

– Wo auch noch der Konsum an Attraktivität verliert, werden alternative Lebensformen erprobt, die in unserer Gesellschaft an sich überhaupt nicht als offiziell anerkannte »angeboten« werden: etwa asketischer Rückzug in gesellschaftliche Nischen, die z. B. »neue« Erfahrungen im Umgang mit der Natur, anderen Menschen und sich selbst ermöglichen (Landkommunen, Drogenexperimente ohne Abhängigkeit und andere Formen kontemplativ-mystischer Erfahrungen).

Zusammenfassend lassen sich also folgende Problemzonen innerhalb des bürgerlichen Legitimationssystems identifizieren:

1. Die konstitutiven Prinzipien des bürgerlichen Institutionensystems sind – selbst in ihrer formalisierten Version – nur partiell realisiert.

2. Die formalisierte Interpretation von Freiheit und Gleichheit kann zu einer materiellen ausgeweitet werden.

3. Vernachlässigte Bedürfnisdimensionen (Solidarität, Kon-

templation) können thematisiert werden.

4. Der Mangel an übergreifenden Sinnzusammenhängen kann zu anomischer Desintegration führen, zumal wenn die Organisation der gesamten Lebensführung um die Berufsrolle prekär wird.

2.2 Hypothesen zum Zusammenhang von moralischem Bewußtsein und Wertorientierungen

Der vermutete Zusammenhang zwischen der Struktur des moralischen Bewußtseins und der Selektion von Deutungsmustern läßt sich nun in Einzelhypothesen spezifizieren.

1. Lebensziele und Wertvorstellungen werden nicht einfach durch kulturelle Transmission im Elternhaus erworben. Diese These wäre bestätigt, wenn Wertvorstellungen von Eltern und Jugendlichen stark differierten.[82]

2. VPn mit postkonventionellen Strukturen des moralischen Bewußtseins werden eher an den restringierten Interpretationen der Prinzipien von Freiheit und Gleichheit Anstoß nehmen. Im einzelnen zeigt sich dies an der Art der Behandlung folgender Themenkomplexe:

– Das Leistungsprinzip sollte zwar nicht unbedingt total abgelehnt, aber in seinen Auswirkungen bei konsequenter Anwendung zumindest problematisiert werden, weil die Prinzipien von Individualität und Solidarität zugleich gefährdet werden: Alter tritt nur als potentieller Konkurrent, d. h. ausschließlich unter dem Gesichtspunkt seiner potentiellen Leistungsfähigkeit, in Erscheinung, und Solidarität mit ihm zu zeigen beeinträchtigt die eigenen Chancen.

– Soweit die Diskrepanz zwischen den erklärten Zielen der Gesellschaftsordnung und der faktischen Funktionsweise des Systems sichtbar ist – was nach den ausgedehnten öffentlichen gesellschaftspolitischen Debatten der letzten Jahre wahrscheinlich ist –, bestehen postkonventionelle Subjekte in stärkerem Maße auf einer vollen Angleichung von Idealen und Realität, da die gesellschaftlichen Ideale mit den Strukturen des moralischen Bewußtseins zur Deckung kommen und Abweichungen nicht durch Segmentierung verschüttet werden. Das äußert sich in der Diskussion von konkreten gesellschaftspolitischen Problemen (z. B. dysfunktionale Folge der Eigentumsordnung, etwa auf den Wohnungsmarkt) und generell in einer höheren Bereitschaft zu Gesellschaftsreformen.

- Weil die postkonventionellen VPn die Defizienzen des Legitimationssystems identifizieren, sollten sie die konkurrenzindividualistisch organisierte Berufssphäre in ihrer Bedeutung relativieren; komplementär dazu sollten die Prinzipien des moralischen Bewußtseins für die Definition der eigenen Identität eine größere Bedeutung gewinnen.

3. Insofern als die abstrakten Prinzipien einer postkonventionellen Moral noch keine Lebensform konstituieren, bedürfen sie der Ergänzung durch konkretere Lebensziele. Bei der Suche nach alternativen Lebensformen werden auch solche Wertmuster in stärkerem Maße thematisiert werden, die für vernachlässigte Bedürfnisdimensionen stehen und das genaue Gegenteil der etablierten Lebensweise darstellen, nämlich kontemplativ-ästhetische Werte und neue Formen solidarischen Zusammenlebens.

4. Generell werden somit postkonventionelle VPn Sinnfragen häufiger thematisieren, da ihre Distanz zu den angebotenen Orientierungsmustern größer ist und die hohe Reflexivität des Glaubensmodus jeweils eine selbständige Überprüfung von Deutungsschemata erzwingt.

2.3 Ergebnisse zum Zusammenhang von moralischem Bewußtsein und Wertorientierungen

Um zu prüfen, wieweit die Wertorientierungen von Eltern und Jugendlichen übereinstimmen bzw. divergieren, wurde den VPn eine Liste von möglichen Lebenszielen vorgelegt. Sie wurden aufgefordert, je drei anzunehmen bzw. abzulehnen und anzugeben, welche Ziele ihrer Vermutung nach ihre Eltern selegieren würden.

Die Liste umfaßt folgende Items:[83]
- Ich habe mich selbst verstehen gelernt.
- Ich habe das Wesen der Natur und des Menschen verstehen gelernt.
- Ich habe mitgeholfen, die Gesellschaft so zu verändern, daß

das Leben lebenswerter geworden ist.
- Ich habe in meinem Leben versucht, neue Formen eines solidarischen Zusammenlebens mit anderen zu verwirklichen.
- Ich habe mich an den schönen Dingen des Lebens erfreut.
- Ich habe ein abwechslungsreiches, abenteuerliches Leben geführt.
- Ich bin mir selbst immer treu geblieben.
- Ich habe ein ruhiges Leben geführt.
- Ich habe viel Spaß gehabt.
- Ich habe mein Leben von religiösen Überzeugungen leiten lassen.
- Ich habe für meine Familie getan, was immer man nur tun kann.
- Ich bin mit allen Menschen gut ausgekommen.
- Ich habe viel Geld verdient und bin in meinem Beruf weit gekommen (und habe Ansehen genossen).
- Ich habe an dem Platz, an den ich gestellt wurde, immer meine Pflicht getan.
- Ich habe ein anständiges Leben geführt.

Unter dem Gesichtspunkt möglicher Affinitäten zu Strukturen des moralischen Urteils lassen sich die Lebensziele wie folgt gruppieren:
- Die ersten fünf Lebensziele drücken posttraditionalistische Orientierungen aus (kontemplativ-ästhetische Orientierungen und semantische Überschüsse der institutionalisierten Orientierungen).
- Die Gruppe der letzten fünf können als traditionalistische Orientierungen gelten. Sie repräsentieren außengeleitete Verhaltenssteuerung (»mit allen gut auskommen«), minuziöse Regelkonformität (»anständiges Leben«, »Pflicht getan«) sowie die Erwerbsorientierung und den privatistischen Familismus der bürgerlichen Gesellschaft (»Geld und Berufserfolg«, »alles für die Familie getan«).
- Die mittlere Gruppe wurde aus verschiedenen Gründen keinem der beiden Komplexe zugeordnet. »Viel Spaß gehabt« und »abenteuerliches, abwechslungsreiches Leben« bzw. »ruhiges Leben« wurden mit aufgenommen, um den Befragten eine Wahl zwischen genügend Alternativen zu erlauben. Das Item »bin mir selbst treu geblieben« war zwar

als Korrelat postkonventioneller Moralstrukturen intendiert, es wurde jedoch im Verlauf der Interviews deutlich, daß dieser Satz sehr unterschiedlich interpretiert wurde: einige Befragte verstanden ihn als Ausdruck von Prinzipientreue, andere lehnten ihn ab, da sie ihn als Ausdruck von Sturheit und mangelnder Flexibilität[84] verstanden. Im übrigen erscheint es uns im nachhinein ohnehin zweifelhaft, ob dieses Item überhaupt zwischen postkonventioneller und konventioneller Phase des moralischen Bewußtseins unterscheiden kann, da »Verläßlichkeit« auf konventioneller wie postkonventioneller Stufe erwartet wird.

Das Item »religiöse Überzeugungen« hätte als Ausdruck traditionalistischer Lebensorientierungen gelten sollen. Es wurde jedoch einhellig abgelehnt. Offensichtlich klingt die Formulierung so altmodisch, daß es dem Selbstverständnis des »aufgeklärten« modernen Menschen – unabhängig von der Struktur seines moralischen Bewußtseins – widerspricht. Das gilt selbst für solche VPn, die sich mit religiösen Problemen relativ intensiv beschäftigen.

Die bis zu drei positiven und negativen Stimmen, die jede VPn für sich und die Eltern[85] abgab, verteilen sich wie folgt auf die beiden Gruppen von Zielvorstellungen. Den *Eltern* wurden folgende Präferenzen unterstellt:

Tabelle 12: Anzahl der Vater und Mutter zugeschriebenen positiven und negativen Stimmen für posttraditionalistische Wertorientierungen

	Vater		Mutter		Σ	
	+	−	+	−	+	−
Selbst verstehen	2	2	1	0	3	2
Natur und Menschen	1	1	1	1	2	2
Gesellschaft verändern	1	3	0	6	1	9
solidarisch zusammen leben	2	1	1	8	3	9
schöne Dinge	2	5	3	3	5	8
Σ	8	12	6	18	14	30

Tabelle 13: Anzahl der Vater und Mutter zugeschriebenen positiven und negativen Stimmen für traditionalistische Wertorientierungen

	Vater +	Vater −	Mutter +	Mutter −	Σ +	Σ −
Familie getan	14	0	16	0	30	0
allen gut ausgekommen	2	1	6	0	8	1
Geld und Beruf	7	1	0	4	7	5
Pflicht getan	12	0	5	0	17	0
anständiges Leben	4	1	4	0	8	1
Σ	39	3	31	4	70	7

Für sich selbst gaben die *Jugendlichen* folgende Präferenzen an:

Tabelle 14: Anzahl der positiven und negativen Stimmen der Jugendlichen für posttraditionalistische Wertorientierungen

	+	−
selbst verstehen	4	0
Natur und Menschen	11	0
Gesellschaft verändern	13	2
solidarisch zusammen leben	9	2
schöne Dinge	7	3
Σ	44	7

Tabelle 15: Anzahl der positiven und negativen Stimmen der Jugendlichen für traditionalistische Wertorientierungen.

	+	−
Familie getan	6	1
allen gut ausgekommen	6	3
Geld und Beruf	2	9
Pflicht getan	1	3
anständiges Leben	1	6
Σ	16	22

Komprimiert man die 4 Tabellen, so ergibt sich folgendes Bild für die positiven Wertorientierungen:

Tabelle 16: Prozentsatz der von den Jugendlichen für ihre Eltern und sich selbst abgegebenen positiven Stimmen für traditionalistische und posttraditionalistische Wertorientierungen.

	tradit.	posttradit.	Restgruppe	Σ
Eltern	65	13	22	100%
Jugendliche	21	59	20	100%

Der Vergleich von Eltern und Jugendlichen zeigt, daß den Eltern generell eher die traditionalistischen Orientierungsmuster zugeschrieben werden, und zwar in etwa differenziert nach den etablierten Geschlechtsrollenstereotypen: den Vätern werden eher die berufsbezogenen Ziele (Pflicht, Berufserfolg), den Müttern – neben der für beide Elternteile geltenden Familienorientierung – eher sozial-emotionale Werte (mit allen gut auskommen) zugeschrieben.

Dieses Bild wird, wie die folgende komprimierte Tabelle zeigt, unabhängig vom Entwicklungsstand des moralischen Bewußtseins der Jugendlichen gezeichnet.

Tabelle 17: Prozentsatz der den Eltern zugeschriebenen positiven Wahlen traditionalistischer und posttraditionalistischer Wertorientierungen in Abhängigkeit von der Moralstufe der Jugendlichen.[86]

Moral Jugendliche	Eltern zugeschr. Wahlen		Restgruppe	Σ
	tradit.	posttradit.		
konventionell	69	14	17	100%
post- und präkonventionell	63	14	23	100%

Die Tatsache, daß sich kein signifikanter Zusammenhang zwischen moralischem Bewußtsein der Jugendlichen und den den Eltern zugeschriebenen Wertorientierungen ergibt, bestätigt partiell die 1. Hypothese: In ihren Wertorientierungen setzen die Jugendlichen nicht einfach die Familientradition fort (Inhaltslernen).

Die Diskrepanz der Wertorientierungen von Eltern und Jugendlichen könnte verschiedene Ursachen haben.

– Eine Interpretation könnte sich auf die Beobachtung stützen, daß Jugendliche ihre Eltern im Zuge der eigenen Ablösung als besonders »konservativ« überzeichnen. Diese Annahme scheint jedoch hier nicht zuzutreffen; nach dieser Hypothese müßten VPn mit heftiger Krise ihre Eltern eher als traditionalistisch beschreiben als VPn ohne Krise – das aber ist nicht der Fall.

– Für einzelne Items mag die unterschiedliche Stellung von Eltern und Jugendlichen im Lebenszyklus der entscheidende Faktor für die Divergenz von eigener und projizierter Präferenz sein. So dürfte beispielsweise die »Familienorientierung« einem Familienvater näher liegen als einem unverheirateten Adoleszenten. Man könnte jedoch vermuten, daß die eminente Bedeutung, die alle VPn engen, noch nicht institutionalisierten Zweierbeziehungen zuschreiben, Ausgangspunkt und Basis einer sich mit verändernder biographischer Situation entwickelnden Familienorientierung ist. Ebenso ließe sich die Häufigkeit, mit der Jugendliche das Ziel »Gesellschaft verändern« für sich in Anspruch nehmen, durch den phasenspezifischen Egozentrismus erklären: Die Tatsache, daß die Integration in das gesamtgesellschaftliche System erst begonnen hat und daß die neugewonnene kognitive Fähigkeit des hypothetischen Denkens sich zunächst unrestringiert entfaltet, könnte zu einem stärkeren Optimismus hinsichtlich der Machbarkeit sozialer Strukturen führen.

– Eine weitere Erklärung könnte sich auf Veränderungen des gesamtgesellschaftlichen Wertsystems stützen. Man würde die dieser Transformation korrespondierenden Bewußtseinsänderungen auf psychologischer Ebene allerdings nur dann für mehr halten als bloßes Inhaltslernen, wenn der nachweisbare Liberalisierungsschub auch mit den Strukturen des moralischen Bewußtseins korreliert. Das müßte sich daran zeigen, daß postkonventionelle VPn bereitwilliger posttraditionalistische Wertorientierungen aufgreifen. Genau das scheint, wie folgende Tabelle zeigt, der Fall zu sein:

Tabelle 18: Verteilung der Anzahl positiver und negativer Stimmen der Jugendlichen für posttraditionalistische Wertorientierungen nach Stufen des moralischen Bewußtseins

posttrad. Wertorientierungen	präkonv. +	−	konv. +	−	postkonv. +	−	Σ +	−
Selbst verstehen	1	0	0	0	3	0	4	0
Natur und Menschen	3	0	3	0	5	0	11	0
Gesellschaft verändern	1	0	4	2	8	0	13	2
solidarisches Zusammenleben	1	0	1	2	7	0	9	2
schöne Dinge	0	0	2	1	5	2	7	3
Σ	6	0	10	5	28	2	44	7

Tabelle 19: Verteilung der Anzahl positiver und negativer Stimmen der Jugendlichen für traditionalistische Wertorientierungen nach Stufen des moralischen Bewußtseins

traditionalist. Wertorientierungen	präkonv. +	−	konv. +	−	postkonv. +	−	Σ +	−
Familie getan	2	0	3	0	1	1	6	1
mit allen gut ausgekommen	1	0	3	1	2	2	6	3
Geld und Beruf	0	2	2	1	0	6	2	9
Pflicht getan	0	1	1	0	0	2	1	3
anständiges Leben	0	2	1	0	0	4	1	6
Σ	3	5	10	2	3	15	16	22

Komprimiert ergibt sich folgendes Bild:

Tabelle 20: Prozentsatz positiver Stimmen der Jugendlichen für traditionalistische und posttraditionalistische Werte nach Moralstufen.

Werte der Jugendlichen	Moralstufen konv.	post + prä
traditionalistisch	36	12,5
posttradit.	36	72

Aufgrund der nachgewiesenen Divergenzen zwischen zugeschriebenen Elternpräferenzen und eigenen Präferenzen sowie
aufgrund der strukturellen Verankerung eigener Lebensziele
kann mithin nun die erste Hypothese im großen und ganzen
als bestätigt gelten.

ad 2) Auch die Vermutung, daß postkonventionelle Strukturen des moralischen Bewußtseins eine generalisierte Bereitschaft zu gesellschaftlichen Reformen begünstigen, läßt sich
belegen: So wird das Item »Gesellschaft verändern« von postkonventionellen VPn besonders häufig gewählt und, im Gegensatz zu den Voten der konventionellen VPn, nie verworfen
(vgl. Tabelle 18). Daß sich die in dieser Reformbereitschaft
manifestierende Unzufriedenheit genau auf die oben abgeleiteten brüchigen Stellen des bürgerlichen Legitimationssystems
bezieht, läßt sich an der Art der Behandlung konkreter Probleme demonstrieren:

- Obwohl, wie aus Tabelle 7 hervorgeht, der Legitimi-
  tätsverlust des Systems im Bereich der Stadtplanung und
  des Wohnungsbaus inzwischen offensichtlich so weit fortgeschritten ist, daß fast alle Befragten Protestaktionen für
  notwendig und legitim halten, setzte sich auch in diesem
  inzwischen eindeutig vorgeprägten Meinungsfeld der differentielle Einfluß des moralischen Bewußtseins durch: postkonventionelle VPn sagen, sie würden sich durchaus an entsprechenden Aktionen beteiligen.

Die Diskussion über die Organisationsprinzipien des ökonomischen Systems konzentrierte sich auf die Themen: Chancengleichheit, Konkurrenz und Leistungsgesellschaft, Einkommensverteilung und Verhältnis zum Berufssystem. Dabei
zeigen die Tabellen 21, 22 und 23, daß die Prinzipien der
Konkurrenz und der leistungsabhängigen Beteiligung am Sozialprodukt – wie vermutet – eher von Postkonventionellen
relativiert wurden und daß auch die Gründe, die in diesem
Zusammenhang genannt wurden, ihren Ursprung im moralischen Bewußtsein verraten: sie leiten sich aus einer konse-
quenten Interpretation der Prinzipien von Gleichheit und
Freiheit ab.

Tabelle 21: Verteilung der VPn nach Einstellung zur Einkommensverteilung und moralischem Bewußtsein

| Einkommen | Moral | | | |
	prä	konv.	post	Σ
1 Entlohnung leistungsgerecht. Einkommensdifferenz ist Leistungsanreiz	o	7	1	8
2 Leistungsbewertung problematisch. Entlohnung gemäß Einsatz	o	1	3	4
3 Leistungsgerechte Entlohnung, aber geringere Einkommensdifferenzen	o	o	3	3
4 gleiches Einkommen	2	1	4	7
4 Sonstiges und keine Angaben	1	o	1	2
Σ	3	9	12	24

$\alpha = 0,005$ [87]

Tabelle 22: Verteilung der VPn nach Einstellung zu Konkurrenz und Leistungsgesellschaft und Stufe des moralischen Bewußtseins

| | Moral | | | |
	prä	konv.	post	Σ
1 Konkurrenz ja	o	5	2	7
2 Konkurrenz ja, aber	o	3	6	9
3 Konkurrenz nein	3	o	4	7
4 Sonstiges und keine Angaben	–	1	–	1
Σ	3	9	12	24

$\alpha = 0,05$ [88]

– Hinsichtlich der Einschätzung des Grades der Verwirklichung von Chancengleichheit waren sich alle Probanden einig: sie gilt als nicht verwirklicht. Hier zeigt sich, was uns auch bei anderen Fragen begegnet ist (Hausbesetzung, § 218): es ist methodisch nicht sehr sinnvoll, allzu aktuelle und breit diskutierte Themen in Fragebögen aufzunehmen, wenn man nach dem differentiellen Einfluß spezieller Variablen sucht; derartige Themen liefern keine Unterscheidungen.

Tabelle 23: Verteilung der Gründe für die Einstellung zur Konkurrenz nach Stufen des moralischen Bewußtseins

	prä	Moral konv.	post	Σ
1 Leistungsansporn, Effektivität[89]	o	7	5	12
2 Konkurrenz u. Leistungsprinzip bedeuten Zwang	1	1	2	4
3 Konkurrenz zerstört menschl. Solidarität	1	o	4	5
4 Sonstiges und keine Angaben	1	1	1	3
Σ	3	9	12	24

$\alpha = 0,1$

– Daß die angeführten Indizien für moralstufenspezifische Einstellungssyndrome mehr als bloßer Ausdruck abstrakter gesellschaftskritischer Impulse sind, zeigt sich daran, daß sie sich auch in der konkreten Lebensplanung niederschlagen.

Tabelle 24: Verteilung der VPn nach Berufsziel und Stufe des moralischen Bewußtseins

Berufsziel	prä	Moral konv.	post	Σ
1. Kaufmännisch/technisch	o	6	3	9
2. Naturwissenschaftlich/künstlerisch	1	o	3	4
3. Sozial	2	o	6	8
4. Noch offen	o	2	o	2
5. Nicht einzuordnen, k. A.	o	1	o	1
Σ	3	9	12	24

$\alpha = 0,005$[90]

In der asymmetrischen Präferenz für die Kategorie »soziale« Berufe (Sozialarbeiter, pädagogische Berufe) durch »postkonventionelle« VPn bekundet sich das Bedürfnis, die psychischen Kosten eines unrestringierten *Konkurrenzindividualismus* zu kompensieren. Folgende Äußerung ist dafür typisch:

VP 14, S. 16:
Das Individuum findet seinen Sinn nicht darin, daß es mit anderen konkurriert und sich dadurch zu entfalten trachtet, daß es den anderen

einzuschränken versucht, sondern das Individuum findet seine Entfaltung erst, wenn es erkennt, daß es für die Gemeinschaft ist und die Gemeinschaft für das Individuum.

S. 37: Das Wichtigste an einem Beruf ist, daß man in ihm eine Aufgabe erblickt, die sinnvoll ist.

Daß es sich in der Mehrzahl der relevanten Fälle genau darum handelt, zeigt sich sowohl an der Wahl des Lebenszieles »solidarisches Zusammenleben« (von den neun auf dieses Item überhaupt entfallenden positiven Stimmen stammen acht von prä- oder postkonventionellen VPn; abgelehnt wurde es nur von zwei konventionellen VPn) wie auch daran, daß nur prä- und postkonventionelle Probanden die Items »Kontakt mit anderen Menschen« und »anderen Menschen helfen können« als Kriterien für die Berufswahl genannt haben (von den auf diese beiden Items entfallenden 13 Stimmen stammen 12 von prä- oder postkonventionellen Probanden).

ad 3) Auch die Erwartungen hinsichtlich *kontemplativ-ästhetischer* Orientierungen bestätigen sich weitgehend. Tabelle 18 zeigt, daß solche Lebensziele (selbst verstehen, Natur und Menschen verstehen, sich an schönen Dingen erfreuen) stärker von postkonventionellen VPn gewählt werden. Das schlägt sich wiederum in den Berufszielen nieder: wenn kontemplativ-ästhetische Berufe überhaupt gewählt werden, dann von prä- und postkonventionellen VPn. Während sich also die prä- und postkonventionellen VPn auf die »abweichenden« Berufssektoren konzentrieren, fallen die konventionellen überwiegend in die Kategorie »technisch/kaufmännische« Berufsziele, die deshalb zusammengefaßt wurden, weil sie den dominierenden, konkurrenzindividualistisch organisierten ökonomischen Sektor repräsentieren.[91] Demgegenüber schlägt in den naturwissenschaftlichen Berufsorientierungen ein starkes philosophisch-kontemplatives Interesse durch, das normalerweise in der anwendungsbezogenen industriellen Forschung nicht befriedigt werden kann. Folgende Aussage mag das Interesse an den Grundfragen des physikalischen Weltbildes, wie es für die »naturwissenschaftlichen« Interessen charakteristisch ist, verdeutlichen:

VP 26, S. 40
Ich bin sehr naturwissenschaftlich interessiert. Habe also auch einen gewissen Erkenntnisdrang und deswegen eigentlich auch das Physikstu-

dium, das Philosophiebedürfnis: warum wir leben, in welcher Umwelt wir leben, wie das alles zusammenhängt, wie sich das weiterentwickeln könnte, woher das alles kommt. Also ganz grob kann man diese Fragen so kennzeichnen: die Probleme interessieren mich schon sehr. Und sind auch eng mit meiner naturwissenschaftlichen Meinung verbunden.

ad 4) »Berufsziel« ist nur ein sehr indirekter und vielleicht auch zu starker, d. h. unter den gegebenen Restriktionen des Arbeitsmarktes nur bedingt verläßlicher Indikator für eine kontemplative Einstellung. Reflexivität und Distanz gegenüber dem offiziellen Orientierungssystem drücken sich stärker bei der Diskussion von Fragen aus, die direkt die Sinnhaftigkeit des Lebens thematisieren (Selbstmord, Religiosität). Die zu diesen Themenkomplexen durchgeführte Globalvercodung ergab folgende Verteilung der Probanden:

Tabelle 25: Verteilung der VPn nach Stufen des moralischen Bewußtseins und der Bereitschaft, Sinnprobleme zu thematisieren

	prä	Moral konv.	post	Σ
Sinnprobleme thematisiert – ja	3	1	10	14
Sinnprobleme thematisiert – nein	0	8	2	10
Σ	3	9	12	24

$\alpha = 0{,}005$[92]

Zwei Äußerungen über das Verhältnis zur Kirche mögen illustrieren, wie sich das Bedürfnis, die Routine des Alltagslebens zu transzendieren, bei postkonventionellen VPn im Gegensatz zu konventionellen VPn manifestiert.

Für VP 24 verbleibt der Kirchgang selbst Teil der Routine des Alltagslebens.

VP 24 (konventionell), S. 3:
I: Können Sie mir sagen, was für Ihr Leben die Religion bedeutet?
VP: Ich würde sagen, mir gibt es eigentlich nichts Besonderes. Ich bin so erzogen worden, und wahrscheinlich, wenn ich nicht so erzogen worden wäre, würde ich auch nicht geregelt zur Kirche gehen. Das ist also, meiner Ansicht nach, reine Erziehungssache.
I: Könnten Sie sich vorstellen ...

VP: Es ist praktisch so, daß es normal ist, wenn man zu Hause ist, praktisch dazu gehört, zum Sonntag, wie die Suppe zum Essen.

Demgegenüber bedeutet der Kirchbesuch für VP 12 besinnungsreiche Ruhe und eine Chance zur Selbstfindung.

VP 12 (postkonventionell), S. 25:
Weil man tatsächlich in der Kirche Ruhe findet. Während, wenn Sie sagen, jetzt setze ich mich hin, jetzt mach ich gar nichts. Sie denken an so viel verschiedene Sachen, und Sie denken garantiert nicht an die Kirche als solche oder an die Institution. Sie kommen praktisch auch nicht zusammen damit. Während Sie in der Kirche sitzen, hören Sie sich dann die Predigt an, überlegen Sie sich, was bringt der Pfarrer, wie ist der überhaupt dazu eingestellt. Was will die Kirche überhaupt bringen? Es ist manchmal so, also wenn die Predigt nicht gerade inhaltsvoll ist, daß sie einen wirklich anspricht, da kommen die eigenen Gedanken eben durch. Man denkt dauernd darüber nach, über sich selber, und kommt dann ungefähr in die Richtung, daß man eben entspannt und von dem anderen ganz und gar wegkommt – tatsächlich in so ein Loch fällt, eben so zwei-, dreihundert Jahre und auch so sein Ich so ganz woanders hinstellt. Das finde ich ganz prima an der Kirche, daß man total abschalten kann.

Zusammenfassend läßt sich festhalten, daß sich die Hypothesen 1 bis 4 mit ihren Unterpunkten im großen und ganzen als tragfähig erwiesen haben: es gibt offensichtlich, zumindest für einen Teil der Wertorientierungen, strukturelle Affinitäten zu den phasenspezifischen Argumentationsmustern des moralischen Bewußtseins. Dies gilt jedoch – wie im folgenden gezeigt werden soll – nicht für alle inhaltlichen Einstellungen.

3. Der Zusammenhang von Adoleszenzkrisenverlauf und Wertorientierungen

3.1 Einleitung

Alle oben erwähnten Wertorientierungen und Einstellungen korrelieren nicht nur mit der Stufe des moralischen Bewußtseins, sondern auch mit der Intensität der Adoleszenzkrise, wobei allerdings der Zusammenhang zwischen Krise und Wertorientierungen in der Regel schwächer ist, weil auch postkonventionelle VPn ohne Krise »posttraditionalistische« Wertorientierungen vertreten. Dies legt die Vermutung nahe, daß die bestehende Korrelation zwischen Krise und Wertorientierungen sich ausschließlich der Tatsache verdankt, daß eine heftige Krise immer zu postkonventionellen Strukturen des moralischen Bewußtseins geführt hat, so daß Krisenverlauf mit Wertorientierungen allein über die intervenierende Variable »moralisches Bewußtsein« vermittelt wäre. Demnach hätten wir es im Falle krisenhafter Verläufe mit dem folgenden einfachen Kausalmodell zu tun:

Krise →moralisches Bewußtsein →Wertorientierungen.

Daß die kausalen Zusammenhänge zumindest nicht für alle durch Wertorientierungen regulierten Lebensbereiche so einfach sind, zeigt z. B. die Einstellung zur Institution Ehe in Abhängigkeit von Stufen des moralischen Bewußtseins einerseits und Adoleszenzkrisenverlauf andererseits.

Tabelle 26: Verteilung der VPn nach Stufen des moralischen Bewußtseins bzw. Heftigkeit der Lösungskrise und Einstellungen zur Ehe

| | Moral | | | | Lösungskrise | | |
	prä	konv.	post	Σ	keine/schwach	heftig	Σ
Ehe problematisiert – nein	1	7	6	14	13	1	14
Ehe problematisiert – ja	1	2	6	9	2	7	9
Keine Angaben	1			1		1	1
Σ	3	9	12	24	15	9	24

α = 0,25[93] α = 0,001

Die Tabellen machen deutlich, daß der Adoleszenzkrisenverlauf eine höhere Voraussagekraft für die Einstellungen zur Ehe hat als die Stufen des moralischen Bewußtseins. Der Krisenverlauf hat also offensichtlich auch einen unabhängigen Einfluß auf Einstellungen. Daher könnte man vermuten, daß das einfache Kausalmodell in folgender Weise differenziert werden muß:

$$\swarrow \text{Krise} \searrow$$
moralisches Bewußtsein →Wertorientierungen

Eine genaue Analyse der kausalen Abhängigkeitsverhältnisse und eine Schätzung der Stärke des unabhängigen Einflusses einzelner Variablen lassen sich nur mit komplexeren statistischen Verfahren durchführen; dazu wäre allerdings ein größeres Sample erforderlich. Außerdem wäre es wünschenswert, daß dabei systematisch alle Lebensbereiche berücksichtigt würden und die untersuchten Wertorientierungen so analysiert und klassifiziert werden könnten, daß sie in der Dimension zunehmender Strukturäquivalenz zu den Stufen des moralischen Bewußtseins skaliert werden könnten. Denn die Tatsache, daß die Stärke des Einflusses des moralischen Bewußtseins auf Wertorientierungen variiert, könnte seinen Grund darin haben, daß inhaltliche Einstellungssyndrome sich nach Strukturnähe zum moralischen Urteil unterscheiden.

Wir vermuten, daß vom *Adoleszenzkrisenverlauf* vor allem solche Einstellungen beeinflußt werden, die als *Ausdruck einer generalisierten Loyalität gegenüber dem gesellschaftlichen Institutionensystem* interpretiert werden können. Das Zusammenwirken dieser Loyalität und der Strukturen des moralischen Bewußtseins kann man sich so vorstellen, daß Loyalität gegenüber bzw. Entfremdung von den Basisinstitutionen den Entscheidungsspielraum, den die rein formalen Strukturen in inhaltlicher Hinsicht offenlassen, ausfüllen. Um dies zu konkretisieren: Die Achtung vor menschlichem Leben ist für alle postkonventionellen VPn ein zentraler Wert, auf den rekurriert werden kann, um entweder freiwillige Meldung zur Bundeswehr (Verminderung der Kriegsgefahr) oder Verweigerung (»ich lehne es ab, mich zum Töten ausbilden zu lassen«) zu begründen. Das unterscheidende Moment dieser beiden Argumentationen liegt darin, daß das Prinzip im ersten Fall im Rahmen der staatlichen Institutionen, im zweiten Fall gegen diese Institutionen verwirklicht wird.

Die Verlaufsform der Adoleszenzkrise kann eine solche diffuse Basisloyalität vermitteln bzw. zerstören, weil die realitätsfernen frühkindlichen, auf die einzelnen gesellschaftlichen Sektoren bezogenen Orientierungsmuster rekonstruiert werden müssen – ein Prozeß der in seiner intensiven Form zu einer derart deutlichen Distanzierung von den tradierten Institutionen führen kann, daß die ungebrochene Rückkehr in das vorgegebene Institutionensystem erschwert ist: Die Argumente, die in dieser Phase gegen die Tradition entwickelt wurden, können nicht einfach wieder »vergessen« werden.

3.2 Auswirkungen einer heftigen Adoleszenzkrise

Die Auswirkungen eines heftigen Krisenverlaufs auf die Art der Integration in die einzelnen gesellschaftlichen Sektoren sollen im folgenden dargestellt und erörtert werden.

Das Verhältnis zum *staatlichen Sektor* wird einem ersten ernsthaften Test bei der Einberufung zum Wehrdienst unterzogen, da die Ableistung des Wehrdienstes fast allgemein als lästige Pflicht empfunden wird, durch die das normale Karrieremuster unterbrochen wird.[94] Obendrein beengt die Bundeswehr durch ihren straff hierarchischen Aufbau die Freiheitsspielräume der Individuen in weit stärkerem Maße, als es in den sonstigen gesellschaftlichen Lebensbereichen der Fall ist. Fast alle VPn hätten somit starke Motive, die Einberufung zum Wehrdienst in irgendeiner Form zu umgehen. Die meisten haben auch Überlegungen in dieser Richtung angestellt. Dabei wird zwar offensichtlich der Inhalt dieser Überlegungen durch die Struktur des moralischen Bewußtseins mitbestimmt: für die Gruppe der konventionellen Freiwilligen haben überwiegend instrumentell privatistische Überlegungen (Verwirklichung von beruflichen Aspirationen) eine Rolle gespielt, während nicht-privatistische Motive (staatsbürger-

Tabelle 27: Verteilung der VPn nach Verhaltensoptionen und Stufen des moralischen Bewußtseins bzw. Heftigkeit von Lösungs- und Identitätskrisenverlauf

	Moral			Lösungskrise			Identitätskrise		
	prä	konv.	post	keine	schwach	heft.	keine	schwach	heft.
Freiw.	15	1	8	6	2	11	2	7	6	2
Verw.	9	2	1	6	0	2	7	1	1	7
Σ	24	3	9	12	2	13	9	8	7	9

$\alpha = 0,1$[95] $\qquad \alpha = 0,005$[96] $\qquad \alpha = 0,005$[96]

liche Loyalität und die strategische Funktion der Bundeswehr) nur von postkonventionellen VPn genannt wurden. Die Entscheidung für oder gegen die Bundeswehr jedoch, d. h. die Verhaltensoption, für die man die Gründe mobilisiert, hängt – wie die Tabelle 27 zeigt – stärker vom Krisenverlauf als von der Struktur des moralischen Bewußtseins ab.

Die Verlaufsform der Krise bestimmt also offensichtlich die Form der Loyalität gegenüber dem Staat. Sie entscheidet nämlich darüber, ob es wirklich zur Ausbildung einer *generalisierten* Loyalität kommt, die dann auch negativ bewertete institutionelle Substrukturen mitträgt, oder ob sich eine Form von Loyalität ausbildet, die, stärker gebrochen, sich nicht mehr automatisch auf alle institutionellen Substrukturen erstreckt.

Die Wirkungsweise eines im Verlauf einer schwachen Adoleszenzkrise nicht problematisierten Basissupports läßt sich an der Aussage eines Freiwilligen, der schon fast entschlossen war, die Einziehung zur Bundeswehr zu umgehen, ablesen.

VP. 25, S. 8:

Nee, ich möchte nicht sagen, daß ich das begrüßen kann, hm, es ist ja so ... wie gesagt, ich halte auch den größten Teil der Verweigerer, von meiner persönlichen Warte aus, irgendwie für eine Art, die sich da verdrücken wollen. Es ist irgendwie, es ist auch eine Pflicht, die jeder einzelne praktisch irgendwann mal, für den Staat was tun, mehr oder weniger; obwohl ich die Bundeswehr selbst als Institution nicht 100%ig vertreten kann. Aber da sie nun mal da ist, sollte man eigentlich hingehen.

Die krisenbedingte Vorenthaltung von generalisierter Loyalität zeigte sich schon am Zusammenhang von Adoleszenzkrise und Einstellung zur *Institution Ehe.* Daß die bloße Tatsache der Institutionalisierung dabei als Auslöser für die Ablehnung der Ehe fungiert, wird durch das Faktum nahegelegt, daß die Vorstellungen über die Bedeutung und den Inhalt einer optimalen Zweierbeziehung unabhängig vom Krisenverlauf bei allen Probanden identisch sind. Zweierbeziehungen werden zu dem genauen Gegenstück des Rollensystems des politischen und ökonomischen Systems hochstilisiert: man erwartet hochindividualisierte Partnerwahl, absolute Solidarität, unbegrenzte wechselseitige Offenheit und die sanktionsfreie Möglichkeit, *alle* Probleme zu thematisieren (»romantic love pattern«). Probanden mit heftiger Krise unterscheiden sich von anderen dann genau darin, daß die institutionelle Form der Realisierung einer solchen Beziehung für sie als bloß konventionelles Beiwerk irrelevant ist.

Ein ähnliches Muster zeigt sich bei der Einstellung zur *Institution Kirche.* Zwar gibt es auch eine – wenngleich schwache – Korrelation zu Moral: postkonventionelle VPn äußerten sich eher kritisch über die Institution Kirche. Doch scheint der Zusammenhang mit Krisenintensität enger zu sein. Da dieser Zusammenhang nicht durch unterschiedliches Religionsverständnis zu erklären zu sein scheint, liegt wiederum die Vermutung nahe, daß der Faktor »Institutionalisierung« auch hier wirksam ist.

Deutlicher werden die Unterschiede wieder hinsichtlich der *Berufswahl und Berufsperspektive.* Das gilt, obwohl »Beruf« von allen Probanden als der zentrale Lebensbereich, von dem her das gesamte Leben »sinnvoll« gestaltet werden könnte, begriffen wird. Insofern arbeitet die den funktionalen Imperativen des ökonomischen Systems und der Abstraktheit des kulturellen Systems entsprechende Ausrichtung auf das Beschäftigungssystem offensichtlich einigermaßen adäquat. Die Bedeutung, die dem Beruf zugeschrieben wird, zeigt sich z. B. daran, daß kaum einer der Befragten seinen Beruf aufgeben würde, wenn seine materielle Existenz durch ein fixes arbeitsfreies Einkommen gesichert wäre; sie zeigt sich auch an der *»intrinsischen«* Berufsorientierung: Geld und Karriere, also die klassischen extrinsischen berufsgebundenen Gratifikationen, gelten als irrelevant; intrinsische Berufskriterien hingegen wie »abwechslungsreiche Tätigkeit«, »Eigeninitiative« wurden von den Befragten überproportional häufig als die entscheidenden aus einer Liste möglicher Berufscharakteristika gewählt. Beruf wird also allgemein in einer Situation, in der alternative Modi einer sinnvollen Lebensgestaltung nicht angeboten werden, stark idealisiert und fast zum ausschließlichen Prinzip der »Sinnstiftung« hochstilisiert.[97]

Trotz dieser Übereinstimmung hinsichtlich der Bedeutung des Berufes unterscheidet der Adoleszenzkrisenverlauf bei der Einstellung zur Berufssphäre deutlich. So zeigt sich, daß schon bei der Wahl von Berufszielen der Adoleszenzkrisenverlauf neben dem moralischen Bewußtsein als unabhängiger Einflußfaktor fungiert. Oben ergab sich, daß keine konventionelle VP für eines der marginalen Berufsziele votiert hatte, während andererseits durchaus einige Postkonventionelle die dominanten technisch-kaufmännischen Berufe gewählt hatten. Berücksichtigt man zusätzlich den Krisenfaktor, dann zeigt sich, daß es einzig krisenfreie postkonventionelle VPn sind, die sich für diesen Bereich entschieden haben.

Besonders deutlich manifestiert sich der Einfluß der Adoleszenzkrise an der Sicherheit und Entschiedenheit, mit der die VPn sich auf ein bestimmtes Berufsziel festgelegt haben, also begonnen haben, sich in das ökonomische Institutionensystem einzufügen.

Tabelle 28: Verteilung der VPn nach Klarheit des Berufsziels und Heftigkeit der Lösungskrise

| | Lösungskrise | | | |
	keine	schwach	heftig	Σ
klares Berufsziel	2	8	1	11
vages Berufsziel	0	5	7	12
Keine Angaben			1	1
Σ	2	13	9	24

$\alpha = 0,05$[98]

Dieser Zusammenhang bestätigt sich indirekt noch einmal an den Erwartungen hinsichtlich der Wahrscheinlichkeit eines späteren Berufswechsels und an der Einstellung dazu. Die VPn, die eine schwache Adoleszenzkrise durchlaufen haben, erwarten – im Gegensatz zu den VPn mit heftigem Krisenverlauf – seltener, daß sie ihren Beruf einmal werden wechseln müssen, und empfänden eine solche Perspektive auch als beunruhigend. Das ist insofern verständlich, als ein definitives berufliches Engagement eine gewisse Stabilität der Situation, auf die hin man plant, voraussetzt. Genau diese Voraussetzung wird durch die »chaotische« Orientierungslosigkeit einer heftigen Adoleszenzkrise zerstört.

Wenn die frühzeitige Festlegung auf eine bestimmte Berufskarriere bei VPn mit schwacher Adoleszenzkrise als Indiz einer Berufsrollenidentität interpretiert werden kann, d. h. einer solchen Identitätsformation, für die die Organisation sämtlicher Persönlichkeitselemente um die dominierende Rolle »Beruf« charakteristisch ist, dann sollte die gewählte Zentralrolle auf andere Lebensbereiche ausstrahlen. Genau das scheint der Fall zu sein. Wenn man die Freizeitaktivitäten der Probanden vergleicht, so zeigt sich, daß berufsbezogene Freizeitaktivitäten ausschließlich von VPn ohne Krise mit klaren Berufszielen genannt werden. *Zusammenfassend läßt sich nun festhalten, daß der Adoleszenzkrisenverlauf nicht nur vermittelt über die Struktur des moralischen Bewußtseins, sondern auch direkt die Einstellungen und die Form der Integration in die wichtigsten gesellschaftlichen Subsysteme steuert: eine schwache Adoleszenzkrise erlaubt eine relativ reibungslose Übernahme des institutionalisierten Rollensystems,* und zwar in allen Lebensbereichen (Privatsphäre, Berufssphäre, staatlicher Sektor).

Es bleibt zu fragen, warum ein Teil der untersuchten Einstellungen stärker von der Struktur des moralischen Bewußtseins, ein anderer Teil stärker von der Heftigkeit der Krise abhängt. Wenn man davon ausgeht, daß in allen Einstellungen kognitive und affektive Faktoren verschmolzen sind und daß die Gewichtigkeit dieser beiden Komponenten bei verschiedenen Einstellungssyndromen so variiert, daß bei partikularistisch strukturierten die affektiven Komponenten überwiegen, dann liegt folgender Schluß nahe: In den krisenabhängigen Einstellungen äußert sich primär ein partikularistisches Moment, nämlich die stark affektiv getönte Loyalität gegenüber dem konkreten System, in dem man lebt. Die unbedingte, frühkindlich erworbene, generalisierte Loyalität wird, wenn sie überhaupt aufgebrochen wird, nur durch stark affektiv geladene Erfahrungen wie z. B. eine heftige Adoleszenzkrise transformiert. Überwiegend kognitive Prozesse vermögen derart stark affektiv verankerte Einstellungen nicht zu affizieren. Bei den moralabhängigen Einstellungen steht die partikularistische Basisloyalität überhaupt nicht in Frage: sie entstehen durch die konsistente Anwendung der universalistischen Prinzipien, mit denen die Gesellschaft sich selbst identifiziert.

4. Der Zusammenhang von Adoleszenzkrisenverlauf, moralischem Bewußtsein, Wertorientierungen und Verhalten

4.1 Einleitung

In den vorangehenden, eher analytisch orientierten Kapiteln wurden Zusammenhänge zwischen einzelnen Variablenbereichen dargestellt und diskutiert. Es soll nun versucht werden, die Einzelinformationen so aufeinander zu beziehen, daß die Struktur unterschiedlicher Persönlichkeitstypen, d. h. je verschiedene Synthesen dieser Variablen zur Einheit einer Person, hervortritt. Auf dem Hintergrund dieser idealtypischen Konstruktion sollte dann auch die Verhaltensoption »Freiwilligenmeldung vs. Verweigerung« plausibel gemacht werden können. Die Erwartung, daß die sich abzeichnenden Variablencluster mit der Verhaltensoption freiwillige Meldung / Verweigerung in Zusammenhang stehen, gründet sich auf folgende Überlegungen: Diese Entscheidung wird jeder nur nach reiflicher Überlegung und nach Abwägung der eigenen Einstellungen, Bedürfnisse und Interessen fällen, da es auf der Hand liegt, daß sie weitreichende Konsequenzen für die nächste Zukunft und vielleicht sogar für die spätere Lebensführung und Karriereplanung hat. Hinzu kommt, daß es sich um ein Thema handelt, bei dem beide Seiten über elaborierte Argumentationsketten verfügen, weil es sich um eine lange Kontroverse von hoher politischer Bedeutung handelt. Obendrein scheint die Nutzenbalance fast ausgewogen: Dem für unsere Gesellschaft ungewöhnlich stark disziplinierten und reglementierten Leben in der Kaserne steht auf der anderen Seite der Streß der Verweigerungsprozedur mit der Möglichkeit, zum Ersatzdienst eingezogen zu werden, gegenüber. In einer solch zugespitzten und folgenreichen Entscheidungssituation müssen differentielle Persönlichkeitsstrukturen wirksam werden. In unserem Fall sollte die Wahrscheinlichkeit, daß Verhaltensoption und Persönlichkeitsstruktur korrelieren, erhöht werden aufgrund des Umstandes, daß beide Seiten hochselegierte Gruppen ihrer jeweiligen Grundgesamtheit darstellen.

Man griffe jedoch zu kurz, würde man nun einfach die bislang analysierten Komponenten der Orientierungssysteme der VPn auf die unterschiedlichen Entscheidungen beziehen. Denn die Strategie, durch eine intensive Analyse von Orientierungssystemen Verhaltenssyndrome zu erklären, kann nur dann sinnvoll sein, wenn man unterstellen kann, daß sie in Persönlichkeitssysteme so integriert sind, daß Handeln nicht ausschließlich aus situationalen Zwängen oder unbewußten affektiven Störungen abgeleitet werden muß. Ein zumindest normales Maß an Ich-Stärke ist die Minimalvoraussetzung für die Fähigkeit, eigene Ideale und Ziele in die Realität umzusetzen, d. h. bloße – möglicherweise unrealistische – Aspirationen zu realen Möglichkeiten zu transformieren.

4.2 Exkurs: Generalisierte Ich-Ressourcen

Im folgenden soll versucht werden, Indizien dafür anzuführen, daß Freiwillige und Verweigerer, im Gegensatz zu den Drogenabhängigen, über ausreichende generalisierte Ich-Ressourcen verfügen. Zu ihnen gehören Frustrationstoleranz (von uns nicht erhoben), Ambivalenztoleranz, »Locus of Control« (das Gefühl, das eigene Leben aktiv planen und gestalten zu können) und ähnliche formale Teilsapekte von Ich-Stärke. Zu ihnen gehören auch die weniger formalen, d. h. schon auf spezifische Objekte bezogenen generalisierten Einstellungen wie Selbstvertrauen, interpersonelles Vertrauen, soziale Konformitätsneigung und Entfremdung, die eher indirekt auch auf

Tabelle 29: Durchschnittswerte der Freiwilligen, Verweigerer und Drogenabhängigen auf den Skalen[99]

Anzahl der Items	Skalen	Freiw.	Verw.	Drog.
17	Ambivalenztoleranz	+ 3	+13,5	− 0,2
6	Locus of Control (Gefühl, das Leben aktiv gestalten zu können)	+ 3,5	+ 4,9	+ 2
14	Selbstvertrauen	+19,8	+ 7,1	−12,9
5	Interpersonelles Vertrauen	+ 0,86	− 2	− 7,2
21	Soziale Konformitätsneigung	− 2,13	− 5,44	−26,6
19	Entfremdung	−13,28	− 4,45	+21,5

Aspekte von Ich-Stärke abzielen. Diese generalisierten Ich-Ressourcen wurden durch Skalen erhoben. Die Tabelle 29 gibt die Werte, die Drogenabhängige, Freiwillige und Verweigerer auf den Saklen erreichten, wieder.

Die Verteilung zeigt, daß Freiwillige und Verweigerer sich untereinander stärker ähneln, als eine der beiden Gruppen den Drogenabhängigen ähnelt. Im Vergleich zu den Drogenabhängigen verfügen beide über relativ hohe Ich-Stärke und sind entschieden weniger entfremdet. Zwar nähern sich die Werte der Verweigerer auf einigen der Skalen (insbesondere Entfremdung und Selbstvertrauen) stärker denen der Drogenabhängigen an (was vermutlich auch Ausdruck höherer Reflexivität aufgrund der Krisenerfahrung sein dürfte); in den formaleren Dimensionen von Ich-Stärke übertreffen sie jedoch die Freiwilligen, so daß die Gefährdung der Identität durch Entfremdung und geringeres Selbstvertrauen kompensiert werden kann. Bei den Drogenabhängigen dagegen kommen niedrige Werte auf allen Dimensionen zusammen. Diese Ergebnisse bestätigen die Vermutung, daß Freiwillige und Verweigerer über »normale« Ich-Ressourcen verfügen, die es ihnen erlauben, ihre Aspirationen in die Realität umzusetzen.

Hingegen rechtfertigen diese Ergebnisse noch einmal die Entscheidung, die Interviews der Drogenabhängigen gesondert auszuwerten. Denn es scheint wenig plausibel, die Organisation ihrer Biographie als Ausdruck von internalisierten Werten und Orientierungsmustern zu begreifen. Angesichts ihrer Lage, in der die subjektive Entfremdung durch die objektive Außenseiterrolle verschärft wird, steht zu vermuten, daß sie situativen Faktoren stärker ausgeliefert sind und ihre relativ schwachen formalen Ich-Ressourcen nicht ausreichen, die Konsistenz einer personalen Identität durchzuhalten.

4.3 Variablencluster und Identitätsformation

Von den ursprünglichen Hypothesen her hätten sich die hier untersuchten Variablen zu zwei Clustern, die für unterschiedliche Persönlichkeitstypen stehen, zusammenschließen sollen: zum Typ »heftige Adoleszenzkrise/postkonventionelle Strukturen des moralischen Bewußtseins« und zum Typ »schwache

Krise/konventionelle Strukturen des moralischen Bewußtseins« (jeweils mit den entsprechenden Wertorientierungen). Die Tatsache, daß es für den Erwerb postkonventioneller Strukturen einen von uns nicht antizipierten krisenfreien Entwicklungspfad gibt, hat zur Folge, daß es neben den beiden antizipierten Extremtypen einen Mischtyp »schwache Krise/postkonventionelle Moral« gibt. Der vierte mögliche Typ »heftige Adoleszenzkrise/konventionelle Struktur des moralischen Bewußtseins« kommt, wie vorausgesetzt und oben diskutiert, nicht vor.

Die Freiwilligen und Verweigerer repräsentieren somit *drei* Persönlichkeitstypen, so daß eine eindeutige Zuordnung von *manifestem Verhalten* und Persönlichkeitsstruktur nicht möglich ist. Dennoch gibt es eine eindeutige Beziehung zwischen den *Handlungen,* d. h. motiviertem Verhalten und den Persönlichkeitstypen.[99a]

Da, wie sich gezeigt hat, die Variable »moralisches Bewußtsein« nicht durchgängig zwischen den beiden Gruppen unterscheidet (zwar gibt es unter den Verweigerern nur eine VP mit konventioneller Struktur des moralischen Bewußtseins; andererseits aber unterscheidet die Verteilung der postkonventionellen VPn kaum zwischen den Gruppen); und da der Adoleszenzkrisenverlauf die unterscheidende Variable ist, ergibt sich eine Typologie und Verteilung von Freiwilligen und Verweigerern auf die Variablencluster[100] wie in der Tabelle S. 174. Die letzte Spalte »Identitätsformation« bezeichnet die Art, wie die einzelnen Orientierungsmuster sich jeweils zur Einheit einer Person zusammenschließen. Die drei Identitätsformationen sollen im folgenden diskutiert werden.

4.3.1 *Verweigerer: An moralischen Prinzipien orientierte Ich-Identität*

Der »idealtypische« Verweigerer unterscheidet sich von den beiden anderen durch eine konflikt- und risikoreiche Adoleszenzkrise mit stark anomischen Zügen. Diese Erfahrung und der damit verbundene Reflexionsschub führten zu einer, im Vergleich zu den anderen Typen, größeren Distanz gegenüber den Basisinstitutionen bürgerlicher Wirtschaftsgesellschaften, was dann den normalen Prozeß der Stabilisierung des Persön-

Verhaltens-option	Moral	Lebensziele	Wertorientierungen Berufswahl inhaltlich	Wertorientierungen Berufswahl formal	Einstellg. z. Institut.	Krise	Identitäts-formation
Freiw. I (8)	konv.	überwiegend traditiona-listisch	selforiented	klare Berufs-perspektive	positiv	keine/schwache	Berufsrollen-identität
Freiw. II (7)	post-konv.	überwiegend posttraditio-nalistisch	collecti-vity-oriented	klare Be-rufsper-spektive	positiv	keine/schwache	berufsorien-tierte Ich-Identität
Verweigerer (9)	post-konv.	überwiegend posttraditio-nalistisch	collecti-vity-oriented	vage Berufs-per-spektive	kritisch	heftige	an moralischen Prinzipien orientierte Ich-Identität

lichkeitssystems durch eine der etablierten dominanten Rollen (primär die Berufsrolle) erschwert. Die Vagheit der Berufsperspektiven ist ein Indiz dafür. Das heißt jedoch nicht, daß sich überhaupt noch keine identitätsstiftenden Strukturen herausgebildet haben: anscheinend werden rollenunabhängige universalistische Prinzipien einer postkonventionellen Moral konstitutiv für die Integrität der Person. Komplementär relativiert sich die Bedeutung von rollengebundenen Lebenszielen wie Karriere, Ansehen, Einkommen und der Berufssphäre insgesamt. An der psychologischen Bedeutung der Verweigerung wird deutlich, daß das Festhalten an den universalistischen Prinzipien der postkonventionellen Moral erfahren wird als ein Prozeß des Austestens von Ich-Grenzen und der Strukturierung der eigenen Einstellungen:

VP 27, S. 15:
Dann für mich persönlich, jetzt ganz subjektiv betrachtet, war natürlich wichtig, da endlich einmal zu einem festen Standpunkt zu kommen, der auch, zumindest im gewissen Rahmen, einer Diskussion standhalten kann, der selbst befriedigend ist, also einfach diese Probleme, die sehr leicht offen sind, mal so richtig auszutüfteln, und zu sagen, ja das wäre eine Möglichkeit, das so zu behandeln und so weiter. Dann war es für mich persönlich auch wichtig, das war unbedingt eine Erfahrung, die mich bestätigt hat, daß ich fähig war, mich da so mitzuteilen, daß ich anerkannt wurde, daß ich auch fähig war, die Sache so vorzubereiten aufgrund meiner eigenen Ideen und nicht unbedingt nach den IdK-Heftern, und eben daß ich trotzdem anerkannt wurde.«

Diese Form einer »postkonventionellen Ich-Identität« ist mit höheren psychischen Kosten verbunden als beispielsweise die traditionelle Berufsrollenidentität, da die Gefahr, in eine reine Außenseiterrolle abgedrängt zu werden und dann die eigene Lebensweise ohne kollektive Validierung durchhalten zu müssen, größer ist. Obendrein definiert die Loyalität gegenüber abstrakten Prinzipien noch keine Lebensform: sie müssen konkretisiert und durch inhaltliche, auch in dieser Gesellschaft realisierbare Lebensziele ergänzt werden. Diese Leistung muß dann vom isolierten Subjekt vollbracht werden, wenn institutionelle, das Individuum normalerweise entlastende Arrangements abgelehnt werden. Dieses Auf-sich-selbst-Verwiesensein hat nicht bloß zufällige Gründe: das Individuum ist auf der Stufe der postkonventionellen Moral letztlich das konstituierende Subjekt der von ihm als verbindlich anerkannten Prinzipien und kann insofern die Aufgabe individueller Lebensgestaltung nicht von sich weisen.

Für die latente Instabilität einer solchen Identitätsformation läßt sich eine Reihe von Indizien anführen: als postkonventionelle VPn erfahren sie sich – was Selbstsicherheit signalisiert – zwar stärker als einzigartige Personen (uniqueness). So antworten die Befragten auf die Frage: »Glauben Sie, daß Sie sich von Ihren Freunden und Bekannten stark unterscheiden?« wie folgt:

Tabelle 30: Verteilung der VPn nach Gefühl der Einzigartigkeit und Stufen des moralischen Bewußtseins

| | | Moral | | |
	prä	konv.	post	Σ
kaum bzw. nur im Rahmen normaler Verschiedenheit der Menschen	1	8	4	13
ja, starkes Individualitätsgefühl	1	1	8	10
keine Angaben	1	0	0	1
Σ	3	9	12	24

$\alpha = 0{,}05$ [101]

Das Gefühl der Einzigartigkeit hat sein Gegenstück aber in einem reflexiv gebrochenen, stärker selbstkritischen Bild der eigenen Person. Diese Selbstdistanzierung ist eine Folge des Adoleszenzkrisenverlaufs. Während z. B. nur ein Drittel der Freiwilligen mit sich so wenig zufrieden ist, daß sie in manchen Punkten gern anders sein möchten, sind es bei den Verweigerern immerhin zwei Drittel. Auch die Werte der Skala Selbstvertrauen wiesen auf eine geringere Selbstzufriedenheit der Verweigerer hin (vgl. Tab. 29).

Die eher indirekte Messung dieser generalisierten Einstellung durch eine Körperzufriedenheitsskala [102] ergibt ähnliche Resultate. Auf dieser Skala, die die summierten subjektiven Einstufungen der eigenen Zufriedenheit mit verschiedenen körperlichen Merkmalen (Figur, Gesichtszüge etc.) auf einer Maßskala von $+3$ bis -3 darstellt, erreichten die Verweigerer nur einen Durchschnittswert von $+0{,}5$ (d. h. kaum zufrieden), während sich für die Freiwilligen ein Wert von +1,6 errechnet (d. h. recht zufrieden).

Alle Messungen des Selbstbildes weisen also für die Verweigerer konsistent auf eine gewisse Distanz zur eigenen Person hin. Wir haben es jedoch – wie der Vergleich mit den Drogenabhängigen zeigt – offensichtlich nicht mit einem schon fast pathologischen Negativismus zu tun; wäre das der Fall, dann wäre schwer zu verstehen, wie die Verweigerer das Gefühl der Einzigartigkeit mit seinen positiven Bedeutungskomponenten durchhalten könnten.

Daß die Entwicklung des Selbstbildes tatsächlich mit dem Krisenverlauf verknüpft ist, zeigt folgende Tabelle.

Tabelle 31: Verteilung der VPn nach Heftigkeit des Krisenverlaufs und Selbsteinschätzung

| Selbstbild | Krise | | |
	keine/schwach	heftig	Σ
ungebrochen positiv	8	1	9
kritische Anmerkungen	7	7	14
k. Ang., nicht einzuordnen		1	1
Σ	15	9	24

$\alpha = 0,1$

Tabelle 32: Verteilung der VPn nach Heftigkeit des Krisenverlaufs und Wunsch, anders zu sein

| | Krise | | |
	keine/schwach	heftig	Σ
möchte anders sein – ja	5	6	11
möchte anders sein – nein	10	3	13
Σ	15	9	24

$\alpha = 0,2$

Diese Selbstkritik ist jedoch wohl eher als Anzeichen hoher Selbstreflektiertheit denn als Ausdruck pathologischer Ich-Schwäche zu werten (vgl. Tab. 29).

Im folgenden soll nun die Entscheidung der Verweigerer, den Wehrdienst nicht abzuleisten, von ihren internalisierten Orientierungsmustern her plausibel gemacht werden. Eindimensionale Erklärungen greifen hier von vornherein zu kurz. Die Tatsache, daß fast alle Befragten den Wehrdienst eher für eine lästige und unbequeme Zumutung hielten, macht es unwahrscheinlich, daß rein instrumentalistische Überlegungen überhaupt keine Rolle gespielt hätten. Es zeigt sich denn auch, daß die Verweigerer selbst z. T. solche Überlegungen angestellt haben und ähnliche Motive auch anderen Verweigerern unterstellen. Zwar stammt die Unterstellung, Verweigerung sei reine Drückebergerei, überproportional häufig von Freiwilligen.[103] Aber immerhin unterstellt auch ein Drittel der Verweigerer rein instrumentelle Motive. Die tatsächliche Motivation ist jedoch komplexer: Entscheidungen mit weitreichenden Konsequenzen tangieren immer den gesamten Einstellungsbereich und müssen auch den weniger bewußten Schichten der Persönlichkeit entsprechen. Die Entscheidung, den Wehrdienst zu verweigern, kann weder als bloße Konsequenz internalisierter moralischer Prinzipien noch als rein instrumenteller Akt gesehen werden, sondern sie ist in erster Linie Ausdruck einer durch den Adoleszenzkrisenverlauf vermittelten partiellen Entfremdung von den Basisinstitutionen der bürgerlichen Gesellschaft, wobei diese durch prinzipielle moralische Erwägungen *und* instrumentelle Motive vermittelt und konkretisiert wird. Dabei kann, wie die folgende Passage aus einem Interview illustriert, die Affinität der Verweigerung zur Persönlichkeitsstruktur auch erst im Verlauf der Verweigerung selbst bewußt werden. So antwortet etwa VP 27 auf die Frage: »Aus welchen Gründen wird Ihrer Ansicht nach normalerweise der Wehrdienst verweigert?«, wie folgt:

Die Motivation möchte ich also auch mal so bezeichnen, daß sie sehr stark davon geprägt war, beeinflußt war von dem drohenden Unheil Bundeswehr, und da vermag ich natürlich auch bei mir nicht auszuschließen, inwieweit da nicht – das sagte ich ja schon vorher – die Vorstellung, zur Bundeswehr zu müssen, furchtbar unangenehm war, inwieweit da nicht von dieser Vorstellung her einfach Rationalisierungen vorgenommen wurden. Es dreht sich wahrscheinlich nur darum, inwieweit das später tatsächliches Gedankengut wird, wenn auch der Anstoß zunächst einmal nur der der Bequemlichkeit ist.

Darin äußert sich die zentrale Differenz der Verweigerer gegenüber denjenigen Freiwilligen, die zwar mit dem Gedanken gespielt haben, aus Bequemlichkeit den Wehrdienst zu umgehen, die aber nicht bereit gewesen wären, zu verweigern, weil eine Verweigerung in ihrem Verständnis eine *offene* Verletzung staatsbürgerlicher Pflichten und sozusagen einen offiziellen Bruch mit dem System bedeutet hätte. Die Tatsache, daß die Verweigerung – was immer Anlaß und bewußtes Motiv war – sich als in einem ganzen Syndrom von Orientierungs- und Wertmustern verankert erweist, entlarvt auch die üblichen tiefenpsychologischen Erklärungen als eindimensional. Natürlich spielen rein emotionale Faktoren auch in den Prozeß der Wehrdienstverweigerung hinein. Es wäre jedoch theoretisch *a limine* verfehlt, aus diffusen emotionalen Konstellationen etwas derart Strukturiertes wie manifestes Verhalten ableiten zu wollen. Hinzu kommt, daß im Verlauf einer intensiven Adoleszenzkrise bis dahin ich-ferne Orientierungsmuster eingeholt und rational durchdrungen werden. Nachdem ein solcher Prozeß stattgefunden hat, bestimmen die rational rekonstruierten Motive, nicht ihre irrationalen Vorläufer, das Verhalten.

Zusammenfassend lassen sich die »idealtypischen« Verweigerer wie folgt schildern: Eine heftige Adoleszenzkrise hat die frühkindlich vorgeprägte Basisloyalität gegenüber der Gesellschaft so weit aufgebrochen, daß sie sich nicht bruchlos in das Berufssystem integrieren und staatsbürgerliche Pflichten nicht als Selbstverständlichkeit hinnehmen. Im Verlauf ihrer Adoleszenzkrise haben sie postkonventionelle Strukturen des moralischen Bewußtseins erworben, die für die Stabilität der eigenen Identität von hoher Bedeutung sind. Die im moralischen Bewußtsein verankerten Prinzipien kanalisieren die Selektion von Lebenszielen und die – wenngleich noch vagen – Berufsziele. Ihre Entscheidung, den Wehrdienst zu verweigern, ist das kombinierte Produkt ihrer krisenbedingten Systementfremdung und der Struktur ihres moralischen Bewußtseins. Sie konkretisieren die abstrakten moralischen Prinzipien so, daß Verweigerung als Erfordernis moralischer Integrität erscheinen muß. Derartige Persönlichkeitsstrukturen stellen, falls sie nicht marginalisiert werden können, das gesamtgesellschaftliche System vor Probleme, weil sie dem politisch-ökonomischen Komplex generalisierte Basisloyalität und unspezifizierte Leistungsbereitschaft vorenthalten. Die »idealtypischen« Verweigerer zögern den Eintritt in das Berufsleben hinaus, wählen marginale Berufe, suchen alternative Lebensformen und konfrontieren das System mit seinen eigenen Ansprüchen.

4.3.2 Freiwillige mit Berufsrollenidentität

Diese Gruppe der Freiwilligen (9 von 15) repräsentiert einen fast reinen Gegentypus zu dem oben beschriebenen »idealtypischen« Verweigerer. In der Regel verlief ihre Biographie bruchlos. Die Adoleszenzphase haben sie nicht als turbulente Periode der Rekonstruktion ihrer Identität erfahren, sondern als normale Statuspassage, in der ihnen eine altersgemäße und daher selbstverständliche Erweiterung der Handlungsspielräume gewährt wurde. Im äußeren Erscheinungsbild ihres Lebenslaufs reflektiert sich die krisenfreie Entwicklung in einem reibungslosen Durchlaufen der normalen Ausbildungsstufen, so daß sich die Beschreibung ihres bisherigen Lebens – in einem Satz stilisiert – zusammenfassen läßt: »Ich bin zur Schule gegangen, habe mich für bestimmte Gebiete interessiert und meine Berufswahl entsprechend getroffen bzw. meine weitere Berufsausbildung darauf abgestellt.« Ihre Integration in die Gesellschaft vollzieht sich gleichsam automatisch. Der Basissupport gegenüber den gesellschaftlichen Institutionen ist durch keine Problematisierungsphase relativiert worden. Die konventionelle Struktur des moralischen Bewußtseins begünstigt die Übernahme der traditionellen Lebensziele (Berufserfolg, Familie) und solcher Berufsziele, die dem dominanten Sektor der bürgerlichen Gesellschaft, dem industriell-ökonomischen Komplex, angehören. Der antagonistische Konkurrenzindividualismus ist für sie die normale Lebensform. Ihre Aspirationen verbinden sich mit gut entwickelten Ich-Ressourcen, so daß von einer Identitätsformation gesprochen werden kann: Es handelt sich um Berufsrollenidentität, da das gesamte Orientierungssystem von dieser einen Rolle dominiert wird. Die Stabilität dieser Identitätsformation variiert mit dem Grad, in dem Reste traditionaler Deutungsmuster noch subsidiär außerberufliche Probleme und Bereiche abdekken. Zu nennen ist hier neben einem ausgeprägten Familismus vor allem die Bedeutung religiöser oder metaphysischer Deutungssysteme. Denn die Berufsrollenorientierung kann, wie die folgende Passage zeigt, ihre Funktion der Strukturierung der gesamten Biographie nur unzureichend erfüllen, wenn sie der einzige Stabilisierungsmechanismus ist und nur einen Moment lang distanziert betrachtet wird.

VP 17, S. 14

I: Haben Sie sich darüber Gedanken gemacht, ob Ihr Leben Sinn hat?

VP: Ja, ich, äh, in der letzten Zeit bin ich mir bewußt geworden, ich meine jetzt arbeitet man immer noch auf irgendwas hin, daß man im Beruf weiterkommt, Familie hat, aber . . . sagen wir mal, ich weiß nicht, mit 30, 40 Jahren, wenn das nun alles ist, habe ich mir schon überlegt, was ich dann noch für einen Sinn habe.

I: Sagen wir mal, Sie sind am Ende und schauen mal zurück, was würden Sie sagen?

VP: Ich würde sagen, ich war ein Rad in einem großen Getriebe, und ob ich nun dagewesen wäre oder nicht, das hätte wahrscheinlich nichts ausgemacht.

Ihre Entscheidung, freiwillig zur Bundeswehr zu gehen, wird auf dem Hintergrund dieser Persönlichkeitsformation verständlich: die Ausbildungschancen, die die Bundeswehr bietet, garantieren in optimaler Form die Erfüllung ihrer beruflichen Aspirationen. Insofern ist diese Entscheidung primär eine des utilitaristischen bürgerlichen Privatmannes, nicht eine des Staatsbürgers, obwohl staatsbürgerliche Loyalität auch eine Rolle spielt: verweigert hätten sie nie. Das schließt allerdings nicht aus, daß sie ernsthaft mit dem Gedanken gespielt haben, sich eventuell »um die Bundeswehr zu drücken«. Diese an sich inkonsistente Verbindung von staatsbürgerlicher Loyalität (keine Verweigerung, da diese als totale Ablehnung einer der zentralen Institutionen gelten müßte) und privatistischem Instrumentalismus (individuelles Umgehen der Bundeswehr) mündet dann in einem »gemischten« Verhalten: generelle politische Apathie und punktuelle Teilnahmebereitschaft, das eine der Stabilitätsbedingungen des Systems ist. Diese Form des politischen Bewußtseins, verbunden mit der dominanten Berufsrollenorientierung, repräsentiert genau die »idealtypische« modale Persönlichkeitsstruktur bürgerlicher Gesellschaften.

Diese Gruppe soll hier nur kurz erwähnt werden, da sie einen echten Mischtypus darstellt und insofern alle Einzelinformationen bereits in der Beschreibung der beiden Extremtypen vorhanden sind.

Die Freiwilligen II ähneln in der Struktur des moralischen Bewußtseins und allen davon abhängigen Dimensionen den Verweigerern, in allen mit dem Adoleszenzkrisenverlauf korrelierenden Faktoren hingegen stärker den Freiwilligen. Ihre Entscheidung für die Bundeswehr erklärt sich sowohl aus der Möglichkeit, in der Bundeswehr ihre Berufspläne voranzutreiben und zu realisieren, wie auch aus einem stark prinzipalistisch orientierten Staatsbürgerbewußtsein: sie halten es als Demokraten für ihre Pflicht, den Wehrdienst abzuleisten, und hätten daher, im Unterschied zu dem oben beschriebenen ersten Typus von Freiwilligen, nicht nur nicht verweigert, sondern es auch prinzipiell abgelehnt, durch Atteste oder ähnliche Manipulationen die Bundeswehr zu umgehen. Die Verbindung einer durch einen schwachen Adoleszenzkrisenverlauf ungebrochenen staatsbürgerlichen Loyalität mit einer konsistenten Anwendung der Prinzipien ihres moralischen Bewußtseins (keine Segmentierung von Lebensbereichen) führt zu einem weniger privatistischen und punktualisierten politischem Engagement, das, konsequent durchgehalten, das System ebenfalls zu überfordern droht.

5. Das Familiensystem von Freiwilligen und Verweigerern

In den bisherigen Ausführungen wurde nicht geprüft, wovon die unterschiedlichen Adoleszenzkrisenverläufe ihrerseits abhängen, und wie ein krisenfreier Erwerb postkonventioneller Moral zu erklären ist. Zur Beantwortung dieser Frage müßte wohl auf Variablen wie differentielle sozialstrukturelle Lebenschancen, subkulturelle Milieus und unterschiedliche intrafamiliale Interaktionsmuster rekurriert werden. Nur für den letzten Variablenbereich wurden in dieser Untersuchung einige, wenngleich nur relativ globale, Daten erhoben. Sie bilden die Grundlage für die folgende tentative Interpretation.

Die auffälligsten Unterschiede ergaben sich hinsichtlich der

Intaktheit der Familiensysteme. Verweigerer stammen größtenteils aus unvollständigen Familien (wobei in der Regel der Vater fehlt), Freiwillige überwiegend aus vollständigen Familien.

Tabelle 33: *Familienstand der Eltern von Freiwilligen und Verweigerern*

	Freiw.	Verw.	Σ
Familie intakt	14	6	17
Familie nicht intakt	1	6	7
Σ	15	9	24

$\alpha = 0{,}005$

Im übrigen sind die Familien der Freiwilligen stärker in das umgebende soziale Milieu integriert, was sich sowohl in ihrer häufigeren Mitgliedschaft in Organisationen und Vereinen wie auch in ausgedehnteren Kontakten zu Freunden und Verwandten bekundet. Das intrafamiliale Milieu wird von den Freiwilligen eher als harmonisch, von den Verweigerern eher als konfliktuös beschrieben. Das bezieht sich sowohl auf die Beziehung der Eltern untereinander wie auch auf die zwischen Eltern und Kindern. Um nur einige Indizien zu nennen: Nur die Freiwilligen halten die Ehe ihrer Eltern für gut und würden im großen und ganzen eine ähnliche Ehe führen wollen. Sie berichten von weniger Konflikten zwischen den Eltern und zwischen Eltern und Kindern. Wenn es zu Konflikten zwischen den Eltern kommt, dann scheinen sie – zumindest wird es von den Kindern so gesehen – überwiegend rationale Konfliktlösungsstrategien zu wählen.[104] So war z. B. die häufigste Nennung für Konfliktverhalten des Vaters bei Freiwilligen: »Er wartet, bis sich beide beruhigt haben, und versucht dann, in einem ruhigen Gespräch mit meiner Mutter die Sache zu klären.« Bei Verweigerern dagegen: »Er verläßt wütend die Wohnung, und wenn er wiederkommt, ist alles wieder gut.« Das Erziehungsverhalten der Eltern wird von den Freiwilligen eher bejaht, von den Verweigerern eher abgelehnt. Nur Freiwillige würden ihre Kinder im großen und ganzen so erziehen, wie sie selbst erzogen wurden. Sie berichten häufiger, daß ihre Eltern verbal induktive Erziehungstechniken und keine rein punitiven (Prügel, Stubenarrest) Sanktionen einsetzten. Die Strafen, die es gab, wurden, zumindest nachträglich, eher als gerecht beurteilt.

Tabelle 34: Beurteilung von Strafen durch Verweigerer und Freiwillige

Ungerechte Strafen	Freiw.	Verw.
nie	3	1
früher als ungerecht einge- schätzt, heute einsichtig	5	0
gab ungerechte Strafen	5	6
Sonstiges, k. A.	2	2

$\alpha = 0,1^{105}$

Dieser Schilderung der Familie als harmonischer Gemeinschaft entspricht die Einschätzung des eigenen Einflußbereiches in der Familie: Freiwillige berichten überproportional häufig, daß sie Entscheidungen der Eltern beeinflussen konnten. Insgesamt beurteilen sie, im Unterschied zu den Verweigerern, Lebensstil und Lebensgewohnheiten ihrer Eltern so positiv, daß sie sich eher vorstellen können, ähnlich wie ihre eigenen Eltern zu leben.

Wieweit diese Perzeption der Herkunftsfamilie der Realität entspricht oder Resultat einer nachträglich rationalisierenden Harmonisierungstendenz ist, läßt sich – wie oben angedeutet – schwer abschätzen. Für beide Interpretationen lassen sich Gründe angeben. Einerseits sind die Ehen der Eltern der Freiwilligen tatsächlich – wenigstens äußerlich – intakt. Andererseits scheinen die Freiwilligen Konflikten eher auszuweichen, und zwar auch dann, wenn gute Gründe für eine den Eltern nicht genehme Entscheidung leicht anzuführen wären. So differieren z. B. die Entscheidungen von Freiwilligen und Verweigerern im Urlaubsdilemma recht deutlich, wiewohl die Wortbrüchigkeit des Vaters von allen als mögliches Argument gesehen wird.

Die hier sich manifestierende Bereitschaft, eigene Interessen den Wünschen der Eltern unterzuordnen, hat sich auch in

	Freiw.	Verw.	Σ
würde mit den Eltern mitfahren – ja	7	0	7
würde mit den Eltern mitfahren – nein	4	5	9
von der Situation abhängig	4	4	8
Σ	15	9	24

realen Konflikten mit den Eltern gezeigt (Kleidung, lange Haare, Berufswahl, Verzicht auf Tramp-Reise etc.). Auf der Grundlage des vorliegenden Materials ist zwischen den beiden Interpretationen nicht eindeutig zu entscheiden; vermutlich treffen beide einen Teil der Realität.

Über die inhaltliche Vermittlung von Familienkonstellation und Adoleszenzkrisenverlauf können hier nur einige Spekulationen vorgetragen werden. Für die Gruppe der *Freiwilligen mit Berufsrollenidentität* vermuten wir, daß die Eltern eine von einem Basiskonsens getragene und auch kollektiv validierte (Außenkontakte) Lebensauffassung präsentieren, deren Geltung durch keine nennenswerten Konflikte bedroht bzw. durch Konfrontation mit wirklichen Alternativen relativiert wurde. Dadurch blieb der Geltungsmodus von Regeln und Orientierungsmustern überhaupt ungebrochen: Sie haben weder Erfahrungen mit Konflikten und Konfliktlösungsstrategien noch wurde ihnen die Notwendigkeit, eigene Interessen in harten Auseinandersetzungen durchzusetzen, bewußt, da ihre Interessen im Rahmen der Familie im großen und ganzen berücksichtigt wurden, oder da sie unbewußt eigene Bedürfnisse immer schon an die elterlichen Erwartungen angepaßt haben (ungelöste Abhängigkeitsbedürfnisse). Damit wird ein heftiger Adoleszenzkrisenverlauf unwahrscheinlich, eine relativ reibungslose Integration in die Gesellschaft wahrscheinlich.

Das genaue Gegenteil gilt für die *Verweigerer*. Ihre Eltern haben keine geschlossene Lebensauffassung präsentiert, sondern mußten einen prekären Konsens jeweils ad hoc herstellen. Das hat den Verweigerern das Bewußtsein vermittelt, daß Normen nicht naturwüchsig gelten, sondern jeweils erarbeitet werden müssen. Zugleich haben sie an der Interaktion der Eltern »harte« Konfliktlösungsstrategien ablesen können; ein heftiger Adoleszenzkrisenverlauf ist das Resultat dieser Konstellation.

Zu erwähnen bleibt noch die intermediäre Gruppe der *Freiwilligen mit berufsorientierter Ichidentität*. Es gibt – wenn auch schwache – Indizien dafür, daß in den Familiensystemen dieser Gruppe die intrafamiliale Realitätsdefinition in stärkerem Maße gemeinsam erarbeitet wird: sie berichten häufiger, daß beide Eltern wichtige Entscheidungen *gemeinsam* treffen und daß die Eltern auch ihre eigenen Eheprobleme oft mit ihren Kindern besprechen[106], wobei gleichzeitig die Ehe der Eltern von den Kindern überproportional häufig als sehr gut beurteilt wird. Es scheint sich also um eher demokratisch-liberale Elternhäuser zu handeln, in denen auf dem Hintergrund affektiver Solidarität des Ehesubsystems ein weiterer Bereich von alternativen Deutungen vorgeführt werden kann, ohne daß Überkomplexität erzeugt wird. Dadurch wird der Prozeß der Konstitution von Normen durchsichtig, die ungebrochene Geltung einer konventionellen Ordnung relativiert. Genau in diesem Punkt (gebrochener Geltungsmodus) treffen sich liberal-demokratische Erziehungsmilieus und heftiger Adoleszenzkrisenverlauf. Anders formuliert: Genau an der Dimension des Geltungsmodus von Normen wird verständlich, inwiefern liberale Erziehungsstile und intensiver Adoleszenzkrisenverlauf als funktionale Äquivalente in bezug auf die Entwicklung postkonventioneller Strukturen auftreten können, was also das Gemeinsame der beiden gefundenen Entwicklungspfade ist. Gleichzeitig bleibt in der Interaktion der Eltern selbst noch im Konfliktfall die Wirkung von postkonventionellen Verfahrensnormen sichtbar. Da die liberalen Eltern die Lösungskrise flexibel unterstützen, verläuft die Adoleszenzkrise dieser Jugendlichen weniger heftig. Neben den familienstrukturellen Faktoren scheint für die Entwicklung dieses Typus noch ein sozialstrukturelles Moment wirksam gewesen zu sein. In keinem Falle ist bei ihnen die Chance, alternative Realitätsdefinitionen und Wertorientierungen ausgiebig zu testen, durch frühzeitige Konfrontation mit der Arbeitswelt und ihren disziplinierenden Zwängen abgeschnitten worden (es handelt sich ausschließlich um Abiturienten).

Anmerkungen

Erster Teil

1 Für eine detaillierte Analyse der Input-Output-Relationen der verschiedenen gesellschaftlichen Subsysteme: Almond, G. A. und S. Verba (1963), *The Civic Culture: Political Attitudes and Democracy in Five Nations*, Princeton, Princeton U. P.; Easton, D. (1965), *A System Analysis of Political Life*, N. Y, John Wiley & Sons; Parsons, T. and N. Smelser (1965), *Economy and Society*, N. Y., Free Press; Parsons, T. (1967), *Sociological Theory and Modern Society*, Teil III, N. Y., Free Press; Offe, C. (1972), *Strukturprobleme des kapitalistischen Staates. Aufsätze zur politischen Soziologie.* Frankfurt/M., Suhrkamp.

2 C. Offe, *Tauschverhältnis und politische Steuerung*, in: *Strukturprobleme des kapitalistischen Staates*, Frankfurt 1972, S. 27 ff.

3 Umgangssprachlich reformuliert beschreiben Parsons' »pattern variables« die Familie als »Gemeinschaft«, in der die Zugehörigkeit qua Geburt automatisch festgelegt ist, emotional getönte und durch das besondere Verhältnis der Beteiligten zueinander geprägte Beziehungen sich auf die Person als ganze richten. Auf der Ebene des Sozialsystems dagegen muß Status individuell durch bestimmte Leistungen erarbeitet werden; emotional neutrale und durch allgemeine Regeln normierte Beziehungen richten sich nur auf durch je spezifische Rollen determinierte Segmente der Person.

4 So charakterisiert etwa Coleman Ende der 50er Jahre die »adolescent society«: »Now the leaders are other children themselves acting as a small society. An adult must come to know either how to shape the directions this society takes or else how to break down the adolescent society, thus reestablishing control by the old leaders.« In: *The Adolescent Society*, Glencoe, Ill., 1961, S. 11 f.

5 F. H. Tenbruck, *Moderne Jugend als soziale Gruppe*, in: L. v. Friedeburg (Hrsg.), *Jugend in der modernen Gesellschaft*, Köln/Berlin 1969, S. 88.

6 Eine sehr gute zusammenfassende Darstellung dieser Diskussion findet sich in: B. Baacke, *Jugend und Subkultur*, München 1972.

7 R. R. Bell, *Die Teilkultur der Jugendlichen*, in: L. v. Friedeburg (Hrsg.), a.a.O., S. 86.

8 Short, J. F./Strodtbeck, F. L., *Group Processes and Gang Delinquency*, Chicago, Chicago Univ. Press, 1968.

9 Ähnlich interpretiert auch Baacke, a.a.O., die Situation.

10 Vgl. R. Flacks, *The Liberated Generation: An Exploration of the Roots of Student Protest*, in: *Journal of Social Issues*, 23, 3, 1967, S. 52-75.

11 Wenn mit relativ rapidem sozialen Wandel gerechnet werden muß, mag es sinnvoll sein, als Untersuchungseinheiten Alterskohorten zu wählen, da die sozialstrukturelle Position dann als Indikator für situationale Einflüsse nicht ausreicht: die Erfahrung der Depression der 30er Jahre beispielsweise hat Grundeinstellungen zum Wirtschaftssystem tiefgreifend geprägt – und zwar vermutlich unterschiedlich je nach biographischer Position der Betroffenen (Kindheit, Jugend, Erwachsenenalter). Mannheim hat in diesen unterschiedlichen historischen Erfahrungen von Alterskohorten eine Ursache für den sozialen Wandel gesehen: vgl. K. Mannheim, *Das Problem der Jugend in der modernen Gesellschaft*, in: ders., *Diagnose unserer Zeit*, Ffm. 1952, sowie *Das Problem der Generationen*, in: ders., *Wissenssoziologie*, Berlin/Neuwied 1964. Die methodologischen Probleme, die sich aus der faktischen

Verquickung von Reifungsprozessen und spezifischen historischen Erfahrungen für entwicklungstheoretische Ansätze ergeben, wurden jüngst vor allem von P. W. Baltes und J. R. Nesselroade, *Cultural Change and Adolescent Personality Development: An Application of Longitudinal Sequences*, in: *Developmental Psychology* 1972, Vol. 7, 3, S. 244-256, analysiert. Für den Versuch, beide Komponenten zu isolieren, vgl. L. Langman / R. Block / D. Ross, Department of Sociology, Loyola University of Chicago, *Generational Identification and Value Transmission*, Mimeo.

12 Mit leichten Modifikationen ließen sich die Überlegungen dieses zweiten Teils auch auf sozialistische Länder übertragen.

13 J. Piaget, *The General Problems of the Psychological Development of the Child*, in: Tanner/Inhelder (eds.), *Discussions on Child Development*, Vol IV, N. Y. 1972, S. 3-27; Kohlberg, L., *Stage and Sequence: The Cognitive Development Approach to Socialization*, in: *Handbook of Socialization Theory and Research*, hrsg. von D. A. Goslin, Chicago 1969; Flavell, J. H., *An Analysis of Cognitive Developmental Sequences*, in: *Gen. Psych. Monographs* 86, 1972, S. 279-350.

14 Die Tatsache, daß phasenspezifische Denkstrukturen sich in einer altersabhängigen invarianten Abfolge anordnen lassen, scheint auf den ersten Blick eine maturationistische Position nahezulegen: d. h. man könnte vermuten, die Intelligenzentwicklung müsse als bloßer Reifungsprozeß, also als umweltunabhängige Entfaltung eines genetisch verankerten Potentials begriffen werden. Dies wäre jedoch eine krasse Fehlinterpretation des Piagetschen Ansatzes. Piaget konnte im Detail zeigen, daß die Intelligenz sich aus der *aktiven* Auseinandersetzung des Organismus mit der physischen und sozialen Umwelt entwickelt. Man kann die kognitive Entwicklung nicht als unmittelbares Ergebnis der Entwicklung neurologischer Schaltkreise (innate) interpretieren: es sind keine strukturellen neurologischen Transformationen zwischen Kindheit und Erwachsensein nachweisbar – was funktionale Veränderungen, d. h. unterschiedliche Nutzung und Integration von Gehirnbereichen nicht ausschließt (vgl. Piaget 1972). Ebenso ist auch ein extremer Environmentalismus damit ausgeschlossen. Denn das Kind entwickelt seine Intelligenz nicht durch direkte Übernahme von Orientierungsmustern der Erwachsenen: dann müßten die Strukturen der kindlichen Intelligenz mit denen der Erwachsenen kongruent sein. Die Position des Organismus-Umwelt-Interaktionismus setzt natürlich voraus – und hier liegen bisher ungelöste Probleme vor –, daß eine sinnvolle, auf die Entwicklungslogik bezogene Klassifikation von Typen von Umwelteinflüssen und insbes. eine entsprechende Klassifikation der familialen Lebenswelt entwickelt werden kann.

15 S. u. a. Katz J., et al., *No Time for Youth*, San Francisco 1969; Lehmann, I. J. et al., *Changes in Attitudes and Values Associated with College Attendance*, in: *J. Educ. Psychol.* 1966, 57, 121, S. 89-98.

16 Von einem anderen theoretischen Ansatz her hat Bales genau das gleiche Ziel verfolgt; vgl. z. B. das umfangreiche Material in Bales, R. F., *Personality and Interpersonal Behavior;* N. Y. 1970.

17 M. H. Feffer, *The Cognitive Implications of the Role-Taking Behavior*, in: *J. Pers.* 1959, 27, S. 152-168; J. Flavell, *The Development of Role-Taking and Communication Skills in Children*, New York: Wiley, 1968; R. Selman, *The Relation of Role-Taking Ability to the Development of Moral Judgement in Children*, in: *Child Development* 1971, 42, S. 49-91.

18 Vgl. Oevermann/Krappmann/Kreppner, *Projektvorschlag: Elternhaus und Schule*, Institut für Bildungsforschung in der Max-Planck-Gesellschaft 1968; Goff-

man, E., *Encounters*, 1961; Habermas, J.; *Stichworte zu einer Theorie der Sozialisa-tion*, Frankfurt/M. 1968, Raubdruck.

19 Vgl. Merton, R. K., *Social Theory and Social Structure* N. Y. 1957; Dreitzel, H. P., *Die gesellschaftlichen Leiden und das Leiden an der Gesellschaft*, Stuttgart 1968.

20 Ähnliche Unterstellungen ließen sich am Beispiel von »unterschiedlichem Involviertsein« nachweisen.

21 Parsons, T. et al., 1953: *Working Papers in the Theory of Action*, N. Y. 1953, insbes. Kap. III.

22 Kohlberg, in: Goslin, a.a.O., S. 349.

23 So auch P. Blos, *On Adolescence: A Psychoanalytic Interpretation*, New York: 1962; E. Jacobson, *Das Selbst und die Welt der Objekte*, Ffm. 1973; andere Autoren beschreiben den Prozeß der Integration von Ich und Über-Ich mittels der analyti-schen Unterscheidung von Ich-Ideal und Über-Ich. So beispielsweise E. H. Erik-son, *Identität und Lebenszyklus*, Ffm. 1973, S. 190: »Es scheint, als ob sich die Begriffe Über-Ich und Ich-Ideal durch ihre unterschiedliche Beziehung zur phylo-genetischen bzw. ontogenetischen Geschichte unterscheiden ließen. Das Über-Ich wäre demnach der archaischere und der verinnerlichte Vertreter des evolutionären Moralprinzips, der angeborenen Fähigkeit des Menschen zur Bildung eines primiti-ven kategorischen Gewissens. Im Bunde mit ontogenetisch frühen Introjektionen ist und bleibt das Über-Ich ein unbeugsamer, rachsüchtiger Träger ›blinder‹ Moralität. Das Ich-Ideal dagegen ist weniger starr, mehr an die wechselnden Ideale der historischen Periode gebunden und steht damit der Ich-Funktion der Realitätsprü-fung viel näher.« Vgl. auch J. C. Flugel, *Man, Morals and Society*, New York 1945.

24 Freud, A., *The Ego and the Mechanism of Defense*. N. Y. 1936, revised Edition 1966; Miller, D. R., / G. E. Swanson, *Inner Conflict and Defense*, N. Y. 1966; Kroeber, T. C., *The Coping Functions of the Ego Mechanisms*, in: *The Study of Lives*, hrsg. von R. White, N. Y. 1963; Madison, P. M., *Freud's Concept of Repression and Defense*. Minnesota U. P. 1961; Rotter, J. B., 1971, *External Control and Internal Control*, in: *Psychology Today*, June 1971; Crowne, D. P. und Mar-lowe, D., *The Approval Motive. Studies in Evaluative Dependence*, N. Y. 1967; MacDonald, A. P. jr., *Revised Scale for Ambiguity Tolerance: Reliability and Validity*, in: *Psychol. Reports* 1970, 26, S. 791-798.

25 Vgl. Anna Freud, *Das Ich und die Abwehrmechanismen*. L. B. Murphy, *The Problem of Defense and the Concept of Coping*, in: Anthony/Koupernik (eds.), *The Child in his Family*, N. Y. 1970.

26 Miller/Swanson, a.a.O., S. 19.

27 Anna Freud, a.a.O., S. 36.

28 Anna Freud, a.a.O., S. 42; vgl. auch U. Moser, *Zur Abwehrlehre*, in: *Jahrbuch der Psychoanalyse*, Bd. III, Berlin/Stuttgart 1964, S. 56-85; D. Beres, *Ego Deviation and the Concept of Schizophrenia*, in: *The Psychoanalytic Studies of the Child*, Vol. XI, 1956, S. 164-235.

29 D. R. Miller / G. Swanson, *Inner Conflict and Defense*, New York 1960.

30 T. Kroeber, *The Coping Functions of the Ego Mechanisms*, in: R. White (ed.), *The Study of Life*, New York, 1963, S. 179-198.

31 Haan, N., *A Proposed Model of Ego Functioning: Coping and Defense Mecha-nisms in Relationship to IQ Change*, in: *Psych. Monogr.*, 1963, 77 (8), ganze Nr. 571; dies., *The Adolescent Antecedents of an Ego Model of Coping and Defense and Comparisons with Q-Sorted Ideal Personalities*, in: *Gen. Psych. Monogr.*, 1974, 89 (2), S. 273-306; dies., *Coping and Defense Mechanisms Related to Personality*

Inventories, in: *J. Consult. Psychol.*, 1965, 29, S. 429-441; dies., *An Investigation of the Relationships of Rorschach Scores Patterns and Behavior to Coping and Defense Mechanisms*, in: *J. Project. Techn.*, 1964, 28, S. 429-441; dies., *A Tripartite Model of Ego Functioning: Values and Clinical-Research Applications*, in: *J. Nerv. + Ment. Dis.*, 1969, 148 (1), S. 14-30; dies., *The Relationship of Ego-Functioning and Intelligence to Social Status and Social Mobility*, in: *J. Abn. + Soc. Psychol.*, 1964, 69, S. 594-605.

32 Eine ähnliche Charakterisierung findet sich auch bei Kroeber.

33 N. Haan, *Proposed Model of Ego-Functioning*, a.a.O., S. 2.

34 Daß diese Kunstfertigkeit eine große Rolle spielt, sieht man daran, daß die Vercoder-Übereinstimmung für die einzelnen Mechanismen sehr gering ist, wiewohl Globaleinstufungen als »coper« vs. »defender« gute Übereinstimmung zeigen.

35 Parsons, T., 1951, *The Social System*, Glencoe 1951; Parsons, T. und E. A. Shils, *Towards a General Theory of Action*, Cambridge, Mass. 1951. So auch Kohlberg, L., *From Is to Ought*, in: *Cognitive Development and Epistemology*, hrsg. von Th. Mishel, N. Y. 1971, S. 151-236, doch wird in Kohlbergs Modell die Integration der affektiven Faktoren als unproblematisch behandelt, weshalb er allzu leicht von der Struktur des Urteils auf Handlungsbereitschaft schließt.

36 Eine ausführlichere Darstellung und Diskussion der Theorie des moralischen Bewußtseins findet sich in Teil II.

37 Piaget, J., 1932, *The Moral Judgement of the Child*, London 1932; Kohlberg, a.a.O.

38 Flavell, J. H. et al., *The Development of Roletaking and Communication Skills in Children*, New York 1968.

39 Die Altersangaben sind bloße Anhaltspunkte, sie definieren keine festen Grenzen.

40 Keniston konstruiert eine Youthphase als eigenständiges, der Adoleszenzphase folgendes Stadium. Da sich beim Übergang von Spätadoleszenz zum Erwachsenenstatus jedoch keine grundsätzlich neuen psychologischen Probleme stellen, scheint es sinnvoller, eine verlängerte Adoleszenz und nicht zwei unterschiedliche Stadien anzusetzen. Zu der folgenden kurzen Darstellung der Adoleszenzphase vgl. u. a. Keniston, K., *The Uncommitted: Alienated Youth in American Society*, New York 1965; Piaget, J., *The Intellectual Development of the Adolescent*, in: *Adolescence: Psychol. Perspectives*, hrsg. von G. Caplan und S. Lebovic, N. Y., London 1969², S. 22-26; Elder, G. H. jr., *Adolescence Socialization and Development*, in: *Handbook of Personality Theory and Research*, hrsg. von E. F. Borgatta und W. W. Lambert, Chicago 1968; Erikson, E. H., *Identität und Lebenszyklus*, Ffm. 1966, Blos, P., *On Adolescence*, N. Y. 1962; Adams, J. F., (Hrsg.), *Understanding Adolescence*, Boston 1968; Piaget, J. / Inhelder, *The Growth of Logical Thinking. From Childhood to Adolescence*, London 1958; Douvan, E. A. / Adelson, J., *The Adolescent Experience*, N. Y. 1966.

41 Illustratives Material für diesen Prozeß der Reorganisation des Rollenhaushaltes z. B. bei Barinbaum, *Role Confusion in Adolescence*, in: *Adolescence VII*, 25, S. 121 ff.

42 Dumas, 1958: zit. in: *The Growth of Logical Thinking*, hrsg. von B. Inhelder u. J. Piaget, Basic Books, S. 334 ff.

43 Elkind 1965, *Cognitive Development in Adolescence*, op. cit., S. 128 ff.

44 Adelson, J. und R. O'Neil, *Growth of Political Ideas in Adolescence*, in: *Learning about Politics*, hrsg. von R. S. Sigl, N. Y. 1970, S. 50-64.

45 Der Distanzierungszwang steht hinter einem großen Teil krimineller Handlun-

gen Jugendlicher. Vgl. z. B. Moore, R. J., *Canadian Adolescence and the Challenge to Demonstrate Competence at Personal Physical Risk*, in: *Adolescence*, 1972 VII, 26, 245-264.

46 Kohlberg, L. und Kramer, 1963: *Continuities and Discontinuities in Childhood and Adult Moral Development* 1963, in: *Human Development* 12 S. 93-120.

47 Vgl. auch die Diskussion im zweiten Teil.

48 Genau das fehlt im erratischen familialen Milieu, das das psychopathische Persönlichkeitssyndrom generiert: die Fähigkeit, die Intentionen anderer angemessen zu berücksichtigen, ist daher typischerweise bei Psychopathen kaum vorhanden; vgl. Quay, H. C., 1965: *Personality and Delinquency*, in: *Juvenile Delinquency*, hrsg. von H. C. Quay, Princeton 1965.

49 Auf eine derartige systematische Rekonstruktion sind auch andere gesellschaftstheoretische Ansätze zwingend verwiesen; z. B. muß in ökonomischen Krisentheorien unterstellt werden, daß bestimmte Klassen von Entschädigungen nicht problemlos vorenthalten werden können. Das setzt voraus, daß auf der Nachfrageseite Erwartungen vorhanden sind, die sich als legitim verstehen. Welches ist die Basis ihrer Legitimation? Ebenso muß unverständlich bleiben, warum Staatsapparate auf den totalen Einsatz ihrer Steuerungsressourcen in bestimmten Situationen verzichten (z. B. Militäreinsatz in den französischen Maiunruhen), wenn man den Legitimationsanspruch des Staates nicht in Rechnung stellt.

50 Weber, M., *Wirtschaftsgeschichte*, Berlin 1958, S. 251.

51 Unter dem Gesichtspunkt der Wohlfahrtsmaximierung ist die mit dem Übergang zum Spätkapitalismus einhergehende Ausweitung der Staatstätigkeit nicht als dramatischer Bruch im Legitimationssystem zu interpretieren.

52 Vgl. Bourdieu, P., *Zur Soziologie der symbolischen Formen*, Frankfurt/M. 1970.

53 Diese Behauptung läßt sich auch ohne Rekurs auf Habermas' Überlegungen zu reinen Kommunikations- und Diskurssituationen, wenn auch auf einer vortheoretischen Ebene, abstützen. Es gibt viele Untersuchungen, die nachweisen konnten, daß derartige Normen in extrainstitutionellen Bereichen, in denen Herrschaftsansprüche mit verfestigt sind, sich »spontan« durchsetzen. Sampson, E. E., *Studies of Status Congruence*, in: *Advances in Experimental Social Psychology*, hrsg. von L. Berkowitz, N. Y. 1969, S. 225-270; Homans, G. C. *Theorie der sozialen Gruppe*, Köln-Opladen 1960; Gouldner, A. W., *The Norm of Reciprocity. A Preliminary Statement*, in: *ASR* 1960, 25, 161 ff.

54 Ähnlich schon Adam Smith.

55 Das Gefühl ökonomischer Sicherheit wird natürlich mit den Phasen des Konjunkturzyklus variieren und auch auf andere Engpässe unmittelbar reagieren (z. B. Numerus clausus).

56 Von daher wird das plötzliche Anwachsen religiös orientierter Bewegungen verständlich. Vgl. z. B. Penner, W., *Hippies' Attraction to Mysticism*, in: *Adolescence* 1972, VII, 26, S. 199 ff.

57 Döbert R., *Systemtheorie und die Entwicklung religiöser Deutungssysteme*, Frankfurt/M. 1973.

58 In der neueren klinischen Literatur wird der Begriff »borderline« nicht mehr ausschließlich als Residualkategorie, unter die alle nicht klassifizierbaren Krankheitsphänomene gefaßt werden, verwendet. Grinker u. a. (1968) z. B. behaupten, daß es sich um ein spezifisches Syndrom von Identitätsdiffusion handelt, das aufgrund gesamtgesellschaftlicher Veränderungen zunehmend häufiger auftritt. Grinker, R. R. et al., *The Borderline Symptom*, N. Y. 1968.

59 Keniston, K., *The Uncommitted: Alienated Youth in American Society*. N. Y. 1965; ders., *Young Radicals*, N. Y. 1968.

60 Es handelte sich um die Initiatoren und Führer der Studentenbewegung. Für spätere Sympathisanten oder einfache Mitläufer wird man eine andere Persönlichkeitsstruktur erwarten können. Vgl. z. B. Mankoff, M. und R. Flacks, *The Changing Social Base of the American Student Movement*, in: *The Annals* 1971; Hanssen, C. A. und M. J. Paulson, *Our Anti-Establishment Youth: Revolution or Evolution*, in: Adolescence 1972, VII, 27, S. 393 ff.; Brown, J. D. (Hrsg.), *The Hippies*, N. Y. 1967.

61 Vgl. Block, J. H. et al., *Activism and Apathy in Contemporary Adolescents*, in: *Understanding Youth*, hrsg. von J. F. Adams, Boston 1968, S. 198-231.; Kauffman, J. F., *Youth and the Peace Corps*, in: *Youth: Change and Challenge*, N. Y. 1963.

Zweiter Teil

1 Fehlerquellen wie selektive Erinnerungen und Fehldarstellungen aufgrund spezifischer Probleme der Selbstdarstellung muß man in Kauf nehmen. Eine Kontrolle dieser Ergebnisse durch Beobachtungsphasen wäre wünschenswert; diese ist jedoch nur mit erheblichem Aufwand durchzuführen. Ein Teil der Verzerrungen läßt sich durch interne Konsistenzprüfungen erschließen. In dieser Untersuchung taucht das Problem insbesondere bei der Beschreibung der Familieninteraktion auf. Vgl. die Diskussion im Abschnitt II/5.

2 Einige der Fragen zum Problem Leistungseinsatz und Einkommensverteilung entstammen einer Umfrage *Jugend und Beruf* des Instituts für Jugendforschung in München (berichtet in: *Handelsblatt* 27, Nr. 237 vom 7. 12. 72).

3 Die Items aller Skalen wurden von uns übersetzt, d. h. die deutschen Formulierungen können nicht als gesondert validiert gelten. Die Items der Self-Worth-Skala entstammen dem MMPI.

4 Aus D. P. Crowne / D. Marlowe, *The Approval Motive. Studies in Evaluative Dependence*, N. Y. 1967.

5 A. P. MacDonald, Jr., *Revised Scale for Ambiguity Tolerance: Reliability and Validity*, in: *Psychol. Reports* 1970, 16, S. 791-798.

6 Die Items stammen aus: M. Rosenberg, *Misanthropy and Political Ideology*, in: *Amer. Journal of Sociology*, 21, 1956.

7 Aus: Julian B. Rotter, *External Control And Internal Control*, in: *Psychology Today*, June 1971, S. 37-42.

8 Es handelt sich um die Alienation-Skala, die Keniston in seiner Analyse *The Uncommitted*, N. Y. 1965, verwendete.

9 Der methodologische Einwand, daß durch diese flexible Fragengestaltung unvergleichbare Informationen produziert werden, kann unter dem Gesichtspunkt der Gültigkeit der Meßergebnisse relativiert werden: der Einwand basiert letztlich auf der Unterstellung, daß strikte Stimulusgleichheit hergestellt werden könne. Diese Annahme ist jedoch höchst problematisch. So bemerkt auch Labov in diesem Zusammenhang: »with human subjects it is absurd to believe that identical stimuli are obtained by asking everyone the same question, since the crucial intervening variables of interpretation and motivation are uncontrolled.« *The Locigal Nonstandard English*, in: S. Williams (ed.), *Language and Poverty*, Chicago 1970, S. 171. Da die Theorie sozialen Handelns eben auf *motiviertes* Verhalten abstellt, wäre es

sinnlos, äußerliche Stimulusidentität zu fordern: es kann nur um Stimulusäquivalenz gehen, die sich in der Interpretation übereinstimmender Vercoder ausweisen lassen muß.

10 Ohne diese zusätzlichen Informationen wären die Einstufungen der Befragten nach Stadien des moralischen Bewußtseins kaum mit der gleichen Sicherheit möglich gewesen.

11 Daß VPn sich so langen Interviews bereitwillig unterziehen, hat zwei Gründe: einerseits ähnelte das Interview weitgehend einer normalen zwanglosen Unterhaltung, in die der Befragte seine eigenen Interessen einbringen konnte; andererseits wurden Themen, die die Befragten aufgrund ihrer Altersstufe noch intensiv beschäftigten und über die sie mit anderen nur selten systematisch und ausführlich diskutieren können, angeschnitten.

12 Da im Fall der Drogenabhängigen die frühkindliche Sozialisation so abweichend verlaufen zu sein scheint, daß ihr Verhalten weniger von internalisierten Prinzipien bestimmt ist als vielmehr von unmittelbaren situationalen Zwängen, erwies es sich als sinnvoll, diese Interviews anders auszuwerten. Dieser Teil der Arbeit wird gegenwärtig noch – wie bereits erwähnt – von M. Siegert fertiggestellt.

13 Historische Interpretationen und psychoanalytische Fallstudien rekurrieren auf dieselbe Art von Evidenz.

14 So fanden auch Flacks und Langman unterschiedliche Ursachenkonstellationen für Protestverhalten: Gegenüber der Gesamtgesellschaft abweichende Wertorientierungen können via Identifikation mit einem liberalen Elternhaus erworben werden. Vgl. R. Flacks, *The Liberated Generation: An Exploration of the Roots of Student Protest*, in: *J. of Soc. Issues*, 1967, 22, Nr. 3, S. 52-75; L. Langman, R. Block, D. Ross, Dpt. of Sociology, Loyola University of Chicago, *Generational Identification and Value Transmission*, Mimeo.

15 Vgl. zu den folgenden Darstellungen u. a. P. Blos, *On Adolescence*, N. Y. 1962; E. Jacobson, *Das Selbst und die Welt der Objekte*, Ffm. 1973; Elkind, *Children and Adolescents: Interpretative Essays on Jean Piaget*, N. Y. 1970; B. Inhelder, J. Piaget, *The Growth of Logical Thinking from Childhood to Adolescence*, N. Y. 1958; K. Keniston, *Moral Development, Youthful Activism and Modern Society*, in: *Youth and Society* I, Nr. 1, 1969, S. 110-127; S. C. Feinstein, P. Giovacchini (eds.), *Adolescent Psychiatry*, Vol. I + II, N. Y. 1973; J. J. Conger, *Adolescence and Youth*, N. Y. 1973; Erikson, E. M., *Identität und Lebenszyklus*, Ffm. 1966

16 Bei detaillierteren Untersuchungen wären diese eher formalen Dimensionen um stärker inhaltliche Momente zu ergänzen (z. B. Krisenhaftigkeit in je verschiedenen Lebensbereichen).

17 Die Annahme dieser schichtspezifischen Verlaufsformen der Adoleszenzkrise stützt sich auf die in der Literatur üblicherweise benannten Schichtunterschiede, die z. T. allerdings Überstilisierungen sein mögen, da in vielen Untersuchungen Slumbewohner über- und traditionelle Arbeiter unterrepräsentiert sind.

18 Diese Vermutung ist mit unserer Hypothese, daß die Adoleszenzkrise zunehmend den Charakter einer Statuspassage verliert, nicht inkompatibel, denn letztere Hypothese bezieht sich in erster Linie auf die Identitätskrise, d. h. auf den Teil der gesamten Adoleszenzkrise, in dem neue Orientierungen aufgebaut werden müssen.

19 Dieser Reflexionsprozeß muß keineswegs eine totale Verwerfung des elterlichen Wertsystems zum Ergebnis haben, doch wird sich die Art, wie die so erarbeiteten Werte und Lebensziele Verhalten steuern, verändern, d. h. der Geltungsmodus verändert sich (vgl. Moral-Kapitel).

20 Es wäre allerdings denkbar, daß verschleierte Formen einer heftigen Lösungs-

krise vorkommen, die von unseren Operationalisierungen nicht erfaßt werden: Somatisierungen und neurotische Symptome mögen in der Adoleszenz für nicht offen ausgetragene Konflikte mit den Eltern, d. h. für nicht gelöste, aber unbewußt bearbeitete Abhängigkeitsprobleme, stehen.

21 Es dürfte klar sein, daß die Antworten auf einzelne Fragen nicht immer ausschließlich dem angezielten Problembereich zugeordnet werden können, da die Schwierigkeiten bei der Verarbeitung eines Problems auf andere Lebensbereiche ausstrahlen können. Z. B. können Unsicherheiten und Streß bei der Umstrukturierung der Geschlechtsrolle die Auseinandersetzungen mit den Eltern verschärfen.

22 Da man aufgrund des Alters der Befragten (im Schnitt 21 Jahre) damit rechnen mußte, daß sie auf jeden Fall die Lösungskrise und z. T. auch schon die Identitätskrise bewältigt hatten, wurden viele Fragen sowohl für die Gegenwart als für die Vergangenheit gestellt.

23 Als Bruch in der Lebensbiographie wurden Berichte von Ereignissen wie Schulrelegation, ausgedehnte Reisen, die normale Ausbildungsgänge unterbrochen haben, häufiger Ausbildungs- oder Berufswechsel etc. gewertet. In ihnen drückt sich entweder das Bedürfnis nach neuen Lebensformen aus, die als ich-synton erlebt werden können, oder aber sie sind Indizien für »acting-out behavior«.

24 Kriminelle Akte in der Adoleszenzphase können u. U. als Rebellion gegen die autoritätsverbürgte Ordnung verstanden werden.

25 Die verschiedenen angeschnittenen Themenkomplexe galten als gegeneinander austauschbare Stimuli, mit denen getestet werden sollte, ob der Befragte spontan Sinnprobleme anschneidet.

26 Die Heftigkeit der Krise bemißt sich an der Zielstrebigkeit, mit der schon seit Jahren ein klares Berufsziel verfolgt wird, bzw. an der Tendenz, alternative Ziele auszutesten oder gar der Unfähigkeit, sich auf ein realistisches Ziel festzulegen.

27 Der Prozeß der Identitätsfindung ist verknüpft mit einer Überthematisierung und Überproblematisierung der eigenen Person, die sich in niedriger Selbstachtung, Gefühlen der Identitätsdiffusion und Selbstentfremdung niederschlagen kann. Wird er erfolgreich abgeschlossen, so resultiert diese Erfahrung in einem sicheren Gefühl von Unaustauschbarkeit und Einzigartigkeit.

28 Der Aufbau einer neuen Identität hat das Infragestellen überkommener Deutungsmuster und Rollenverpflichtungen zur Folge und wird subjektiv als Phase von Orientierungslosigkeit und rapidem Einstellungswandel erlebt.

29 Die Möglichkeit, daß die berichteten unterschiedlichen Adoleszenzkrisenverläufe das Resultat differentieller Reflexionsniveaus der Probanden und damit bloßes Produkt unterschiedlicher Selbstdarstellungsziele und nicht Ausdruck tatsächlich unterschiedlicher Erfahrungen sind, kann nicht ausgeschlossen werden. Wir halten diese Möglichkeit jedoch für sehr unwahrscheinlich, da die erhobenen objektiven Indikatoren (Berufswechsel, vorzeitiger Schulabgang . . .), die wohl kaum verfälscht berichtet wurden, stets in die gleiche Richtung wiesen wie die subjektiven.

30 Ein funktionales Äquivalent für diese eher mittelschicht-typische liberale Erziehungseinstellung wäre die Perzeption der Adoleszenzphase als normale Statuspassage, in der automatisch neue Rechte zugestanden werden.

31 Die Interviews wurden von J. Habermas und den beiden Autoren vercodet. Die üblicherweise geforderte strikte Unabhängigkeit der Vercoder, d. h. ihre Unvertrautheit mit dem Hypothesensystem, war also nicht gewährleistet. Es ist allerdings sehr fraglich, ob eine solche methodologische Bedingung überhaupt sinnvollerweise für die Auswertung qualitativen Materials gestellt werden kann. Da der Vercoder die Indizien für die beiden zentralen Konstrukte Adoleszenzkrisenverlauf und

Struktur des moralischen Bewußtseins aus jeweils sehr unterschiedlichen Kontexten herauszufiltern hatte, mußte er den theoretischen Rahmen handhaben und anwenden können. Eine unserer zentralen Hypothesen über den Zusammenhang von Adoleszenzkrisenverlauf und Struktur des moralischen Bewußtseins wurde widerlegt. Dies, so glauben wir, spricht dafür, daß die Ergebnisse durch die eigene Vorurteile bestätigende selektive Perzeption nicht zu stark verzerrt wurden.

32 Die Tabelle ist wie folgt zu lesen: VPn, die nach der Globaleinschätzung unter der Kategorie »keine Adoleszenzkrise« vercodet wurden, hatten im Durchschnitt 20% der faktisch erhobenen standardisierten Indikatoren in der Richtung »heftiger Verlauf« beantwortet, usw.

33 In einem Fall z. B. hielt ein Befragter während des gesamten Interviewverlaufs eine relativ konventionelle Fassade aufrecht, weil er – nicht untypisch für Unterschichtangehörige – die Interviewsituation implizit als »offiziellen Behördenkontakt« definierte und sich infolgedessen extrem defensiv verhielt. Erst in einer nach Abschluß des Interviews sich ergebenden zwanglosen Unterhaltung berichtete er von extensiven »acting-out«-Perioden, die er vorher verschwiegen hatte. Daß er vor kurzer Zeit erst einen ernsthaften Selbstmordversuch unternommen hatte, gab er auch dann noch nicht preis – diese Information erhielten wir von seinen Kollegen. Dieser extreme Fall von Fehldarstellung dürfte allerdings atypisch sein. Die meisten Befragten redeten frei auch über sehr intime Probleme.

34 Erikson spricht von der Möglichkeit einer unbewußt verlaufenden Krise; solange dieses Konzept nicht so operationalisiert ist, daß eine schwache Krise von einer heftigen unbewußten unterschieden werden kann, scheint dieses Konzept wenig fruchtbar.

35 Es handelt sich hier um eine Globaleinschätzung der Perzeption der Adoleszenzkrise durch die VP, die die Vercoder durchführten aufgrund von Aussagen im Interviewverlauf, wie etwa: VP Nr. 25, S. 21: »I: hatten Sie in den letzten Jahren viele Auseinandersetzungen mit Ihren Eltern? VP: Ja, so im Heranwachsen, das ist halt so in dem Alter, das ist das kritische Alter, so 15, 16. Jeder Jugendliche macht irgendwo eine Zeit durch, wie gerade in dem Alter, irgendwo Streitigkeiten zu Hause hat; nur dann kommt man mit der Zeit darüber hinweg.« Vergleicht man diese Aussage mit der oben abgedruckten Schilderung des Konfliktes der VP Nr. 16 mit ihrem Vater, dann sieht man, daß auf der einen Seite die Auseinandersetzungen als *einzigartige* Konfrontation hoch individualisierter Personen, auf der anderen Seite als *normale* Generationskonflikte perzipiert werden.

36 Wegen der geringen Zahl der Befragten kann die übliche Methode eines chi²-Tests für die Prüfung des Zusammenhangs zwischen den Erhebungsmerkmalen nicht angewendet werden. Unter folgenden Voraussetzungen läßt sich jedoch auch bei kleinem Stichprobenumfang ein Test durchführen:

1. Die Tabelle muß sinnvoll auf eine Vierfelder-Tafel reduzierbar sein.
2. Man muß annehmen können, daß die Randsummen festliegen bzw. vorgegeben sind.

Unter diesen Bedingungen unterliegt die innere Feldbesetzung der hypergeometrischen Verteilung. Es lassen sich dann die sog. α-Werte berechnen, die besagen, daß bei Unabhängigkeit der beiden Tabellenmerkmale die faktisch vorgefundene innere Tabellenverteilung nur mit einer Wahrscheinlichkeit von ≤ α *zufällig* zustande kommen würde. Das bedeutet: bei sehr kleinem α-Wert wird man auf einen Zusammenhang zwischen den beiden Merkmalen schließen.

Im folgenden wird α immer aufgerundet auf 0,005; 0,01; 0,05 etc. angegeben.

Für die Berechnung der α-Werte werden im folgenden stets die Kategorien »keine«

und »schwache Lösungs- bzw. Identitätskrise« (so auch hier bei Tabelle 3) sowie die Kategorien »prä-« und »postkonventionell« zusammengefaßt. Die Kategorien »keine Einordnung« oder »keine Angaben« bleiben unberücksichtigt. Sonstige Zusammenfassungen von Kategorien werden stets in Fußnoten vermerkt.

37 Für diese Berechnung wurden die Kategorien »keine« bzw. »schwache« Lösungs- bzw. Identitätskrise zusammengefaßt.

38 Diese Definition moralisch relevanter Entscheidungen erhebt nicht den Anspruch, alle im Verlaufe der Persönlichkeitsentwicklung erworbenen Wertmaßstäbe zu erfassen. E. Jacobson z. B. unterscheidet zwischen Ich-Zielen (Schönheit, Stärke, Erfolg etc.) und ethischen Normen, die dem Über-Ich zuzuordnen sind, wobei nur die letzteren auf soziale Interaktion bezogen sind. Vgl. E. Jacobson, *Das Selbst und die Welt der Objekte*, Ffm. 1973, insbes. S. 148 ff.

39 Zum Begriff der Entwicklungslogik vgl. 1. Teil, Ia) und b).

40 Nepotismus in Bürokratien beispielsweise stellt eine partikularistische Lösung eines derartigen Konfliktes dar.

41 Damit soll keineswegs die Geltung des institutionellen Rahmens bestritten werden: es handelt sich dabei aber um bloß formale Regulative, die einen historisch ungewöhnlich breiten Handlungsbereich der freien Disposition überlassen.

42 In der Familie hat jeder einen Anspruch auf »fairen« Anteil am kollektiven Besitz; auf dem Markt hängen die individuellen Lebenschancen vom Verhandlungsgeschick und ökonomischen Machtpositionen ab. Ungleiche Verteilung in der Familie muß von den Verantwortlichen gerechtfertigt werden; »unfaire Behandlung« auf dem Markt muß von den Betroffenen eingeklagt werden.

43 Der Handelnde reagiert auf dieser Stufe bei Verletzungen von Ich-Zielen und der Verletzung von sozialen Normen noch nicht differenziert. Er reagiert in beiden Fällen primär »außenzentriert« auf die Tatsache, daß andere Zeugen seiner eigenen Unvollkommenheit geworden sind. Vgl. Jacobson, a.a.O.

44 Ob und wieweit durch diese unterschiedlichen Reaktionen auf Abweichungen das Konzept des Akteurs affiziert wird, ist schwer abzuschätzen. Immerhin wäre denkbar, daß die Korrelation zwischen konventioneller Moral und pessimistischer Einstellung hinsichtlich der Natur des Menschen auf der strukturellen Ebene des moralischen Bewußtseins verankert ist, weil auf konventioneller Stufe abweichende Motive als schlechterdings »böse« gelten, als bloß abgespaltene aber immer wieder punktuell wirksam werden.

45 Der Terminus »konventionell« ist in einem strikt technischen Sinn gebraucht, d. h. er ist durch die Eintragungen in der folgenden Tabelle definiert. Das umgangssprachliche Verständnis von »konventionell« ist stark an Inhalte gebunden, während hier die Art, wie Inhalte begründet werden, im Zentrum steht.

46 Natürlich sind weitere Untergliederungen denkbar. Kohlberg unterscheidet 6 Phasen der Entwicklung des moralischen Bewußtseins, die aber auch zu 3 »Niveaus«, die sich mit den hier genannten decken, zusammengefaßt sind. Vgl. Kohlberg, in: Goslin, a.a.O.

47 Eine ähnliche Ableitung für die drei Niveaus des moralischen Bewußtseins findet sich bei Habermas: *Moralentwicklung und Ich-Identität*, Vortrag, gehalten am Institut für Sozialforschung im Juli 1974, abgedruckt in: *Zur Rekonstruktion des Historischen Materialismus*, Frankfurt 1976. Auch die Fähigkeit zum Rollenspiel scheint sich in drei Phasen zu entfalten. Vgl. R. L. Selman / W. S. Byrne, *A Structural Developmental Analysis of Levels of Roletaking in Middle Childhood*, in: *Child Development*, 45, 3, 1974, S. 803-806.

48 J. H. Flavell, *An Analysis of Cognitive-Developmental Sequences*, in: *Genetic*

Psychology Monogr. 1972, 86, S. 279-350.

49 Wie die kognitive Entwicklung eine notwendige, wenngleich nicht zureichende Bedingung für »role-taking« ist, so scheint »role-taking« wiederum notwendige, aber nicht hinreichende Bedingung für die Entwicklung des moralischen Bewußtseins zu sein. Vgl. z. B. die Arbeit von Selman. Offen bleibt allerdings, welche *sets* von Operationen jeweils als *zureichende* Bedingungen für die Entwicklung der verschiedenen Stadien des moralischen Bewußtseins gelten können.

50 Riesmans *Einsame Masse* stellt immer noch eine erhellende Analyse der Problematik reiner Außensteuerung dar.

51 Für Untersuchungen zu diesem Punkt vgl. J. Rest / E. Turiel / L. Kohlberg, *Relations between Level of Moral Judgment and Preference and Comprehension of the Moral Judgement of Others*, in: *Journ. of Personality*, 37, 1969, S. 225-252.

52 Das oben dargestellte Entwicklungsschema lehnt sich in der globalen Charakterisierung der einzelnen Stufen an das von Piaget und Kohlberg vorgeschlagene Drei-Phasen-Modell an. Kohlberg hat allerdings eine noch komplexere Klassifikation der zu vercodenden Aspekte vorgelegt. Dabei bleibt allerdings unklar, wieweit die von ihm vorgeschlagenen Aspekte systematisch miteinander verknüpft sind. Hinzu kommt, daß man die Zuordnung von Äußerungen zu Stadien in einigen Fällen nicht nachvollziehen kann. So vercodet Kohlberg folgende Äußerung Eichmanns als Indiz für Stufe 1 unter dem Aspekt 1 (»considering motives in judging action«): »if I had sabotaged the order of the one-time fuehrer of the German Reich Adolf Hitler, I would have been not only a scoundrel but a despicable pig like those who broke their military oath to join the ranks of the anti-Hitler criminals in the conspiracy of July 20, 1944«, Goslin, S. 383. Aus der Tatsache, daß Eichmann auf die Motive der Widerstandskämpfer hier nicht eingeht, kann man keineswegs schließen, daß er prinzipiell nicht fähig wäre, Handlungen nach ihren Motiven zu bewerten. Bruch eines Eides ist für ein konventionelles Law-and-Order-Denken ein so schweres Vergehen, daß keine Motive mehr vorstellbar sind, von denen her es sich rechtfertigen ließe. Das einzige Motiv, das überhaupt in einem moralischen Diskurs auf konventioneller Stufe Legitimierungskraft besitzt, ist der Respekt vor einer geltenden Ordnung. Motive, die klarerweise abweichend sind, müssen abgespalten werden. Im Prinzip lassen sich ähnliche Bedenken für die gesamte Vercodung von Eichmann als präkonventionell anführen. Der Tenor der von Kohlberg angeführten Zitate weist eher auf eine autoritäre Bürokratenmentalität auf konventioneller Stufe hin.

53 In der Zwischenzeit wurden uns die in Kohlbergs Forschergruppe ausgearbeiteten Code-Manuals sowie eine Reihe von dort eingestuften Interview-Beispielen zugänglich. Ein Vergleich eigener Recodierung dieser Testfälle ergab eine so hohe Konvergenz, daß die von uns durchgeführten Einstufungen der hier befragten VPn als verläßlich und mit Kohlbergs Vercodungsverfahren relativ gut übereinstimmend gelten können. Da das Manual im übrigen gerade für die postkonventionelle Stufe unterdifferenziert ist, und Beispiele für die Übergangsstufe von konventionellen zu postkonventionellen Urteilsstrukturen (die früher von Kohlberg unter dem Namen »Protestinstrumentalismus« der präkonventionellen Stufe zugerechnet worden waren) fehlen, wird man bei einer Untersuchung von Adoleszenten auch weiterhin stärker auf die eigene Beurteilungsfähigkeit verwiesen sein.

54 Ähnliche Themenkomplexe sind inzwischen auch von Kohlberg und seinen Mitarbeitern untersucht und in Beziehung zur Entwicklung des moralischen Urteils analysiert worden. Dabei zeigten sich deutliche Strukturanalogien in der Entwicklung des Gesetzesbegriffs und von Beziehungsdefinitionen einerseits und

der moralischen Urteilsfähigkeit andererseits. Vgl. J. L. Tapp/L. Kohlberg, *Developing Senses of Law and Legal Justice*, in: *Journ. of Social Issues*, 27, 2, 1971, S. 65-91; L. Kohlberg, *The Implications of Moral Stages for Problems in Sex-Education*.

55 Am Thema »Beziehung zur Freundin« zeigt sich – unter dem Inhaltsaspekt betrachtet –, welche immense Bedeutung »Wahrhaftigkeit« in dieser Entwicklungsphase gewinnt – vermutlich ein Reflex der Suche nach *bindenden* Wertorientierungen. Vgl. dazu A. Goldberg, *On Telling the Truth*, in: Sh. C. Feinstein / P. Giovacchini, *Adolescent Psychiatry*, Bd. II, S. 98-112. Vgl. auch E. Douvan, *Commitment and Social Contracts in Adolescence*, in: *Psychiatry*, 37, Feb. 1974, S. 22-36, über Heuchelei als emotional besetztes Thema in der Adoleszenz.

56 Rein deskriptive Aussagen über das Handeln der fiktiven Personen wurden nicht zur Einstufung des moralischen Bewußtseins verwendet. Viele Befragte aber antworten spontan mit Sollsätzen – vermutlich nicht zuletzt deshalb, weil diese Geschichten unmittelbar auf die Präsentation der moralischen Dilemmata folgen – oder aber mit Berichten eigener ähnlicher Erlebnisse.

57 Eine strikt konventionell legalistische Position manifestiert sich am sichersten in einer Situation, in der eine Abweichung von der tradierten Ordnung erleichtert oder sogar schon nahegelegt wird (Neuformierung der öffentlichen Meinung oder baldige Gesetzesänderung). Genau diese Situation lag zum Zeitpunkt der Befragung für das Problem der »Hausbesetzung« vor. Inzwischen hat sich einerseits die Lage auf dem Wohnungsmarkt entschärft, andererseits hat sich das Assoziationsfeld von »Hausbesetzungen« aufgrund von Aktionen einzelner Gruppen verschoben; es ist daher höchst fraglich, ob »Hausbesetzung« auch heute noch ein gut geeigneter Stimulus wäre. Von daher ergibt sich das generelle Desiderat, Erhebungsinstrumente in diesem Feld jeweils der historischen Situation anzupassen.

58 L. Kohlberg, *Stage and Sequence: The Cognitive-Developmental Approach to Socialization*, Kap. 6 in: D. A. Goslin, *Handbook of Socialization Theory and Research*, Chicago 1969, S. 381.

59 Sehr lange wurde dieser Fall als Indiz für eine Regression auf ein überwundenes Stadium interpretiert. Vgl. L. Kohlberg/R. W. Kramer, *Continuities and Discontinuities in Childhood and Adult Moral Development*, in: *Human Development* 1969, 12, S. 93-120. Inzwischen wurde diese Form von Instrumentalismus als Adoleszenzkrisensymptom und als strukturell von dem frühkindlichen genuinen Instrumentalismus verschieden erkannt. Sie wird heute als Übergangsstufe zwischen konventioneller und postkonventioneller Moral interpretiert. Vgl. E. Turiel, *Conflict and Transition in Adolescent Moral Development*, in: *Child Development*, 1974, 45, S. 14-29; L. Kohlberg, *Continuities in Childhood and Adult Moral Development Revisited*, in: P. B. Baltes / K. W. Schaie (eds.), *Life-Span Developmental Psychology*, N. Y. / London 1973, S. 179-204.

60 Mit dem segmentären Instrumentalismus konventioneller Prägung ist er ohnehin kaum zu verwechseln, weil er Bereiche instrumentalisiert, die dort nie strategisch behandelt werden (z. B. persönliche Beziehungen). Auch genuiner Instrumentalismus ist ausgeschlossen, weil die kognitiven Voraussetzungen für regelgeleitetes Handeln ersichtlich vorhanden sind.

61 Vgl. z. B. W. B. Miller, *Lower Class Culture as a Generating Milieu of Gang Delinquence*, in: *Journ. of Social Issues*, 14, 1958. In abgeschwächter Form läßt sich das Leitmotiv »coolness« auch schichtunspezifisch im normalen Alltagshandeln auffinden: eine übermoralisierende Sprache ist zu vermeiden. Von daher scheinen einige der Vercodungsanweisungen in dem Kohlberg-Manual problematisierbar zu sein: beispielsweise die explizite Nennung der Begriffe »Rechte«, »Prinzipien« als

notwendige Bedingung für die Vercodung als »postkonventionell«. Vgl. folgende Vercodungsanweisung für Stufe 5: »Subjects must use the words ›values‹ or ›rights‹ and the words ›property‹ not just ›stealing‹.« *Form A Standard Scoring Manual*, Harvard University Graduate School of Education, Cambridge Mass., Mimeo, S. 29.

62 Vgl. dazu Turiel, E., *Conflict and Transition in Adolescent Moral Development*, in: *Child Development* 1974, 45, S. 14-29.

63 Diese Tatsache impliziert keineswegs, daß die Befragten selber in konkreten Situationen nicht wüßten, wie sie sich zu verhalten haben, sie sind nur nicht bereit, ihre eigenen Standards als allgemein gültig zu deklarieren.

64 Die Liberalisierung der Sexualmoral etwa ist ein Beispiel für eine zunehmende Trennung von Konvention und Moral.

65 Turiel a.a.O., S. 22.

66 Vgl. *From Is to Ought*, in: *Cognitive Development and Epistemology*, hrsg. von Th. Mishel, N. Y., S. 151-236.

67 Vgl. auch R. Krebs / L. Kohlberg, *Moral Judgement and Ego Controls as Determinants of Resistance to Cheating*, Mimeo.

68 Vgl. Jacobson, a.a.O.; E. Turiel / G. R. Rothman, *The Influence of Reasoning on Behavioral Choices at Different Stages of Moral Development*, in: *Child Development* 1972, 43, S. 741-756.

69 Der Begriff der Segmentierung wurde oben bei der Diskussion instrumentalistischer Aussagen erläutert. Die hier abgedruckte Tabelle beruht auf einer Globalvercodung, in der alle entsprechenden Passagen zusammengetragen wurden. Ähnlich wurde die Einstufung Konsistenz bzw. Diskrepanz von Urteil und Handeln vorgenommen. Die Tabelle »Einstellung zur Hausbesetzung« bezieht sich auf einen Fall möglicher Konsistenz bzw. Diskrepanz. Die höhere Konsistenz zwischen Urteil und hypothetisch antizipiertem Handeln der postkonventionellen VPn ist um so erstaunlicher, als sie aufgrund eines hohen Grades an Selbstreflektiertheit eher dazu tendierten, ein Zurückfallen ihres Handelns hinter ihre Einsicht für möglich zu halten.

70 Für die Berechnung wurden die Kategorien »prä- und postkonventionell« einerseits, die Kategorien »kaum« und »nein, keine Segmentierung« andererseits zusammengefaßt. Die Kategorie »keine Angaben« blieb unberücksichtigt.

71 Für die Berechnung wurden die Kategorien »prä- und postkonventionelle Moral« zusammengefaßt sowie die Kategorie »Diskrepanz« und »gemischt«. »Keine Angaben« blieb unberücksichtigt.

72 Die Berechnung bezieht sich nur auf die beiden ersten Kategorien »finde ich richtig, würde aber nicht mitmachen« vs. »finde ich richtig, würde auch mitmachen«, wobei die Kategorien »prä- und postkonventionell« zusammengefaßt wurden.

73 Für die Berechnung wurden die Kategorien »prä- und postkonventionell« sowie »keine« und »schwache« Lösungskrise zusammengefaßt.

74 Für die Berechnung wurden die Kategorien »prä- und postkonventionell« sowie »keine« und »schwache« Identitätskrise zusammengefaßt.

75 Wir hätten es also genau mit dem komplementären Phänomen zu tun, das in einer von Kohlberg (bei Goslin, a.a.O.) zitierten Studie berichtet wird: bei den Atayal nämlich steht die offizielle gesellschaftliche Deutung von Träumen im Widerspruch zur letzten Stufe der psychologischen Entwicklung des Traumkonzepts, die von allen Kindern zunächst erreicht wird, um dann bei der Initiation in die religiöse Tradition des Stammes »zurückgedreht« zu werden – ein Vorgang, der

nicht ohne emotionale Spannungen verläuft.

76 Das Postulat einer totalen Inhaltsneutralität moralischer Strukturen ist in mehrfacher Hinsicht zu qualifizieren. Zunächst einmal hat sich gezeigt, daß im Gegensatz zu Kohlbergs früheren Annahmen (vgl. z. B. Kohlberg in Mishel, a.a.O.) auf jeder Stufe unter den alternativen Lösungsmöglichkeiten eines moralischen Dilemmas eine bestimmte einen ausgezeichneten Stellenwert einnimmt und häufiger gewählt wird, wenngleich sie nicht eindeutig determiniert ist. Diese Tatsache verleiht der Affinitätshypothese zusätzliche Plausibilität. Ein weiterer Gesichtspunkt ist von C. F. v. Weizsäcker in Diskussionen am Max-Planck-Institut zur Erforschung der Lebensbedingungen der wissenschaftlich-technischen Welt vorgetragen worden: v. Weizsäcker hält die formalistische Trennung von Struktur und Inhalt z. T. für ein spezifisches Produkt der europäischen Geschichte (speziell der Religionskriege, die mit der Vereinbarung beendet wurden, Toleranz, d. h. eine inhaltlich unbestimmte Tugend, zu üben). Diese Trennung hat, so v. Weizsäcker, unter Umständen dazu geführt, daß inhaltliche Momente aus der Tradition eskamotiert wurden, Momente, die eigentlich in ein angemessenes theoretisches Modell der Moralentwicklung einzugehen hätten und die unter Umständen sogar mit Überwindung des europäischen Formalismus in einer höheren Stufe der moralischen Entwicklung wiederaufgegriffen werden könnten. Von Weizsäcker denkt in diesem Zusammenhang u. a. an religiöse Bewußtseinsformen. Das kommt neueren Überlegungen Kohlbergs sehr nahe: Kohlberg umreißt in seinen jüngsten Publikationen das Konzept einer über das postkonventionelle Stadium hinausweisenden Stufe in der Bewußtseinsentwicklung, in der die universalistischen Prinzipien der postkonventionellen Moral wieder in umfassende Deutungssysteme eingebettet werden können. Vgl. Kohlberg in: Baltes/Schaie (eds.), a.a.O.

77 Für den Zusammenhang von Output-Orientierung und Leistungsmotivation auf sozialpsychologischer Ebene vgl. B. Weiner / N. Peter, *Cognitive-Developmental Analysis of Achievement and Moral Judgments*, in: *Developmental Psychology*, 1973, 9, No. 3, S. 290-309.

78 »Große Männer«, deren Größe sich aus spezifischen Leistungen ableitete (z. B. Kriegshäuptlinge), hat es immer gegeben; neu ist die Koppelung an ökonomischen Reichtum, d. h. an Ressourcen, die dann zur leistungsunabhängigen Erhaltung der einmal erreichten Position, d. h. gewissermaßen zur Selbstinstitutionalisierung, ausgebeutet werden können.

79 Von unseren 24 VPn hielten nur 5 den Einfluß des Elternstatus auf Bildungs- und Berufschancen für minimal, 19 jedoch für sehr stark.

80 Vgl. auch P. E. Slater, *The Pursuit of Loneliness: American Culture at the Breaking Point*, Boston 1970.

81 Ansatzweise haben derartige Forderungen auch schon ihren institutionellen Niederschlag im System wohlfahrtsstaatlicher Maßnahmen gefunden (»equity« vs. »equality«).

82 Umgekehrt allerdings ließe sich aus einer weitgehenden Deckungsgleichheit der Wertprofile von Eltern und Kindern nicht zwingend auf Inhaltslernen schließen, da gleiche Werte auch durch Strukturlernen erworben werden können.

83 Die Frageform und einige Items aus der den Befragten natürlich in zufälliger Reihenfolge vorgelegten Liste wurden entnommen: Carmi Schoole, *Social Antecents of Adult Psychological Functioning*, in: *Am. Journ. of Sociology*, 78, Nr. 2, 299-322, vgl. Fußn. 6, S. 307.

84 Die überraschend häufige Ablehnung dieses Items kann als Konsequenz der Tatsache gedeutet werden, daß offensichtlich angesichts des rapiden gesellschaftli-

chen Wandels bloße Formalwerte wie Flexibilität an Bedeutung gewinnen.

85 Einige VPn vergaben für ihre Eltern weniger Stimmen als vorgesehen, um nur sichere Vermutungen zu äußern; in einzelnen Fällen wurde die Liste nur für einen der beiden Elternteile ausgefüllt (früher Tod).

86 Diese Tabelle ist wie folgt zu lesen: von den den Eltern von »konventionellen« Jugendlichen zugeschriebenen positiven Wahlen entfielen 69% auf traditionalistische, 14% auf posttraditionalistische und die restlichen 17% auf die theoretisch undefinierte Gruppe. Postkonventionelle und präkonventionelle VPn verteilten ihre unterstellten Elternpräferenzen zu 63% auf die traditionalistischen, 14% auf die posttraditionalistischen Werte.

87 Für die Berechnung wurden die Kategorien »prä- und postkonventionelle Moral« zusammengefaßt sowie die Kategorien 2, 3, und 4: Problematisierung leistungsgerechter Entlohnung.

88 Für die Berechnung wurden die Kategorien »prä- und postkonventionelle Moral« zusammengefaßt sowie die Kategorien 2 und 3: Konkurrenz problematisiert.

89 In dieser Kategorie sind auch VPn enthalten, die oben in Tabelle Nr. 22 unter Kategorie 2 »Konkurrenz, ja – aber« subsumiert wurden, die ihre Vorbehalte jedoch nicht weiter spezifizieren – wie etwa VP 26: »Eine gewisse Konkurrenz ist nötig zur Qualität der Produkte und zur Weiterentwicklung – extremer Leistungsdruck ist nachteilhaft.« Für die Berechnung wurden die Kategorien »prä- und postkonventionelle Moral« zusammengefaßt sowie die Kategorie 2 und 3: Problematisierung von Konkurrenz.

90 Für die Berechnung wurden die Kategorien »prä- und postkonventionelle Moral« sowie die Kategorien 2 und 3 zusammengefaßt, die Kategorien 4 und 5 blieben unberücksichtigt.

91 In etwa konvergiert die hier gewählte Klassifikation von Berufen mit der Parsonsschen Unterscheidung von »self- vs. collectivity-orientation«.

92 Für die Berechnung wurden die Kategorien »prä- und postkonventionelle Moral« zusammengefaßt.

93 Für die Berechnung wurden die Kategorien »prä- und postkonventionelle Moral« zusammengefaßt.

94 Das hat sich inzwischen offensichtlich aufgrund der ökonomischen Situation und des Mangels an Ausbildungsmöglichkeiten geändert.

95 Für die Berechnung wurden die Kategorien »prä- und postkonventionelle Moral« zusammengefaßt.

96 Für die Berechnung wurden die Kategorien »keine« und »schwache« Krise zusammengefaßt.

97 Ob diese Idealisierung der Berufssphäre allerdings in jeder Hinsicht als system-funktional gelten kann, ist zumindest fraglich: denn sie enthält beispielsweise die Tendenz, die institutionalisierte Trennung von Freizeit und Arbeit aufzuheben. Diese ist insofern ein funktionales Erfordernis, als sie implizit schon der Tatsache Rechnung trägt, daß mit vielen Berufen überhaupt keine intrinsischen Gratifikationen verbunden sind, und daß daher die Befriedigung in der Freizeitsphäre zu suchen ist. Zumindest für diejenigen, die relativ monotone Tätigkeiten ausüben müssen, wird die Integration in das Berufssystem bei derart überzogenen Aspirationen mit erheblichen Spannungen verbunden sein, da ihre Erwartungen erst auf die extrinsischen Gratifikationen »umgestellt« werden müssen – was unter der Bedingung von Überfluß zunehmend problematisch werden könnte.

98 Für die Berechnung wurden die Kategorien »keine« und »schwache« Lösungs-

krise zusammengefaßt.

99 Positive Zahlen sind in Richtung auf den durch den Skalennamen bezeichneten Pol der gemessenen Dimension zu interpretieren. Z. B. sind die Drogenabhängigen stark entfremdet ($+$ 21,5), während die Freiwilligen am wenigsten entfremdet sind ($-$ 13,28).

99a Hätten wir es mit der Kette folgender Entscheidungen zu tun: Verweigern: ja/nein; freiwillige Meldung: ja/nein; umgehen: ja/nein, so würden sich sehr wohl eindeutige Beziehungen zu den Persönlichkeitstypen ergeben. Die Zuordnung wäre wie folgt:

heftige Adoleszenzkrise/postkonventionell:	freiwillig: nein; umgehen: ja/nein; verweigern: ja
schwache Adoleszenzkrise/postkonventionell:	freiwillig: ja umgehen: nein verweigern: nein
schwache Adoleszenzkrise/konventionell:	freiwillig: ja umgehen: ja verweigern: nein.

100 Die »Kästen« fassen jeweils die krisen- bzw. moralabhängigen Variablen zusammen.

101 Für die Berechnung wurden die Kategorien »prä- und postkonventionelle Moral« zusammengefaßt.

102 Die Items der Skala wurden entnommen: *Your Body Image – A Questionaire,* in: *Psychology Today,* July 1972, S. 58-65.
Das Körperbild sollte gerade in der Adoleszenzphase ein besonders stark unterscheidendes Indiz für Selbstwertgefühl sein, weil der in dieser Phase erfolgende biologische Reifungsschub verarbeitet werden muß und körperliche Attraktivität zu einem der zentralen Erfordernisse einer »erfolgreichen« Gestaltung der Geschlechtsrolle wird.

103 Dies braucht angesichts des Dilemmas der Bundeswehr, die als staatliche Organisation dem Grundgesetz absolut verpflichtet und gleichzeitig mit grundgesetzkonformen, aber für die Bundeswehr bedrohlichen und nicht steuerbaren Orientierungen konfrontiert ist, nicht zu verwundern; die faktische Abwertung der Verweigerungsmotive bei gleichzeitigem Insistieren auf der Unantastbarkeit des Rechts auf Verweigerung scheint fast die einzig mögliche Strategie zu sein, die mit den funktionalen Imperativen der Organisation kompatibel ist.

104 Den Befragten wurde eine von Oevermann/Krappmann/Kreppner (Berliner Institut für Bildungsforschung) übernommene Liste von Konfliktlösungsstrategien vorgelegt, aus der sie die für ihre Eltern charakteristischen auszuwählen hatten.

105 Die Kategorien »nie« und »früher als ungerecht eingeschätzt, heute einsichtig« wurden zusammengefaßt, die Kategorie »keine Angaben« blieb bei der Berechnung unberücksichtigt.

106 Vgl. auch C. E. Holstein, *The Relation of Children's Moral Judgmentlevel to That of Their Parents and to Communication Patterns in the Family*, Paper presented March, 28, 1969 at the Biannal Meeting of the Society for Research in Child Development, Santa Monica, Calif. Auch die neueren Arbeiten der Kohlberg-Gruppe im Rahmen des »Just Community Approach« (Durchsetzung von Mitbestimmungsmodellen in »alternativen« Schulen und Gefängnisabteilungen) basieren auf der Annahme, daß die Chance aktiver Gestaltung der eigenen Lebensbedingungen mit der Implikation realer Eigenverantwortlichkeit eine der zentralen Bedingun-

gen einer für die Entwicklung moralischer Urteilsfähigkeit förderlichen Umwelt ist. Vgl. etwa L. Kohlberg / K. Kauffman / P. Scharf / J. Hickey, *The Just Community Approach to Corrections. A Manual Part I + II*. Moral Education Research Foundation, Harvard University 1974, Mimeo; dies., *The Justice Structure of the Prison – a Theory and an Intervention*, in: *The Prison Journal*, Autumn/Winter 1972, Vol. 1, Nr. 2, S. 3-14.

edition suhrkamp

Alphabetisches Verzeichnis der edition suhrkamp